제3판

삶과 가치를 남기는

비즈니스 모델

홍성학

法 文 社

제3판 서 문

"장사란 이윤을 남기는 것이 아니라 사람을 남기는 것이다. 상업이란 이익을 추구하는 것이 아니라 의를 추구하는 것이다. 소인은 장사를 통해 이문을 남기지만 대인은 거래를 통해 사람을 남긴다."

초판부터 계속 소개하고 있는 이 말은 최인호의 장편소설 <상도(商道)>에서 임상옥(林尙沃, 1779~1849)이 한 말이다.[1] 임상옥은 조선 최고의 거부(巨富)로 순조 때 인삼무역으로 만금의 돈을 모았다. 미천한 장돌뱅이 신분에서 3품 벼슬의 귀성부사(龜城府使)까지 오른 파란만장한 생애의 입지적인 인물로 시가(詩歌)에 능하였다. 상도정신(商道精神)으로 후세에 길이 존경과 흠모를 받고 있다.

임상옥은 '장사란 궁극적으로 사람을 남기는 것'이라는 가르침을 주었다면, 비즈니스 모델에서는 '비즈니스란 삶과 가치를 남긴다.'라는 또 하나의 가르침을 준다고 할 수 있다.

비즈니스는 고객이 원하는, 그리고 삶터를 위한 가치를 제안하고, 제

1) <상도(商道)>는 2001년 10월부터 2002년 4월까지 드라마로도 방영되어 큰 인기를 얻었다.

안한 가치를 창출하여 그 대가로 수익을 창출하는 활동이다. 수익을 창출하여 다시 가치를 제안하고 창출하는 활동을 한다. 이러한 비즈니스는 사람들의 실존적(實存的) 삶터에서 사람들에 의해, 그리고 사람과 삶터를 위해 이루어진다. 따라서 비즈니스는 사람들의 삶의 방법과 가치지향 결정에 영향을 주며 삶과 가치를 남기게 된다.[2] 또한 고객이 원하고 삶터를 아름답게 만드는 가치를 제안하고, 제안한 가치를 창출하는 것은 결국 사람들의 삶을 위한 사람들의 조직적인 활동으로서 사람을 남기는 활동이 된다.

비즈니스는 구체적인 비즈니스의 활동 방향과 방법, 조직 구성원의 역할 등에 따라 다양한 비즈니스 모델을 갖게 된다. 다양한 비즈니스 모델의 유형에 따라 제안하는 가치의 내용, 가치창출과 제공의 방법, 수익창출의 방법이 달라진다. 그리고 다양한 비즈니스의 활동 방향과 방법에 따라 비즈니스가 남기는 삶과 가치도 달라진다. 이런 의미에서 본 책명을 '삶과 가치를 남기는 비즈니스 모델'이라고 정하였다.

가치를 제안하여 창출하는 활동은 가치의 발견에서 비롯된다. 예를 들어 스티브 잡스에 의해서 새롭게 가치를 인정받게 된 터치스크린 기술이 하나의 대표적인 사례이다. 터치스크린은 1971년에 발명되어 1983년부터 상용화되었지만, 스티브 잡스는 "터치스크린은 마우스 다음으로 가장 혁신적인 인터페이스"라고 말하면서 아이폰에 3.5인치 와이드 스크린을 장착했다. 그 결과 20여 년 전의 기술이 새롭게 가치를 부여받아 탄생하는 의미를 갖게 되었다. 그리고 고객에게 새로운 가치를 제공하고 삶을 변화시켰다.

이에 반해서 노키아는 새로운 가치를 발견하여 제공하는 데 실패한

---

2) 여기서 실존은 '현**실존**재'의 약칭이다.

사례를 남겼다. 노키아는 애플보다 훨씬 먼저 스마트폰을 개발했으나 당시 세계를 주름잡던 기존 휴대폰 사업부의 반대로 출시하지 못했다. 최고경영자 올리페카 칼라스부오는 갈등을 해소하기 위해 두 사업부를 통합했지만, 기득권자인 기존 휴대폰 부문의 견제가 더욱 심해져 결국 스마트폰을 접어야 했다.

그런가하면 파타고니아는 고객가치를 넘어서서 환경에 대한 사회적 가치를 발견하여 제공하는데 앞장서고 있다. 사회적 가치와 재무적(수익) 가치가 충돌하는 경우 사회적 가치를 우선시한다. 대표적인 사례로 1994년 면직물을 키우는 과정에서 막대한 살충제를 뿌려 환경에 유해하다는 것을 발견하고, 1996년 봄에 100% 유기농 면직 제품을 내놓은 것을 들 수 있다. 유기농 면화를 구할 수 없어 면직 제품을 3분의 2 수준으로 줄이는 등 경영상 큰 손실을 감내한 것이다. 환경 · 사회적 책임의 범위를 원재료 생산 단계로부터 시작하여 파타고니아의 전체 공급망 및 폐기까지로 확대하였다. 2018년에는 미션을 “우리는 우리의 터전, 지구를 되살리기 위해 사업을 한다.”라고 정립하고 사업을 통해 지속가능성을 넘어서서 ‘지구 되살림’을 추진하겠다는 의미를 담았다. 인본주의 가치를 담은 고객중심 비즈니스 모델을 넘어서서 생명본위 가치를 담은 삶 중심 비즈니스 모델을 실현하겠다는 의지를 표현한 것이다.

이렇듯 비즈니스는 가치를 발견하여 제공하는 방향과 방법의 다양성에 따라 다양한 삶과 가치를 남기는 비즈니스 모델의 유형을 갖는다. 이러한 다양한 삶과 가치를 남기는 비즈니스가 다양한 삶과 가치에 삶의 근본의미, 아름다운 생활생명계의 조성 가치를 담아내는 삶 중심 비즈니스 모델이 되었을 때 비즈니스의 궁극적인 의미를 실현하게 된다. 따라서 비즈니스가 어떠한 모델 유형을 갖든지 간에 먼저 사람과 생활생명계, 삶터에 대한 통찰적인 이해를 필요로 하게 된다.

본 저서는 총 3장으로 구성하였다. 제1장에서는 비즈니스 모델의 개념과 의미, 삶 중심 비즈니스 모델의 의미, 비즈니스의 핵심 단어인 '고객가치'의 의미, 이타와 이기 간의 관계, 비즈니스 모델 연구의 관점 등의 내용으로 구성하였다. 제2장에서는 여러 비즈니스 모델의 공통된 기본 구성과 다양한 수익 모델의 유형을 주 내용으로 구성하였다. 제3장에서는 몇 가지 의미 있는 비즈니스 모델의 사례를 통해 각각의 비즈니스 모델이 갖는 시사점을 찾고 비즈니스 모델의 변화 동인을 알아보는 내용으로 구성하였다. 어느 장부터 먼저 보아도 의미를 이해하는 데 크게 어려움은 없어 순서에 크게 구애받지 않아도 될 것이다.

2016년 2월 말경 처음 책을 출간하고, 2018년 8월에 한 번 개정(증보판)하였으며, 이번에 다시 개정판(제3판)을 내게 되었다. 전반적인 구성의 틀은 그대로 유지하면서 오타를 수정하고 내용을 보완하였다. 제1장에서는 삶 중심 비즈니스 모델의 의미, 비즈니스 상의 이타주의와 이기주의의 재발견 내용 등을 보완하였다. 제2장에서는 제2장의 제목에 들어있는 '수익 모델'을 '수익 창출'로 바꾸고, 핵심성공요인의 선택, 수익 모델의 선택 관련 내용을 많이 보완하였다. 제3장에서는 '지구를 되살리기 위해 사업을 한다'는 미션을 가지고 사회적 가치를 추진하는 파타고니아 사례를 추가하였다.

앞으로도 독자 여러분들의 다양한 의견을 바탕으로 더 좋은 내용을 담아내도록 노력하겠다는 다짐을 하게 된다. 이번에도 책이 나올 때까지 도움을 주신 출판사 관계자분들과 지지 · 격려해 주신 주변의 모든 분들께 감사의 마음을 전한다.

2020년 7월
푸르름이 더욱 짙어가는 덕암골에서
홍성학 씀

목 차

제 3 장 비즈니스 모델의 사례와 혁신

Business Model

Chapter 1

비즈니스 모델의 의미와 구성 요소

1. 비즈니스 모델의 개념과 의미
2. 비즈니스 모델과 가치
3. 비즈니스 모델 연구의 관점

Business Model

제 1 장 비즈니스 모델의 의미와 구성 요소

1. 비즈니스 모델의 개념과 의미

비즈니스에는 다양한 모델이 있다. 비즈니스가 존재한 이래로 비즈니스 모델은 있었다. 온라인, 오프라인, 첨단, 전통, 대기업, 중소기업 등 비즈니스 모델이 없는 비즈니스는 존재할 수 없다. 예를 들어, 1950년 다이너스클럽은 처음으로 신용카드를 세상에 내놓으며 새로운 비즈니스 모델을 시작하였다. 1959년 제록스는 대기업을 대상으로 복사기 임대사업을 시작하면서 장당 복사비를 청구하는 비즈니스 모델을 택했다. 1970년대 복사기 시장에 진입한 캐논은 소용량 복사기를 필요로 하는 고객을 대상으로 판매하는 비즈니스 모델을 택했다. 본체는 가격을 낮춰서 판매하고 토너가 들어간 카트리지를 비싼 가격에 판매하여 수익을 내기로 하였다.[1][2]

1) Alexander Osterwalder 외, 유효상 옮김, 비즈니스 모델의 탄생, 타임비즈, 2011.10, p.11.

2) 미타니 고지(三谷 宏治), 전경아 옮김, 세상을 바꾼 비즈니스 모델 70, 더난출판, 2015.9, p.5, pp.126－128.

그러나 비즈니스 모델이라는 용어를 사용하여 비즈니스의 다양한 형태를 본격적으로 체계화하고 연구하기 시작한 것은 1990년대 후반 인터넷 비즈니스 등장 이후부터라고 할 수 있다. Amazon, eBAY, Priceline, Autobytel 등 인터넷을 기반으로 한 소위 닷컴 비즈니스 모델이 주목을 받기 시작하면서 이러한 비즈니스 모델의 형태, 내용, 성공과 실패요인 등을 설명하고자 하는 목적에서 사용하기 시작하였다. 그만큼 이 용어 사용의 역사는 일천하다.[3)]

최근 비즈니스 모델 혁신이 주목 받는 이유로 먼저 비즈니스를 함에 있어서 제품・서비스 개발과 프로세스 혁신도 중요하지만 어떤 비즈니스 모델을 적용하느냐에 따라 큰 영향을 받게 되는 경우가 많다는 것을 알게 되었다는 것을 들 수 있다.[4)] 동일한 제품・서비스와 프로세스라 하더라도 어떤 비즈니스 모델의 유형을 적용하느냐에 따라 비즈니스의 성과가 달라질 수 있고, 본격적인 신제품 개발 없이도 높은 성과를 기대할 수 있는 효과적인 전략 대안이 비즈니스 모델이라는 것이다. 비즈니스 모델 혁신이 주목받는 또 하나의 이유로는 신기술제품・서비스와 프로세스, 그리고 상황에 맞는 비즈니스 모델이 서로 정합성(整合性)을 가져야 함을 들 수 있다.

비즈니스에 다양한 모델이 존재하고, 비즈니스 모델이라는 용어 사용의 역사가 일천하다 보니 일반적으로 받아들여지는 확고한 비즈니스 모델에 대한 정의는 아직 없다. 하지만 비즈니스 모델의 개념, 구성요소 등에 대한 이해는 성공적인 혁신을 위한 토대를 제공한다. 여러 연구자들의 다양한 비즈니스 모델에 대한 정의를 살펴보면서 귀납적으로 공통점을 찾을 수 있다.

---

3) 전성현, 뉴 비즈니스 모델, 집문당, 2002.12, pp.48−49.
4) 강한수, 성공적인 비즈니스 모델의 조건, SERI경영노트 제108호, 삼성경제연구소, 2011.6.23, p.1.

1) 비즈니스 모델의 중요성

앞에서 최근 비즈니스 모델 혁신이 주목 받는 이유르 제품 · 서비스 개발과 프로세스 혁신 못지 않게 어떤 비즈니스 모델을 적용하느냐가 비즈니스 성과에 큰 영향을 준다고 하였다. 그리고 신기술제품 · 서비스와 프로세스, 상황에 맞는 비즈니스 모델이 서로 정합성(整合性)을 가져야 한다는 점을 들었다.

실제 미국의 컨설팅 기업 BCG의 연구 결과는 비즈니스 모델 혁신이 제품 · 서비스 개발과 프로세스 혁신에 비해 높은 성과를 제공했음을 보여 주고 있다.[5)6)]

경제성장 둔화, 제품 범용화와 저가 경쟁자 등장 등 여러 가지 도전에 직면하게 되면서 기업이 새로운 비즈니스 모델을 다양하게 모색하고

그림 1-1 제품, 프로세스 혁신 기업 VS 비즈니스 모델 혁신 기업의 성과 비교

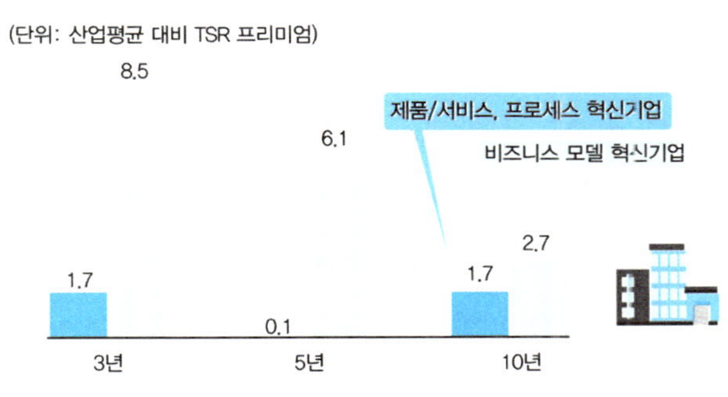

출처: Lindgardt, Z, et al.(2009). Business Model Innovation: When the Game Gets Tough, Change the Game, BCG.

---

5) 강한수, 성공적인 비즈니스 모델의 조건, SERI경영노트 제108호, 삼성경제연구소, 2011.6.23, p.1.
6) 해당 기간 동안 자본이득과 배당금을 모두 고려한 기업의 총주주수익률(TSR, Total Shareholder Return)이 산업평균에 비해 얼마나 높은가를 토대로 측정.

있다. 2008년 IBM이 40개국 1000여 명의 글로벌 기업 CEO를 대상으로 실시한 설문조사 결과, 69%의 기업이 기존 비즈니스 모델의 혁신을 시도 중이라고 응답하였다.[7][8]

2) 비즈니스 모델의 개념들

미타니 고지(三谷 宏治)는 '비즈니스 모델' 용어 사용의 변천사를 <표 1-1>과 같이 3기로 분류하기도 하였는데, 비즈니스 모델이라는 용어가 본격적으로 사용된 것은 1990년대 후반이다.[9] 1기는 먼 옛날부터 1990년까지로 비즈니스 모델이라는 개념과 용어는 존재했으나 큰 주목을 받지 못하고 드문드문 쓰이는 정도에 불과했다.

2기는 1991년부터 2001년까지로 '인터넷 비즈니스의 설명용'으로 절정을 맞이하게 된다. 특히 1990년대 중반 이후 인터넷이 급격히 보급되면서 인터넷 비즈니스가 폭발적으로 발전하고 기업가와 투자가, 경영자와 미디어에서 비즈니스 모델이라는 용어를 빈번하게 사용하였다. 2001년 인터넷 거품붕괴(닷컴 버블)가 일어나자 '비즈니스 모델'이란 용어도 사라질 것이라고 예상하기도 했지만 건재하였다.

3기는 2002년부터로 '지속적 경쟁 우위'를 위한 해답과 '혁신을 일으키는 방법'으로서 '비즈니스 모델'이라는 용어를 지속적으로 사용하고 있다. '지속적 경쟁 우위'를 위한 해답과 '혁신을 일으키는 방법'은 21세기 경영전략론이 풀어야 할 최대의 과제로 '비즈니스 모델'을 더욱 필요로

7) 강한수, 성공적인 비즈니스 모델의 조건, SERI경영노트 제108호, 삼성경제연구소, 2011.6.23, p.1.
8) 미국의 Harvard Business Review는 2011년 1-2월호 특집으로 '비즈니스 모델 혁신'을 다뤄 증가하고 있는 경영자들의 관심을 반영.
9) 미타니 고지(三谷 宏治), 전경아 옮김, 세상을 바꾼 비즈니스 모델 70, 더난출판, 2015.9, pp.7-8.

■ **표 1-1 '비즈니스 모델' 용어 사용의 변천사**

	1기	2기	3기
시기	~1990	1991~2001	2002~
용도	적극적으로 쓰이지는 않았다.	① 인터넷 비즈니스의 사업계획 설명용	② 지속적 경쟁우위와 분석틀 ③ 혁신의 원천

하게 되었다.

2기 이후 비즈니스 모델이란 용어가 빈번하게 사용되기도 하고 여러 연구자들이 다양하게 비즈니스 모델을 정의하고 있다.[10)][11)][12)][13)][14)][15)][16)]

앨런 아푸아와 크리스토퍼 투치(A. Afuah & C. I. Tucci, 2001)는 "고객에게 자신의 경쟁자보다 더 나은 가치를 제공하고 돈을 벌 수 있도록 기업이 자신의 자원을 형성하고 사용하는 방식"이라고 했다.

전성현(2002)은 "가치창출의 분기점에서 선택되는 기업 선택의 집합체"라고 했다.

조안 마그레타(J. Magretta, 2002)는 "사업의 작동 원리를 설명하는 이야기"라고 정의했다.[17)][18)]

---

10) 이홍규 · 김성철, 비즈니스 모델, 한울 아카데미, 2011, p.163.
11) 전성현, 뉴 비즈니스 모델, 집문당, 2002.12, p.51.
12) 김아랑, 기업의 지속적인 가치창출을 위한 비즈니스 모델 혁신 전략: 경쟁기업의 비즈니스 모델 사례연구, 한양대학교 대학원, 2013.2, pp.12-15.
13) 강한수, 성공적인 비즈니스 모델의 조건, SERI경영노트 제108호, 삼성경제연구소, 2011.6.23, p.2.
14) 김병도, 경영학 두뇌, 해냄, 2018, p.112.
15) Alexander Osterwalder 외, 유효상 옮김, 비즈니스 모델의 탄생, 타임비즈, 2011.10, p.20.
16) 미타니 고지(三谷 宏治), 전경아 옮김, 세상을 바꾼 비즈니스 모델 70, 더난출판, 2015.9, p.9.
17) Joan Magretta, What Management Is, New York, NY: The Free Press, 2002.
18) Joan Magretta, Why Business Models Matter, Harvard Business Review, 80(5), 2002, pp.86-92.

오스터왈더 외(A. Osterwalder et al. 2005)는 “본질적으로는 고객에게 더 집중함으로써 기업을 둘러싼 여러 이해 관계자들을 위해 가치를 창출하고 더 큰 성과를 내기 위한 방법을 담은 것이며 경영에 가장 핵심이 되는 체계적인 사고를 반영하고 있다.”고 했다. 그리고 2010년 ‘비즈니스 모델의 탄생’이라는 저서에서는 “하나의 조직이 어떻게 가치를 포착하고 창조하고 전파하는지, 그 방법을 논리적으로 설명한 것이다.”라고 정의하기도 했다.

티스(D. J. Teece. 2010)는 비즈니스 모델이란 “기업이 고객을 위한 가치를 어떻게 창조해 전달하고, 어떤 방법으로 수익을 취득하는가를 설명하는 ‘하나의 스토리’다.”라고 했다.[19]

이홍규와 김성철(2011)은 「뉴미디어 시대의 비즈니스 모델」이라는 저서에서 “기회와 사람과 조직의 역량을 엮어내는 하나의 스토리이다.”, “기본적으로 가치를 창출하고(create value), 그 가치에 대한 대가를 획득하는(capture value) 일이다.”라고 말했다.

강한수(2011)는 ‘성공적인 비즈니스 모델의 조건’이란 글에서 티스(D. J. Teece. 2010)가 정의한 비즈니스 모델의 개념을 소개하였다.

미타니 고지(三谷 宏治, 2015)는 「세상을 바꾼 비즈니스 모델 70」이라는 저서에서 “비즈니스란 어떤 가치를 어딘가에서 조달·창조하여 누군가에게 제공함으로써 수익을 얻는 것”이고, 비즈니스 모델은 ‘그 요소를 조합한 것’이라고 했다.

김병도(2016)는 「경영학 두뇌」라는 책에서 “해당 사업이 고객과 기업을 위해 가치를 제공하는 방법을 구체적으로 설명한 것”이라고 했다.

---

19) D. J. Teece, Business Models, Business Strategy and Innovation, Long Rang Planning, 43(2-3), 2010, pp.172-194.

3) 비즈니스 모델의 개념과 구성 요소

앞에서 살펴본 비즈니스 모델의 개념은 비즈니스 활동을 위한 스토리로써 비즈니스의 기본 구성 요소로 설명할 수 있다. 비즈니스에는 다양한 모델이 있지만, 다양한 비즈니스 모델은 비즈니스를 전제로 하므로 비즈니스 모델을 구성하는 공통된 기본 구성 요소는 비즈니스를 구성하는 공통된 기본 구성 요소이기도 하다.

비즈니스 모델의 공통 기본 구성 요소를 알아 보기 위해서 먼저 그 동안 여러 연구자들이 제안한 각각의 비즈니스 모델의 기본 구성 요소를 살펴볼 필요가 있는데, 여러 연구자들의 제안을 정리한 것이 <표 1-2> 이다.[20][21]

표 1-2 비즈니스 모델의 주요 기본 구성 요소

연구자	비즈니스 모델의 주요 기본 구성 요소
Slywotzky & Morrisen (1997)	• 고객선택(customer selection), 가치창출(value capture), 차별/전략적 통제요소(differentiation/strategic control), 범위(scope)
Timmers (1998)	• 제품/서비스/정보흐름(product, service, and information flows), 비즈니스 주체 및 역할(business actors and their roles), 잠재이익(potential benefits), 수익원천(revenues sources)
Ghosh (1998)	• 가치제안(value proposition), 수익 모델(revenue model), 시장기회(market opportunity), 경쟁환경(competitive environment), 경쟁우위(competitive advantage), 시장전략(market strategy), 조직개발(organization development), 경영 팀(management team)

20) 김아랑, 기업의 지속적인 가치창출을 위한 비즈니스 모델 혁신 전략: 경쟁기업의 비즈니스 모델 사례연구, 한양대학교 대학원, 2013.2, p.14.
21) 이홍규 · 김성철, 비즈니스 모델, 한울 아카데미, 2011, p.179.

Hamel (2000)	• 핵심전략(core strategy), 전략적 자원(strategic resource), 고객 인터페이스(customer interface), 가치네트워크(value network)
Markides (2000)	• 목표고객(who), 제공물(what), 전달 방법(how)
Rayport & Jaworski (2000)	• 가치제안(value proposition), 시장 제공품(marketspace offering), 자원 시스템(resource system), 재무모델(financial model)
Afuah & Tucci (2001)	• 고객가치(customer value), 범위(scope), 가격전략(pricing strategy), 수익원천(revenue source), 연계된 활동(connected activities), 실행(implementation), 비즈니스 능력(capabilities), 지속 가능성(sustainability)
Laudon & Traver (2001)	• 가치제안(value proposition), 수익 모델(revenue model), 시장기회(market opportunity), 경쟁환경(competitive environment), 경쟁우위(competitive advantage), 시장전략(market strategy), 조직개발(organization development), 경영 팀(management team)
Gordijn & Akkermans (2003)	• 참여자(actor), 가치창출대상(value object), 가치접점(value port), 가치인터페이스(value interface), 가치교환방식(value exchange), 가치제공형태(value offering), 세분시장(market segment)
Chesbrough & Rosenbloom (2004)	• 시장(market), 가치제안(value proposition), 가치사슬(value chain), 비용과 수익(cost & profit), 가치네트워크(value network), 경쟁전략(competitive strategy)
Morris et al. (2005)	• 가치제공(value proposition), 목표시장(market), 경쟁전략(competitive strategy), 내부역량(capabilities), 수익모형(profit model), 성장의지(growth)
Osterwalder (2005)	• 가치제안(value proposition), 고객분류(customer classification), 전달경로(delivery channel), 고객관계(customer relationship), 핵심자원(core resource), 핵심활동(core activity), 파트너 네트워크(partner network), 수익흐름(profit flow), 비용구조(cost structure)
Shafer et al. (2005)	• 전략적 선택(strategic option), 가치창출(value creation), 가치네트워크(value network), 가치확보(value capture)
Johnson et al. (2008)	• 가치제안(value proposition), 이윤창출방식(value creation), 핵심자원(core resource), 핵심 프로세스(core activity)

그림 1-2 비즈니스 모델의 기본 구성 요소

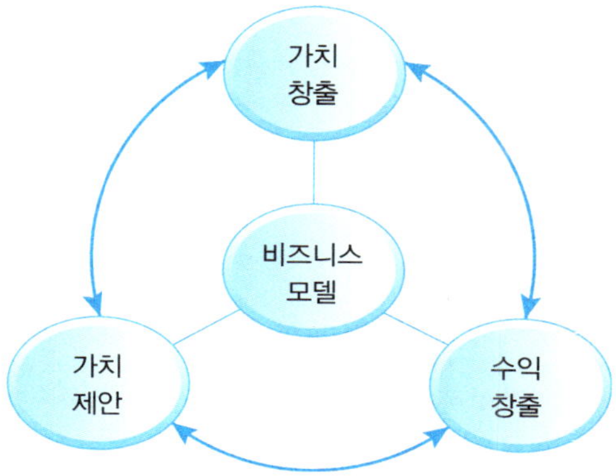

이러한 여러 연구자들의 제안들을 통해서 비즈니스 모델의 공통된 기본 구성 요소를 [그림 1-2]와 같이 크게 세 가지로 압축해 볼 수 있다. 첫째는 고객이 원하는 가치를 제안하는 것(고객 가치제안), 둘째는 가치창출 역량을 갖추는 것(가치창출), 셋째는 가치 제공 대가로 수익 모델을 갖추어 수익을 창출하는 것(수익 창출)이 그것이다.

4) 기존 비즈니스 모델의 개념들의 의미와 한계

다양한 비즈니스 모델에는 세 가지로 압축한 비즈니스 모델의 공통된 기본 구성 요소 즉, 가치제안, 가치창출, 수익 창출이 들어 있다. 어떠한 비즈니스 모델이든지 공통 기본 구성 요소를 갖는데, 이러한 공통 기본 구성 요소를 접근하는 관점과 가치의 지향성에 따라 다양한 비즈니스 모델을 '생산자 중심 비즈니스 모델', '고객 중심 비즈니스 모델', '삶 중심 비즈니스 모델'로 나누어 볼 수 있다.

먼저 '생산자 중심 비즈니스 모델'은 가치제안과 가치창출에 있어 생산자가 고객의 관점보다는 생산자 관점에서 접근하는 것이다. 사회 전반적으로 기본적인 생활 물자에 대한 공급이 부족한 상황에서는 생산자 관점에서의 공급이 수요를 만들어 낸다. 실제 19세기 초반에 세이(J. B. Say, 1767~1832)는 "공급은 스스로 수요를 창조한다"는 '판로의 법칙'을 제시하였고, 세이의 법칙은 20세기 초반까지 적용되었다.[22][23]

다음으로 '고객 중심 비즈니스 모델'은 생산자가 비즈니스 모델의 공통 기본 구성에 대해 고객의 관점에서 접근하는 것이다. 공급이 부족한 상황에서는 세이의 '판로의 법칙'이 적용되기도 하지만 공급이 늘어나 수요를 넘어서게 되면 '판로의 법칙'이 적용되지 않는 상황이 나타난다. 대표적으로 1929년 미국에서 발발하여 전 세계로 확산되었던 대공황은 공급 과잉이 주요인이었다.[24] 공급이 스스로의 수요를 창조하는 것이 아니라 반대로 "수요가 공급을 창출한다"는 것을 깨닫게 되었다.[25] 그리고 생산자가 고객의 관점에서 비즈니스 모델의 기본 공통 요소를 접근하여 수요를 만드는 방식으로 전환하게 되었다. 최근의 비즈니스 모델은 앞에서 소개한 여러 연구자들이 제시한 비즈니스 모델의 개념에도 나타나 있듯이 고객의 관점에서 접근하고 있는 것이다.

그러나 이러한 비즈니스 모델 개념은 '생산자 중심'에서 벗어나 '고객 중심'의 관점에서 접근하였지만, 자칫 '고객은 항상 옳다'는 의미를 부여하게 하는 한계를 갖고 있다. 즉, '고객 중심'이라는 말은 '고객이 옳다, 그르다'라는 의미와는 별개로 말 그대로 고객을 중심으로 한다는 것인

---

22) https://terms.naver.com/entry.nhn?docId=3572166&cid=58780&categoryId=58780. 세이는 1803년에 간행한 그의 저서 「정치경제론」에서 "상품의 수요를 유발시키는 것은 상품의 생산"이라고 하였는데, 이후 케인즈가 그의 저서 「일반이론」에서 세이의 주장을 "공급은 그 스스로의 수요를 창조한다"고 요약했다.
23) http://terms.naver.com/entry.nhn?docId=929735&cid=43667&categoryId=43667.
24) https://terms.naver.com/entry.nhn?docId=1080502&cid=40942&categoryId=31787.
25) https://terms.naver.com/entry.nhn?docId=3433853&cid=58393&categoryId=58393.

데, '고객은 항상 옳다'라고 의미를 부여하게 되는 우를 범할 수 있다는 것이다. 따라서 고객 중심에서 말하는 고객이 '옳다'라는 범주에 있도록 하기 위해서는 단지 고객에게 가치를 제공하는 고객 중심에 그쳐서는 안 되고, 고객에게 가치를 제공하는 것을 필요조건으로 하면서 그러한 가치가 삶의 의미를 부여하고 생활생명계(삶터)의 아름다움을 지향하도록 하는 충분조건을 만족시킬 수 있어야 한다.

이런 의미에서 '고객 중심 비즈니스 모델'과 구별되는 비즈니스 모델 개념이 필요하게 되는데, '삶 중심 비즈니스 모델'이라고 부르고자 한다. 즉, '삶 중심 비즈니스 모델'은 고객에게 가치를 제공하는 필요조건과 삶의 의미를 부여하고 생활생명계(삶터)의 아름다움을 지향하는 충분조건을 만족시키려는 비즈니스 모델인 것이다. 어떠한 비즈니스 모델이든지 '삶 중심 비즈니스 모델'의 의미를 담아야 한다. 그렇게 되면 '삶 중심 비즈니스 모델'이라고 하여 구별된 개념을 사용하지 않더라도 일반적으로 사용하는 비즈니스 모델은 "고객에게 삶의 의미와 생활생명계의 아름다움을 지향하는 가치를 어떻게 발견·제안하여 개발·제공하고, 어떤 방법으로 가치 제공에 대한 대가로서 수익을 획득하는가를 체계화한 스토리"라고 정의내릴 수 있다.

고객이 원하고 삶을 아름답게 만드는 가치를 제안하고, 제안한 가치를 창출하는 것은 결국 사람들의 삶을 위한 사람들의 조직적인 활동이므로, 가치를 남기는 조직적인 사람들의 활동은 사람을 남기는 활동이고 삶을 남기는 활동이라고 할 수 있다. 삶 중심 비즈니스 모델은 수익만을 얻으려는 것이 아니고 삶과 가치를 남기고자 하는 비즈니스 모델인 것이다.

개발도상국의 생산자의 노동에 정당한 대가를 지불하면서 윤리적 소비, 착한 소비를 강조하는 공정무역, 1990년대 미국에서 '천천히 그러나 더 훌륭하게 일하는 사람'의 뜻을 담은 약칭 슬로비족(SLOBEIE: Slow But

Better Working People)의 등장, 2000년대 들어 '육체적 · 정신적 건강의 조화를 통해 행복하고 아름다운 삶을 추구하는 삶의 유형이나 문화'를 통틀어 일컫는 웰빙(well-being)의 개념 등장, 2000년 미국의 내추럴마케팅 연구소에서 처음 사용한 말로서 '공동체 전체의 보다 더 나은 삶을 위해 건강과 환경, 사회의 지속적인 발전 등을 깊이 생각하는 소비자들의 생활방식', '개인의 웰빙을 뛰어 넘어 사회가 함께 웰빙하자는 이른바 사회적 웰빙'을 뜻하는 로하스(LOHAS: Lifestyles of Health and Sustainability)의 개념 등장, 사회 · 경제 · 환경 · 문화 등 모든 영역에서 공공의 이익과 공동체의 발전에 기여하는 가치로서 사회적 가치의 개념 부각, 2010년 11월 기업의 사회적 책임에 대한 국제표준으로서 ISO 26000 제정, 2011년 마이클 포터(Michael E. Porter)가 기업의 경제적 가치와 공동체의 사회적 가치를 조화시키는 경영으로서 공유가치창출 제시 등은 삶 중심 비즈니스 모델의 중요성을 일깨웠다고 할 수 있다.[26][27][28][29][30][31][32]

생산자 중심 → 고객 중심 → 삶 중심

---

26) https://terms.naver.com/entry.nhn?docId=3353509&cid=47305&categoryId=47305.
27) https://terms.naver.com/entry.nhn?docId=1204116&cid=40942&categoryId=31614.
28) https://terms.naver.com/entry.nhn?docId=1222578&cid=40942&categoryId=32182.
29) https://terms.naver.com/entry.nhn?docId=931848&cid=43667&categoryId=43667.
30) 김민주, 로하스 경제학, 미래의 창, 2006.11, p.41.
31) https://terms.naver.com/entry.nhn?docId=931062&cid=43667&categoryId=43667.
32) https://terms.naver.com/entry.nhn?docId=3551683&cid=40942&categoryId=31821.

Tip

핀란드에서 무상급식이 갖는 의미[33][34]

핀란드는 1948년 제2차 세계대전 패전국이라는 멍에를 지고 배상금을 갚아 나가던 어려운 시절에 무상 급식을 세계 최초로 실시해서 세계에서 가장 오래된 무상급식 역사를 가지고 있다. 그래서인지 핀란드인들은 학교급식을 단순히 한 끼 식사로 치부하지 않고, '아이들에게 양질의 따뜻한 음식을 제공한다'는 목표를 가지고 가정에서의 식사 못지 않은 재료와 정성을 들여 학교에서 음식을 만든다.

2011년 헬싱키에 사는 2명의 주부들이 학교급식에서 화학조미료를 없애자는 캠페인을 벌이면서 전 국민적으로 학교급식에 대한 관심이 더 늘어났다. 이런 분위기에 맞춰 핀란드 한 학교 앞 쇼핑센터의 상인들은 학생들이 점심시간에 학교급식을 먹지 않고 상가에 와서 군것질을 하지 못하게 이 시간에 학생들의 쇼핑센터 입장을 자진해서 통제하기로 했다는 뉴스도 들렸다.

"당장 눈앞의 이익보다는 아이들의 건강이라는 공익에 더 큰 가치를 두었기에" 상인들이 자신들의 수익을 줄이면서까지 이런 결정을 내릴 수 있다고 본다.

5) 비즈니스와 비즈니스 모델, 경영

비즈니스에는 다양한 비즈니스 모델이 존재하고, 다양한 비즈니스 모델은 어떠한 비즈니스 모델이든 비즈니스라는 개념을 공통으로 한다.

국어사전에 의하면 비즈니스는 "어떤 일을 일정한 목적과 계획을 가지고 짜임새 있게 지속적으로 경영함" 이다. 앞서 비즈니스 모델의 공통 기본 구성 요소 자료에서는 "가치를 제안하고, 제안한 가치를 창출하여 그 대가로 수익을 획득하는 활동"이라고 한다. 그리고 비즈니스 모델은 그러한 비즈니스 활동을 하기 위한 방향과 방법, 조직 구성원의 역할을 담아낸 구체적 스토리이다.

---

33) 김선, 교육의 차이, 혜화동, 2018, pp.189－190.
34) 이보영, 한국보다 한 수 위! 교육 강국 핀란드의 급식논쟁, 우먼동아, 2011.11.

따라서 국어사전의 비즈니스 개념에서 말하는 '일정한 목적과 계획'은 '고객이 원하고 삶을 아름답게 만드는 가치를 제안하고, 제안한 가치를 창출'하는 것이 된다. 그리고 지속적인 비즈니스가 가능하기 위해서는 수익이 있어야 하므로 국어사전의 비즈니스 개념에 나오는 '지속적으로'는 '수익 모델을 갖추어 수익을 창출하는 것'과 관련된다.

또한 국어사전의 비즈니스의 개념 뒷부분에 '경영'이라는 단어가 나오는데 경영(經營)은 '경(經)'과 '영(營)'이 합쳐진 것으로 글자 그대로 '경(經)을 영(營)하는 일', '경(經)에 따라 영(營)하는 일'이고, 여기서 '경(經)'은 '불변의 도리를 설명한 문서, 일정불변의 상도(常道), 사물과 세상의 이치, 불경이나 성경, 금강경, 화엄경 등과 같은 종교의 근본 이론을 쓴 책, 마음의 지주가 되는 책'을 의미한다. 직물의 씨실에 해당하여 세상의 기준이 되어 날실을 끼워 넣을 수 있게 하는 것이고, 인간에게 마음의 지주가 되는 길이 되는 것이다.

표 1-3 경(經)의 의미

경(經)	• 자연의 법칙
	• 세상의 이치
	• 지혜로운 말씀: 성경, 불경, 금강경, 도덕경,……
	• 직물의 씨실, 세상의 기준

이런 의미에서 비즈니스의 개념에 들어 있는 '일정한 목적'은 그 목적이 어떠한 것이든지 궁극적으로 '경영(經營)'의 '경(經)'에 근거한 것이어야 한다. 그리고 비즈니스 개념에 들어 있는 '계획'은 경(經)을 체계적으로 실행하는 즉, '경(經)을 영(營)하는 일'의 출발이다.

영(營)을 데밍(W. Deming)의 관리사이클로 표현하면 계획(plan), 실행

(do), 검토(check), 조처(action)로 이루어지는 활동이 된다.[35]

앞에서 다양한 비즈니스 모델은 '가치를 제안하고, 제안한 가치를 창출하여 수익을 획득한다'는 공통의 비즈니스 구성 요소도 활동하게 되는데, 제안하는 가치의 궁극적인 지향성은 '경(經)'에 있다. 그래서 삶 중심 비즈니스 모델에서 제시하는 '삶의 의미와 생활생명계의 아름다움을 지향하는 가치'를 고객에게 제안하는 것이다. 그리고 '가치를 제안하고, 제안한 가치를 창출하여 수익을 획득한다.'는 일련의 활동은 계획(plan), 실행(do), 검토(check), 조처(action)로 이루어지는 활동으로 '영(營)'어 해당하게 된다.[36]

그림 1-3 경영(經營): 경(經)+영(營)

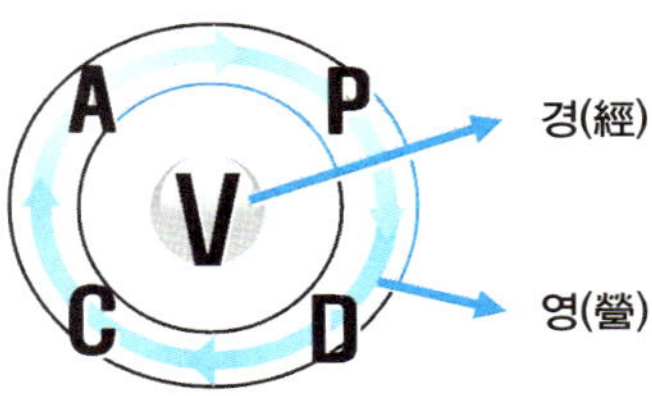

V	Value(가치)
P	Plan(계획)
D	Do(실행)
C	Check(검토)
A	Action(조처)

---

35) 강금식, 품질경영, 오래, 2016.2, p.214, p.216.
PDCA(Plan, Do, Check, Action)사이클은 1920년대 통계적 품질관리를 개척한 슈하트(W. A. Shewhart)가 먼저 제시하였으나, 1950년대 일본인들은 데밍사이클이라고 불렀다. 이는 데밍이 일본인들에게 품질관리를 전파하면서 많은 영향을 미쳤기 때문이다. 데밍은 1990년부터 PDSA(Plan, Do, Study(고찰), Action)사이클로 바꿔 불렀다.

36) 경영이나 관리에 해당하는 영어로 administration, management, control이 있다. administration은 정해진 규칙이나 방식에 따라 업무와 의식을 추진하는 것으로 '집행 또는 실시'의 의미로 사용된다. management는 '계획을 정하여 조직활동을 통해 실행으로 옮기고 새로운 방침과 계획을 설정하는 활동의 전체'이고, control은 설정된 기준이나 한계에 따라 제어 통제해 가는 것이다.
W. Deming의 관리사이클로 표현되는 계획, 실행, 검토, 조처의 활동에서 보면 administration은 계획(plan)에 따른 실행(do)이고, control은 계획(plan)에 따른 실행(do)과 검토(check)단계까지의 활동이라 할 수 있으며, management는 계획(plan), 실행(do), 검토(check), 조처(action)의 활동 전체이고 순환하는 활동이다.

2. 비즈니스 모델과 가치

앞에서 비즈니스 모델의 개념은 비즈니스 모델의 기본 구성요소로 설명됨을 보았다. 그리고 비즈니스 모델의 기본 구성요소로 '고객 가치 제안, 가치창출, 수익 창출' 등을 들 수 있음을 알 수 있었다. 따라서 비즈니스 모델의 핵심 단어는 '가치'라고 할 수 있다. 이제 가치와 고객가치의 개념을 살펴본다. 고객가치에 대해서는 고객가치의 일반적인 개념을 먼저 살펴본 후 존재가치, 지향가치, 사용가치, 교환가치의 개념과 관련시켜 살펴본다.

1) 가치

일상 생활에서 '가치(價値, value)'라는 용어는 다양하게 사용되고 있다. 그리고 인간들은 나름의 가치판단을 하며 살아가고 있다. 그래서 "…은 가치있고, …은 가치없다", "가치있는 …, 가치없는 …"라는 말을 하기도 한다. 그리고 상품(商品)에 적용하는 경제적 가치 외에 논리적 가치, 도덕적 가치, 미적(美的) 가치, 종교적 가치 등 삶의 다양한 분야와 관련하여 '가치'라는 용어를 부여하며 가치판단을 한다.

이러한 가치에 대해 두산백과 사전에서는 "주관 및 자기의 욕구, 감정이나 의지의 욕구를 충족시키는 것"이라고 정의하였다. 우리의 일상생활에서 필요와 욕구를 충족시킬 수 있는 것은 모두 가치라는 것이다.[37] 이대희 엮음 「가치론의 문제와 역사」에서는 "주관의 의지나 감정의 욕구를 충족시켜주는 실재적 또는 관념적 대상의 위계(서열)"라고 한다.[38]

---

37) http://terms.naver.com/entry.nhn?docId=1164996&cid=40942&categoryId=31433.
38) 이대희, 가치론의 문제와 역사, 정림사, 2001, pp.12.

이렇듯 '가치'는 "인간의 의지와 욕구를 충족시키는 실재적이고 관념적인 모든 것"을 의미한다. 그리고 단순한 사실과 달리 언제나 일정한 주관의 평가가 개입되며, 각 개인마다 그리고 상황(시대와 지역 등)에 따라 가치의 위계 정도를 정하게 된다.39)

앞의 정의에서도 알 수 있듯이 가치란 인간을 떠나 실재하는 것이 아니다. 가치를 감득하는 인간의 존재가 있어야 비로소 존재한다. 또한 가치가 생기기 위해서는 대상에 관계하는 자기의 일정한 태도, 즉 평가작용이 예상되며 그러한 평가작용의 주체인 자기성격에 따라 가치 자체에도 개인적·사회적·자연적·이상적이라는 구별이 생긴다.40)

가치에 서열을 매기기도 한다. 셸러(Max scheler)는 쾌적가치보다는 생명가치가, 생명가치보다는 정신가치가 높으며 그 중에서 종교적 가치를 최고로 한다는 가치 서열(序列)을 주장하였다. 또 칸트(Immanuel Kant)는 각 사람의 인간성은 무엇으로도 바꿀 수 없는 내적이며 절대적인 가치를 갖는다고 하여 이 가치를 '존엄(尊嚴)'이라 하고, 도덕적 가치를 최고의 가치로 보았다.41)

셸러나 칸트뿐만 아니라 사람들 개개인은 개인마다 가치를 대하는 주관적 평가를 가지면서 동시에 시대(시간)와 지역(공간)에 따라 사회적으로 이루어지는 가치 지향성에 영향을 받게 된다. 즉 개개인은 개인의 주관적 가치와 사회적 가치를 나름의 방식으로 결합시키게 된다고 할 수 있다.

---

39) 이대희, 가치론의 문제와 역사, 정림사, 2001, pp.12－13.
40) http://terms.naver.com/entry.nhn?docId=1164996&cid=40942&categoryId=31433.
41) http://terms.naver.com/entry.nhn?docId=1164996&cid=40942&categoryId=31433.

2) 고객가치

(1) 고객가치의 의미

앞에서 '가치'를 "인간의 의지와 욕구를 충족시키는 실재적이고 관념적인 모든 것"을 의미한다고 하였다. 이와 관련하여 '고객가치(customer value)'를 정의하면 "고객의 의지와 욕구를 충족시키는 실재적이고 관념적인 모든 것"이라고 할 수 있다.

기업이 고객에게 유형적인 제품이나 무형적인 서비스를 제공할 때 고객은 제품이나 서비스 자체가 아니라 제품과 서비스에 담겨있는 가치, 즉 고객의 의지와 욕구를 충족시키는 것을 얻으려고 한다. 예를 들어 고가의 캐딜락을 구매하는 고객은 단순한 차를 구매하는 것이 아니라 '고급차의 품위'를 진정한 가치로 구매한 것이다. 제록스 복사기의 고객은 '복사기'라는 기계를 구매하는 것이 아니라 '복사'라는 가치를 구매하는 것이다.

고객가치는 제품이나 서비스 자체가 아니라 그것을 통해 얻고자 하는 궁극적인 '만족의 주관적 내용'으로 이러한 고객가치를 올바르게 파악하고 만족시키는 것이 복잡하고 어렵지만 기업의 사명이자 목적을 설정하는데 중요시 하게 된다. 특히 고객의 인구통계 특성과 고객욕구 및 경제환경이 변하므로 경영자는 항상 고객의 변화를 살펴서 늦지 않게 고객가치를 재정의하고 미래 사업을 다시 정의해야 한다.[42] 알프레드 슬론(Alfred Sloan)은 1920년대 고객가치를 재정의해서 부도직전의 GM을 위기에서 구한 바 있다.[43]

앞에서도 언급했듯이 고객가치, 즉 고객이 원하는 주관적 가치가 항

---

42) 정영복 외, 사업정의와 경영전략, 한스컨텐츠, 2006.11, p.66.
43) http://blog.naver.com/kmacsales/150642095.

상 옳은 것은 아니다. 고객이 원하는 가치 중에는 삶의 근본가치에 맞지 않는 경우도 있다. 예를 들어 어떤 고객이 술에 만취한 상태에서 계속 술을 요구하는 경우 술을 제공하는 것은 바람직하지 않을 것이다. 담배를 피우고 싶다고 하더라도 계속해서 담배를 권할 수는 없다. 마약을 원한다고 해서 마약을 제공할 수는 없다. 고객가치를 필요조건으로 하면서 동시에 삶의 근본가치를 충분조건으로 하는 가치를 고객에게 제공하여야 한다. 그리고 단지 물질적인 경제 성장이 아니라 인간이 함께 살아가는 생활생명계를 유지하고 아름답게 만들어가는 가치(정신적, 영적)도 제공할 수 있어야 한다.

(2) 고객가치와 가격

앞에서 고객가치는 제품이나 서비스 자체가 아니라 그것을 통해 얻고자 하는 궁극적인 '만족의 주관적 내용'이라고 했는데, 이를 가격과의 관계에서 보면 "재품・서비스 구입 시 고객이 지불하는 가격에 대해 고객이 사용을 통해 얻어지는 효익(효과・효용+이익)"이라고 표현할 수 있다.[44)]

고객이 해당 제품과 서비스를 구매할 가치는 가격 이외에 여러 가지가 작용할 수 있다. 구체적으로 보면 다음과 같다.

가치 = 제품구입에 투자되는 금액
+ 구입 시 추가로 제공되는 요소(보완재 제공, 친절/서비스, 점포위치, 영업시간 등)
+ 제품・서비스의 가격 외적 요인(스타일, 모양, 색상, 편리성, 신속성 등)
+ 고객이 구매・사용을 통해서 얻을 수 있는 경험(자부심, 권위, 편안, 차별 성 등)

44) 정영복 외, 사업정의와 경영전략, 한스컨텐츠, 2006.11, pp.66−68.

고객이 제품 사용을 통해 얻을 수 있는 효익(또는 혜택)을 <표 1-4>와 같이 기능적 혜택(functional benefit), 상징적 혜택(symbolic benefit), 경험적 혜택(experiential benefit), 이타적 혜택(altruistic benefit)의 네 가지 유형으로 정리해 볼 수도 있다.[45]

기능적 혜택의 사례 중 베이비 모니터는 미국의 스타트업(startup) 기업 스프라우틀링(Sproutling)에서 개발한 제품이다. 의료용 실리콘으로 만든 밴드 모양의 이 제품은 아기의 다리에 채워두면 심박수를 체크해서 건강과 수면 상태에 대한 정보를 제공한다. 부모는 연동된 스마트폰을 통해 아기를 더 오래 재우기 위해 필요한 온도와 밝기, 아기가 깨어나는 시간까지 알 수 있어 불안해하지 않고 다른 일을 할 수 있다.

표 1-4 혜택의 유형과 사례

혜택의 유형	의미	구체적 사례
기능적 혜택	소비자가 현재 지각하는 기능적 문제를 해결해주거나 미래에 예상되는 기능적 문제를 예방해주는 혜택	페브리즈, 비트, 베이비 모니터
상징적 혜택	소비자의 자아 이미지, 사회적 지위, 소속감 등을 표현하려는 욕구를 실현시켜주는 혜택	게스(Guess) 청바지, 탐스슈즈, 페이스워치, 명품
경험적 혜택	소비자에게 오감의 즐거움을 제공하거나, 호기심을 자극하고 새롭고 참신한 지식에 대한 욕구를 만족시켜주는 혜택	브래들리 타임피스, 할리데이비슨
이타적 혜택	소비자가 순수하게 타인을 돕고자 하는 마음을 충족시켜주는 혜택	빅이슈, 도그TV

45) 김지헌, 가치를 사는 소비자 공감을 파는 마케터, 갈매나무, 2016, pp.35-80.

상징적 혜택의 사례 중 게스(Guess) 청바지는 처음에 허리 사이즈를 24인치 이하로 출시했다. 여성들이 자신들이 얼마나 날씬한지 표현하고, 입지 못하는 여성들의 부러움을 즐길 수 있게 해주었다.

탐스(TOMS)슈즈는 블레이크 마이코스키(Blake Mycoskie)가 아르헨티나 여행 중 신발이 없어서 상처 입고 감염되는 아이들을 목격하고 이를 돕기 위해 설립한 사회적 기업이다. 소비자가 신발을 한 켤레 구입하면 기업이 제3세계 아이들에게 한 켤레를 기부하는 공익 연계 마케팅(cause-related marketing), 즉 원포원 캠페인(one for one campaign)을 한다. 소비자가 탐스슈즈를 구입하는 이유는 신발 자체의 기능과 디자인 때문이기도 하지만 신발을 신음으로써 타인을 돕는 일에 동참하였음을 표현할 수 있는 상징적 혜택 때문이기도 하다.

페이스워치(facewatch) 시계 역시 공익 연계 마케팅을 한다. 2012년 9월 소셜펀딩을 통해 설립된 사회적 기업이 생산하는 시계로 수익의 일부를 사회적 문제를 해결하는 데 기부하고 있다. 흥미로운 것은 페이스워치의 색상은 일곱 가지인데, 이를 기부 영역과 연계시킨다는 점이다. 예를 들면, 흰색 시계 한 개가 판매되면 열여섯 명의 굶주린 사람에게 음식을 제공하며, 빨간 시계가 다섯 개 판매되면 에이즈 환자 한 명의 한 달치 치료약을 후원한다. 가격은 5만 원 대로 일반적으로 상징적 혜택을 제공하는 제품이 고가의 브랜드 제품이라는 점과 비교된다.

경험적 혜택의 사례로 브래들리 타임피스(Bradley Timepiece) 시계를 들 수 있다.[46] 이 시계는 MIT의 한국인 유학생 김형수 씨가 개발했다. 김형수 씨는 대학 강의실에서 옆자리에 앉은 시각장애인 학우가 자신에게

46) '브래들리'라는 이름은 아프가니스탄 전쟁에서 두 눈을 잃고도 포기하지 않고 세계 장애인 올림픽 수영 종목에 참가해 우승한 '브래들리 스나이더'의 이름을 땄다. 그의 도전 정신은 이 시계에 긍정적 브랜드 연상들을 불어넣는 차별적 브랜드 개성(brand personality)이 될 수 있었다.

몇 시인지 물어본 것이 계기가 되었다. 당시 시각장애인들을 위한 시계는 소리로 시간을 알려주었는데, 수업 시간에 타인에게 피해를 주지 않는 만지는 시계를 개발하였다. 구슬을 만져서 구슬의 위치를 통해 시간을 확인하는 방식인데 일반인들이 사용하기에는 불편하였지만 이 시계가 추구하는 가치의 공감으로 인해 성공하였다.

오토바이 브랜드인 할리데이비슨(Harley Davidson)을 타는 라이더들은 뚝 떨어져 있는 손잡이를 잡기 위해 다소 불편해 보일 만큼 팔을 벌리고 있으며, 두건을 쓰고 문신을 하는 등 자유롭게 자기표현을 하면서 오토바이를 타는 즐거움을 추구한다. 이들은 도심에서 말을 탄 듯한 즐거움 느끼는데, 심지어는 오토바이가 뿜어내는 굉음이 경쾌한 말발굽 소리로 들린다고 한다.

이타적 혜택의 사례로는 빅이슈(Big Issue)라는 잡지를 들 수 있다. 노숙인들의 자립을 돕기 위해 발간되는 잡지로 1991년 영국에서 처음 발간되었다. 현재 10개국에서 14종이 발간되고 있으며 한국에서는 2010년 7월 5일 창간되었다. 잡지는 필진들의 재능 기부를 통해 만들어지고 빅판(빅이슈 판매원)이라 불리는 노숙인들에게 잡지 판매 가격 5,000원의 50%인 2,500원을 지급하여 자립을 돕는 것이 주된 목적이다. 6개월 이상 판매하여 번 돈을 꾸준히 저축하는 빅판에게는 임대주택 입주 자격이 주어지는데, 2014년 4월 기준으로 30명이 입주할 수 있었다.

반려견을 돕고자 하는 이타적 혜택의 추구도 있다. 대표적으로 개를 위한 전문 채널인 '도그TV'가 있다. 2013년 12월 시작된 도그TV는 24시간 동안 광고 한 편 없이 반려견의 눈과 귀를 즐겁게 해줄 콘텐츠만으로 구성되어 있다. 집에 반려견을 두고 출근해야 하는 애견가들의 죄책감을 자극함으로써 월 8,000원이 넘는 시청료에도 불구하고 가입 가구 수가 1만5,000명을 넘었다고 한다.

고객은 제품·서비스 구입 시 결정 방법의 하나로 고객이 바라는 가치와 가격을 비교하여, 가치가 가격보다 큰지 작은지를 가지고 판단하게 된다. 다른 하나는 고객이 자신의 소득 수준을 감안하여 지불 능력이 있는지를 가지고 판단하게 된다. 결국 가격보다 가치가 큰 제품·서비스들 중에서 자신의 소득 수준과 지불 능력에 맞는 가격의 것을 선택하게 될 것이다.

가격 〉 가치: 가치가 낮다. 가격이 비싸다. 사용 만족도가 낮다. 해당 제품/서비스의 재구매를 생각하지 않는다.

가격 〈 가치: 가치가 높다. 생각보다 좋다. 사용 만족도가 높다. 재구매 의견과 다른 사람에게 추천의견도 있다.

가격에는 소비자가 지불할 용의가 있는 최대가격(유보가격, reservation price)과 합당하다고 기대하는 가격(준거가격), 그리고 실제 지불한 가격(시장가격)이 있다. 고객은 자신이 바라는 가치보다 지불할 용의가 있는 최대가격이 더 작기를 기대하게 되는데, 실제 지불한 가격은 지불할 용의가 있는 최대가격보다 더 작을 수 있다. 소비자가 지불할 용의가 있는 최대가격과 실제 지불한 가격의 차이를 소비자잉여(consumer's surplus)라고 하며, 고객은 소비자잉여가 증가하기를 바라게 된다.[47]

대표적인 준거가격으로 권장소비자가격(suggested retail price)이 있다. 예를 들어 제약업체는 감기약 상자 겉면에 권장소비자가격 5,000원을 명시함으로서 소비자가 이를 준거가격으로 사용하도록 유도한다. 그러나 실제로 약국에서는 이약을 3,000원에 판매함으로써 소비자로 하여금 2,000원의 할인을 받았다고 인식하게 한다. 준거가격과 실제로 지불한 가격의 차이에서 발생하는 효용을 거래효용(transaction utility)이라고 한

47) 김병도, 경영학 두뇌, 해냄, 2018.3, p.66, p.304.

다.[48]

할인 효과를 극대화하고 거래효용을 늘리기 위해 권장소비자가격을 정상가격보다 터무니없이 높게 책정하는 제조업체들이 있어 이런 폐단을 막고자 1999년 9월부터 텔레비전, VTR, 신사 숙녀 정장, 운동화 등 12개 품목에 대해 제조 업체가 권장소비자가격을 표시하는 것을 금하고 있다. 제조업체가 제품 겉포장에 권장(희망)소비자가격을 표시하는 것을 금지하고, 유통업체가 최종 판매가격(단위가격)을 정해 표시하도록 한 제도를 오픈프라이스 제도(open price system)라고 한다. 권장가격을 실제 판매가격보다 부풀려 표시한 뒤 할인해서 팔거나, 대리점 등에 설정한 가격 이하로 재판매하는 것을 막아 가격경쟁을 제한하는 폐단을 근절하기 위해 1999년 첫 도입됐다.[49]

3) 존재가치와 지향가치, 사용가치와 교환가치

(1) 존재가치, 지향가치, 사용가치, 교환가치

고객이 원하는 고객가치는 존재가치(value of existence)에 고객의 지향가치(intended value)가 결합되어 나타난 사용가치(value in use)이고 교환가치(exchange value)이다.

존재가치는 생활생명계에 존재하는 모든 존재체가 갖는 가치이다. 즉, 존재하는 모든 것은 나름의 가치를 갖고 있다. 하나의 존재는 생활생명계의 한 개체인 동시에 망라적 관계 속에서 존재하면서 존재가치를 갖는다. 개체는 개체 나름의 절대적이고 독자적인 고유성질을 갖지만 타 존재와의 상대적이고 망라적인 관계 속에서 존재가치를 갖는다.[50]

---

48) 김병도, 경영학 두뇌, 해냄, 2018.3, pp.306－307.
49) https://terms.naver.com/print.nhn?docId=2062105&cid=50305&categoryId=50305.

지향가치는 정신적 혹은 영적으로 '삶의 가치', '가치있는 삶' 등으로 표현되는 것과 같이 인간이 지향하는 '의의, 의미, 보람'을 뜻한다. 그리고 어떤 대상에 향하여 부여된 인간의 가치체계로서 부여가치라고도 할 수 있다. 이것은 객관적 당위 혹은 정신적 · 영적 행우의 지향점이 된다.[51)]

존재체가 갖고 있는 고유한 가치는 중립적인데 이러한 존재가치에 지향가치가 결합되어 사용가치가 된다. 사용가치는 확인 가능한 인간의 필요나 욕망을 충족시키는 재화의 유용성(有用性) 또는 효용을 의미하는데, 중립적으로 있던 존재가치에 고객(사용자)의 지향가치에 의해서 사용가치 즉, 존재가 가진 유용성(有用性) 또는 효용이 달라진다. 예를 들어 칼이라는 존재가치는 중립적인데, 사용자의 지향가치에 따라서 요리하는 도구로 사용될 수도 있고 무기로 사용될 수도 있다. 스마트폰도 인간의 지향가치에 따라서 유용한 의사소통의 도구로 사용되기도 하고 인간관계를 단절시키는 도구로 사용되기도 한다.

고객은 자신이 원하는 사용가치를 갖는 제품 · 서비스를 일정 가격을 지불하고 구매하게 되는데, 그 상품은 다른 상품이나 화폐로 교환되는 값어치 즉, 교환가치를 갖게 된다.

사용가치와 교환가치 외에 희소가치, 원가가치 등을 경제적 가치에 포함한다.[52)]

---

50) 홍성학, 산업의 가치계발력 향상과 윤리경영, 충북보건과학대학교 논문집 제21집, 2012, p.45, p. 47.

51) 홍성학, 산업의 가치계발력 향상과 윤리경영, 충북보건과학대학교 논문집 제21집, 2012, p.47.

52) 이순용, 생산관리론, 법문사, 1992, p.216.

1. **희소가치**(scarcity value): 보석과 같이 그 물건이 귀하다는 점에서 생긴 가치개념
2. **교환가치**(exchange value): 그 물품을 다른 것과 교환할 수 있도록 하는 특성이나 품질에 따른 가치 개념
3. **원가가치**(cost value): 그 물품의 생산을 위해서 발생한 원가에 따른 가치개념
4. **사용가치**(value in use): 그 물품이 지니고 있는 효용·작용·특성·서비스 등에 따른 가치 개념으로 흔히 품질이나 기능으로 표시

(2) 가치분석

가치분석(value analysis: VA)은 1947년 미국의 전자·전기기기 메이커인 제너럴 일렉트릭(GE)사의 구매과정을 지내던 마일즈(Lawrence D. Miles)에 의해서 비롯되었다.[53][54]

가치분석의 창시자인 마일즈는 "가치분석이란 제품·공정·서비스에 기여하지 않는 원가 내지 노력들을 식별하고 제거하는 시스템"이라고 정의하였다.[55] 이러한 마일즈의 가치의 이해에 기반을 두고 데이빗(David De Marle)은 제품·서비스의 가치를 제품·서비스의 기능(또는 품질)과 비용(또는 가격)과의 관계로서 나타내는 간단한 식을 제시하였다. 즉, 제품·서비스의 기능(또는 품질)은 분자에, 비용(또는 가격)은 분모에 두었다.[56]

---

53) 이시하라 가쓰요시(石原勝吉), 한국표준협회 역, 현장의 VE 텍스트, 1987.9, p.10. 1947년 미국의 GE사에서 창고의 바닥에 까는 아스베스트를 구하기 어려워 애를 먹었다. 다른 값싼 불연재료가 있었음에도 불구하고, 소방법에 「아스베스트를 쓸 것」이라고 규정되어 있어 어쩔 수 없었다. 이를 계기로 GE의 마일즈가 중심이 되어 "기능을 유지하면서 비용을 낮추어 제품가치를 향상시키는 가장 효과적인 방법을 연구·개발하게 되었다.
54) 이순용, 생산관리론, 법문사, 1992, p.213, pp.216-217.
55) 이순용, 생산관리론, 법문사, 1992, p.214,
56) Robert B. Stewart, 임종권 외 2명 역, 가치공학의 원리, 2006.4, p.39.

$$가치(value) = \frac{기능(function)}{비용(cost)}$$

$$V = \frac{F}{C} = \frac{F_B + F_S}{C}$$

F_B : 기본기능

F_S : 2차적 기능

이러한 가치분석 식은 제품 · 서비스의 가치는 분자인 기능을 높이고 분모인 비용을 낮춤으로써 향상시킬 수 있음을 보여준다. 비용을 들이게 되는 경우 기능을 더 높이든지, 기능을 일정하게 유지하면서 비용을 낮추든지 하여야 가치가 올라간다. 마일즈가 가치분석 식을 적용할 당시에는 분모인 비용을 줄이는 데 초점을 두었다.

가치분석 식의 분자인 기능은 기본기능과 2차적 기능으로 나누어진다. 가치분석 식을 고안한 마일즈는 사용가치를 실용가치(use value)와 귀중가치(esteem value)로 구분하고 기본기능을 실용가치, 2차적 기능을 귀중가치라고 하였다. 예를 들어 라이터의 기본기능은 불을 제공하는 데 있는데, 불의 제공만을 추구한다면 대체재로 성냥도 사용할 수 있다. 라이터에는 성냥과 다른 기능이 있는데 이것이 귀중(매력)가치가 된다.

데이빗은 가치분석 식과 관련되어 있으면서 고객이 가치를 결정짓는 생각을 표현하는 간단한 식을 제안했다.57)

$$고객가치(customer\ value) = \frac{성능(performance)}{가격(price)}$$

위의 고객가치 분석 식은 분자인 성능을 높이고, 분모인 가격을 낮춤으로써 향상시킬 수 있음을 보여준다. 가격이 올라가면 성능이 더 올라

57) Robert B. Stewart, 임종권 외 2명 역, 가치공학의 원리, 2006.4, p.39.

가든지, 성능을 일정하게 유지하는 경우에는 가격을 낮추어야 고객가치가 올라간다.

고객가치 분석 식은 고객의 소득수준과 고객가치 간의 관계를 설명하는 데 유용하다. 고객 소득 수준이 낮은 상태에서는 성능보다는 가격에 비중을 두고 가치판단을 하게 되고, 소득 수준이 높아지면 가격보다는 성능, 더욱이 기본성능 외에 2차적 혜택에 더 많은 비중을 두고 가치판단을 할 가능성이 많아진다. 마일즈는 "고객가치는 고객이 필요하고, 요구하고, 더 나은 성능을 위하여 기꺼이 비용을 지불할 용의가 있다면 성능을 증가하므로써 향상된다."라고 하였다.[58)]

Tip

가치분석(VA)과 가치공학(VE)[59)60)]

1950년대 중반 GE사로부터 VA를 도입한 미해군과 공군에서는 가치분석이라는 명칭 대신에 가치공학(value engineering: VE)이라는 명칭을 사용하였다. 마일즈가 가치분석을 처음 제시할 당시 GE사의 구매과장으로 활동하면서 구매과정에서의 비용 절감에 초점을 두었는데, 이러한 활동 영역에서 탈피하여 기술분석을 강조한 것이라 할 수 있다.

현재는 가치분석을 가치공학이라고 부르면서 동일시하고 "원가절감과 제품가치를 동시에 추구하기 위해 제품개발에서부터 설계, 생산, 유통, 서비스 등 모든 경영활동의 변화를 추구하는 경영기법"으로 소개하기도 한다.

VA와 VE를 구별하는 경우, 전자는 구매부서에서 행하는 구매품의 경제적 구매분석을 말하고, 후자는 설계나 연구개발부서에서 행하는 제품이나 부분품에 대한 설계분석이라고 말한다. 전자와 후자를 합쳐 VA/VE라고 부르기도 한다.

58) Robert B. Stewart, 임종권 외 2명 역, 가치공학의 원리, 2006.4, p.40.
59) 이순용, 생산관리론, 법문사, 1992, p.213.
60) https://terms.naver.com/entry.nhn?docId=12385&cid=43659&categoryId=43659.

4) 생산가치

생산가치(productive value)는 생산하여 제공하는 상품(제품)이 담는 가치이다. Webster 사전에 의하면 "생산(生產, production)은 자연적 또는 인위적 노력에 의하여 무엇인가를 만들어내는 것이다."라고 한다. 즉 생산활동은 존재가 가지고 있는 가치를 발견·선택하고 인간의 지향가치를 결합시켜 무엇인가를 만들어내는 활동이고, 이 때 결합시키는 인간의 지향가치가 생산가치이다.

앞에서 가치, 고객가치, 존재가치, 지향가치, 사용가치, 교환가치 등의 개념을 살펴보아서 알 수 있듯이 고객은 고객이 바라는 사용가치와 교환가치를 담아내는 제품·서비스를 원하므로 생산자 입장에서는 고객이 원하는 가치를 상품에 담아내서 수익을 만드는 활동을 하게 된다. 고객가치와 생산가치의 접점에서 두 가치는 일치하게 된다.

고객가치를 제공하기 위한 다양한 효용성(사용가치)을 만들어 내는 생산활동을 정리한 것이 [그림 1-4]와 <표 1-5>이다. 여기서 생산활동은 유형적인 물품의 산출뿐만 아니라 무형적인 서비스의 산출까지도 포함하는 넓은 의미를 가지고 있다. <표 1-6>과 같이 1차 산업, 2차 산업, 3차 산업을 망라하는 의미에서의 생산활동이다.[61)]

생산활동이 개별 비즈니스와 산업단위로 이루어지기도 하지만 산업간에 유기적으로 연계하여 이루어진다. 즉 [그림 1-4]에서와 같이 소재생산, 가공, 조립, 서비스가 연계되어 이루어지면서 효용성을 산출하게 된다. 그리고 이를 구체적으로 나타낸 것이 <표 1-5>이다.

---

61) 홍성학, 인간학으로서의 생산관리 체계, 주성대학 논문집 제9집, 2000, pp.41-42.

그림 1-4 인간의 삶, 생활생명계와 생산활동

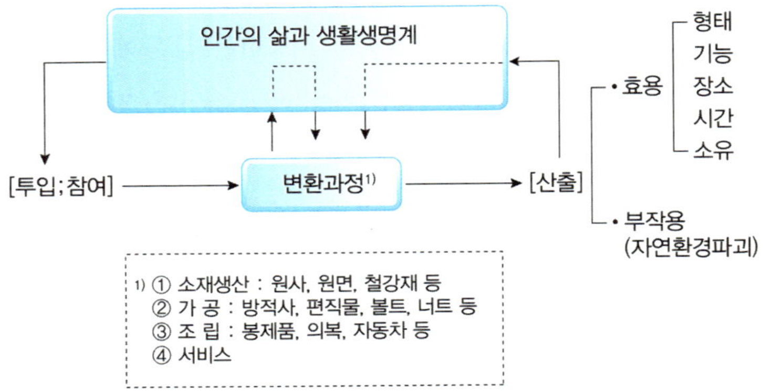

표 1-5 생산의 유형별 특성 및 사례

생산의 유형	특 성		전형적인 예
	변환과정	산출(효용)	
농축산업, 수산업, 임업	재배, 채취	기초효용 (basic utility)	농업, 어업, 임업
제조업 (추출, 제작, 조립, 건설)	형태변환: 실체적 제품의 창출	형태효용 (form utility)	광산, 정유, 섬유, 차량, 주택, 가전제품, 빌딩, 교량, 댐
수송 (항공, 수상, 육상)	장소변환: 필요한 곳으로의 이동	장소효용 (place utility)	항공산업, 해운업, 철도, 택시, 버스, 트럭
저장 (창고업, 보관업)	시간변환: 필요한 시기까지 보관	시간효용 (time utility)	냉동 · 저온창고, 일반 창고, 역이나 고속터미널 등의 보관소
공급 (유통, 도소매업, 중개업)	소유권변환: 제품이나 서비스와 돈의 거래(교환)	소유효용 (possession utility)	소매상, 수퍼마켓, 백화점, 주유소, 부동산중개업

일반 서비스	상태변환: 사람의 지식 수준, 정신의 상태, 신체의 상태 등 변환	상태효용 (state utility)	정부, 보건소, 교회, 병원, 학교, 은행, 오락시설, 음식점, 통신기관(TV, 라디오, 신문, 잡지), 전화, 전기, 상수도, 하수도, 소방서, 경찰, 법원 등

표 1-6 산업의 분류

산업의 분류	내 용
1차 산업	① 어패(魚貝), 조수(鳥獸), 원유 등의 자연물 채취 ② 식물의 재배, 동물의 사육
2차 산업	③ 광석의 채취 ④ ①, ②, ③ 등에 의한 생산물을 원료로 하여 다른 목적물로의 변환
3차 산업	⑤ 대인(對人) 서비스(병원, 수영장, 호텔 등)의 제공 ⑥ 정보의 처리 및 제공

5) 비즈니스 모델과 가치계발

앞에서 가치, 고객가치, 존재가치, 지향가치, 사용가치, 교환가치 등의 개념을 살펴보아 알 수 있듯이 비즈니스는 고객이 원하는 사용가치와 교환가치를 담아내는 상품을 제공하면서 교환가치로 얻어지는 수익을 얻는 활동이라고 할 수 있다. 그리고 비즈니스에는 고객가치를 제공하는 활동과 수익을 만드는 활동 방식에 따라 다양한 형태의 모델이 있게 된다.

다양한 비즈니스 모델이 어떠한 형태이든 비즈니스는 가치계발(value development) 활동이어야 한다. 가치계발이란 존재가 가지고 있는 고유한 가치를 발굴하여 '쓸모있는 가치'로 다듬어내는 것인데, 고객가치를 제안하고 창출하는 활동을 하기 위해서는 가치를 발견하고 발견한 가치를 쓸

■■ 그림 1-5 가치계발의 과정

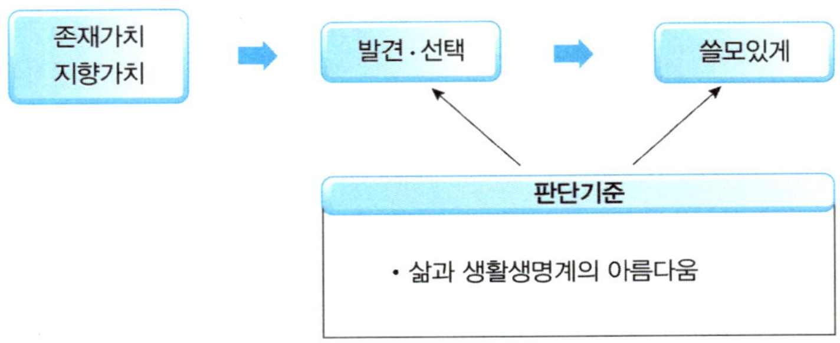

모있게 만드는 활동이 요구되는 것이다.

여기서 '쓸모있는 가치'란 고객가치와 생산가치를 넘어서서 인간의 삶과 생활생명계를 위한 쓸모있는 가치를 말한다.[62)]

앞에서 비즈니스 모델의 기본 구성요소로 가치제안, 가치창출, 수익 모델 등을 들었는데, 가치제안을 하기 위해서는 존재가치와 지향가치를 발견 · 선택하는 데서부터 출발하게 된다. 그리고 가치창출은 제안된 가치를 만들어내는 활동이다. 따라서 가치를 발견 · 선택하여 제안하고, 제안된 가치를 창출하는 전 과정이 가치계발 활동이다.

가치계발 활동은 가치제안, 가치창출, 수익 모델 전 과정에 대해 새로운 아이디어를 내는 인간 고유의 창조적 능력 발휘 활동이다. 새로운 것을 만들어내는 창조적 비즈니스 활동이 인간의 삶과 생활생명계에 쓸모있는 가치를 만들어 내기도 하지만 존재의 가치를 훼손하고 쓸모없는 가치를 만들어 삶과 생활생명계에 나쁜 영향을 미치기도 한다.

그동안 인간의 생산활동은 물질숭배주의와 이를 바탕으로한 지나친

62) 홍성학, 산업의 가치계발력 향상과 윤리경영, 충북보건과학대학교 논문집 제21집, 2012, p.45.

경쟁체계 속에서 이루어졌고, 인간과 인간 간, 인간과 타 존재 간에 지배서열 구조를 형성시키도 하였다. 그래서 삶의 본원성을 상실한 '생산자 중심'이라든가 '고객만족경영', '경쟁력 향상' 등은 물질숭배주의와 과학 · 기술에 대한 과신(過信)을 바탕으로 하면서 정글의 법칙과 적자생존식 경쟁의 극심화, 패권 · 팽창 경제체제, 지나친 동타경제에 따른 제품 수명주기 단축, 환경오염, 인간소외 등을 가져왔다.63)

이제는 인간 삶의 본원성 계발과 추구가 요구되는 시점이기도 하다. 인간의 삶터인 생활생명계를 아름답게 조성하는 창조적인 가치계발 활동에 참여하면서 실존적 자아실현을 하는 삶을 추구하는 욕구가 늘어나고 있는 것이다. 그래서 '물질중심 인본주의'와 '인간존중 인본주의'에서 '생명본위'로의 전환이 절실한 시점이라 할 수 있다. 생활생명계에 있어서 인간을 비롯하여 모든 존재의 지위와 가치 등을 규명하고 존중하는 종합적인 탐구와 생명본위 지향을 바탕으로 비즈니스 활동의 방향과 관리방법을 정립하고자 하는 노력이 필요한 것이다.64)

인본주의(물질중심, 인간존중) → 생명본위

6) 이타주의와 이기주의의 재발견

일반적으로 이타주의(利他主義)와 이기주의(利己主義)는 서로 반대되는 의미를 갖는 것으로 알려져 있는데, 비즈니스 모델은 이타주의와 이기주의가 갖는 의미를 재발견하게 한다.

---

63) 홍성학, 산업의 가치계발력 향상과 윤리경영, 충북보건과학대학교 논문집 제21집, 2012, p.50.
64) 홍성학, 산업의 가치계발력 향상과 윤리경영, 충북보건과학대학교 논문집 제21집, 2012, p.50.

앞에서 비즈니스 모델의 기본 구성 요소로 가치제안, 가치창출, 수익 창출 등을 들었다. 이 세 가지 구성 요소 중 가치제안과 가치창출은 타인을 위한 이타적인 것이고, 수익 창출은 자신을 위한 이기적인 것에 해당한다고 볼 수 있다. 여기서의 이타는 이기를 전제로 하고, 이기는 이타를 전제로 하게 된다. 즉 타인을 위한 것이 이기로 연결되고 이기가 되어야 다시 타인을 위한 이타를 할 수 있는 선순환이 이루어진다.

이러한 이타와 이기 간의 관계를 명확히 하기 위해서 해타(害他)와 해기(害己)를 함께 이해할 필요가 있다. 이타와 이기만을 두고 이해하게 되면 이타와 이기가 서로 반대되는 것으로 이해할 가능성이 높다. 그러나 해타와 해기까지 두고 이해하면, 타인에게 이로운 이타의 반대는 나에게 이로운 이기가 아니라 타인에게 해가 되는 해타이고, 나에게 이로운 이기의 반대는 타인에게 이로운 이타가 아니라 나에게 해가 되는 해기임을 알 수 있다.

좀 더 구체적으로 보면 이기 중에는 이타와 연결된 경우, 해타와 연결된 경우로 나누어볼 수 있다. 일상 속에서 이타의 반대로 사용하는 이기는 해타와 연결된 이기, 즉 '이기 해타' 또는 '해타 이기'이다. 그러나 이기 중에는 이타와 연결된 경우, 즉 '이기 이타' 또는 '이타 이기'가 있어 이기 자체를 이타의 반대 개념으로 둘 수는 없다. 그리고 이타 중에는 이기와 연결된 '이타 이기'인 경우가 있는가 하면, 해기와 연결된 '이타 해기' 인 경우도 있어 '이타' 자체가 바람직 한 것은 아니다. 또한 이기의 반대인 해기와 이타의 반대인 해타가 연결된, 즉 나에게 해가 되고 타인에게 해가 되는 '해기 해타'인 경우가 있다. 이러한 관계를 <표 1-7>과 같이 정리할 수 있다.

표 1-7 이타, 이기, 해타, 해기

	이기(利己) ←→	해기(害己)
이타(利他) ↕	이기 이타	해기 이타
해타(害他)	이기 해타	해기 해타

– 이기와 이타의 만남 → 상승작용
– 해기와 해타의 만남 → 상쇄작용

이타와 이기를 반대의 개념으로 보는 경우에는 이타와 이기를 상충 관계로만 보게 된다. 하지만 [그림 1-6]과 같이 이타와 이기를 반대의 개념으로 보지 않는 경우, 이타가 이기를 만들 수 있고 이기가 이타를 만들 수 있는 즉, 상호 상승작용과 선순환을 만들어낼 수 있는 관계르 볼 수 있다. 이러한 상호 상승작용과 선순환을 매슬로(A. H. Maslow, 1908~1970)는 루스 베네딕트(Ruth Fulton Benedict, 1887~1948)가 사용한 '사회적 시너지(synergy)'를 빌어 표현하였다.65)

> "어떤 제도가 시너지를 갖고 있을 때는 한 사람이 자신의 이기적 목적을 위해 추구하는 행동이 자동적으로 다른 사람에게 도움을 주고, 이기심을 버리고 다른 사람을 위해 한 행동이 뜻하지 않게 그 자신에게도 이기적인 이득을 가져다준다."

매슬로는 이타적인 동시에 이기적이 될 수 있게 해주는 이기심을 '건강한 이기심'이라고 표현하였다.66)

---

65) A. H. Maslow, 왕수민 옮김, 인간 욕구를 경영하라, 리더스북, 2011.6, p.232.
66) A. H. Maslow, 왕수민 옮김, 인간 욕구를 경영하라, 리더스북, 2011.6, p.413.

그림 1-6 이타와 이기의 관계

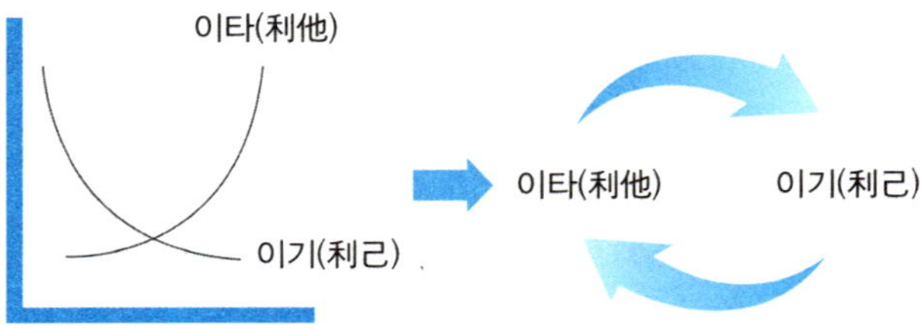

한편 애담 스미스(Adam Smith, 1723~1790)는 <국부론>에서 이타와 이기의 상호 상승작용과 선순환 관계를 설명하면서도 인간의 기본 본성 상 이기를 우선시하게 된다는 내용을 제시하였다.[67][68]

> "우리가 고기와 술, 빵을 먹으며 저녁식사를 할 수 있는 것은 푸줏간 주인이나, 양조업자, 빵집 주인이 관용을 베풀어서가 아니다. 그들은 그저 자신의 이익을 중시했을 뿐이다. 때문에 우리는 그들과 거래할 때 그들의 인간애가 아닌 자기애에 호소한다. 또한 우리가 필요한 것을 말하지 않고 그들에게 유리한 점을 말한다."

그런가하면 애덤 스미스는 그의 다른 저서인 <도덕감정론>에서 인간의 본성에 이타심이 있음을 말하였다.[69] 인간이 아무리 이기적인 존재라 할지라도, 다른 사람의 운명에 관심을 갖게 하는 어떤 원칙이 인간의 본성에는 분명히 있다는 것이다. 또 자신에게 아무런 이득이 없을지라도

---

67) Russell Roberts, 이현주 옮김, 내 안에서 나를 만드는 것들, 세계사, 2015.10, p.40.
68) 황광우, 철학 콘서트, 웅진지식하우스, 2006.6, p.201.
It is not from the benevolence of the butcher, the brewer, or the baker, that we expect our dinner, but from their regard to their own interest. Nobody but a beggar chooses to depend chiefly upon the benevolence of his fellow-citizens.
69) Russell Roberts, 이현주 옮김, 내 안에서 나를 만드는 것들, 세계사, 2015.10, p.14.

다른 사람을 행복하게 만들어주고자 한다는 것이다.

이홍은 먼저 이기적 목적에서 시작되었지만 남을 돕게 되는 것을 '이기적 이타성'이라 하고, 의도적으로 남을 위한 이타적 행위를 함으로써 그 결과로 자신도 혜택을 받는 경우를 '이타적 이기성'이라고 하여 구별하였다. 그리고 '이기적 이타성'보다는 '이타적 이기성'이 중요시 되어야 함을 강조하였다.70)

인간의 본성 상 이기심이 우선한다고 하는 경우이든 이타심을 강조하는 경우이든 실제 현실에서는 이타와 이기가 상호 작용하고 선순환 관계를 갖어야 지속가능성 있어 바람직하다. 이타와 이기 간에 상황에 따라 선후관계가 있을 수 있지만 상호 작용이 반복되어 선순환 관계를 이루고 있게 되면 선후관계가 무의미해지므로 매슬로의 표현대로 '동시에' 작용하고 있다고 할 수 있다.

이타와 이기가 상호 작용하는 과정에서 살펴보아야 할 것들이 있다. 먼저 이타와 이기가 단지 물질적인 수익을 중심으로한 상호 이익에 그치는 것이 아니라는 점이다. 고기와 술, 빵 등 다양한 제품과 서비스를 제공하는 것은 수익을 얻기 위함이지만 단지 수익을 얻는 행위에 그치는 것은 아니다. 타인에게 제품과 서비스의 가치를 제공하면서 보람, 자신의 존재 의미, 삶에서의 관계와 소속감, 자아실현 등 정신적이고 영적인 이익을 얻을 수 있다. 매슬로는 자기실현의 일, 즉 '해야만 하는' 가치있는 일을 하게 되면 자기를 초월하여 '이기적인' 것과 '이기적이지 않은' 것의 이분법이 사라진다고 하였다.71)

애덤 스미스를 비롯해서 여러 사람들이 이기가 이타로 이어지고, 이타가 이기를 만들어 상호 상승작용을 만들 수 있음을 말하고 있지만 현

70) 이홍, 초월적 가치경영, 더숲, 2016.11, pp.31-32.
71) A. H. Maslow, 왕수민 옮김, 인간 욕구를 경영하라, 리더스북, 2011.6, pp.46-48.

실에서는 '해타 이기'가 작동하여 시장의 실패를 만든 경우가 있다. 부패를 발생시키고, 똑똑하지만 악의적으로 루머를 만들고, 많이 가진 정보를 악용해 이익을 얻는 경우가 이에 해당한다.[72]

그리고 이타적인 마음으로 한 행위가 이타로 받아들여지지 않고 이기로 이어지지 않는 경우가 있다. 특히 이타와 이기에 경쟁이 작용하여 경쟁에서 패한 패자의 이타가 이기로 이어지지 못하는 경우가 나타나게 된다. 경쟁은 더 나은 고객가치를 제공하도록 하여 이타적 행위를 촉진시키는 역할을 하기도 한다. 인간은 고유의 창의적 능력을 가지고 있고 경쟁을 하지 않더라도 창의적 능력을 발휘하려는 성향을 가지고 있는데, 경쟁이 창의적 능력 발휘를 촉진시키기도 한다. 고객가치를 발견하여 공감하게 하고, 창의적 능력을 발휘하여 제품과 기술, 서비스, 비즈니스 모델의 혁신과 개선을 추구하게 한다. 그러나 경쟁은 승자와 패자를 만들고 패자의 이타적 행위는 이기적 결과를 만들어내지 못하게 된다. 패자의 이타적 행위는 인정받지 못하고, 자신에게 해가 되는 해기적 결과를 낳는다. 고객으로부터 인정받기 위해 생산자 중심의 주관적 이타에서 벗어나 더욱 고객 중심의 이타로 전환하는 것이 필요하다. 자신의 이타적 행위를 필요로 하는 고객은 누구인지를 분명히 하는 것도 필요하다.

이어서 이타와 이기가 선순환 관계를 이룬다 하더라도 고객 중심에만 머물러서는 안 된다는 점도 살펴보아야 한다. 삶의 근본 의미와 생활 생명계의 아름다움을 지향하는 가치를 담아내기 위해서는 생명본위를 지향해야 한다.

일반적으로 이타와 이기는 인간관계에서 이루어진다. 고객이라는 인간이 추구하는 가치를 만족시키고 새로운 가치를 제공하는 행위를 이타

72) 김민조, 착한 기업의 불편한 진실, 21세기북스, 2012.10, p.120.

적이라고 하고 이러한 이타적 행위가 수익이라는 이기적 결과로 이어지게 하는 과정은 '고객 중심 비즈니스 모델'과 인본주의의 범주에서 타당성을 갖는다. 수요와 공급 상에서 이루어지는 이타와 이기이다. 그러나 이러한 범주에서 이루어지는 이타와 이기는 삶의 근본 의미와 생활생명계의 아름다움의 지향성을 담아 내지 못하고, 삶의 단편적이고 부분적인 영역에서 이루어지는 협의적인 것이다. 더욱이 앞에서 언급한 경쟁이 이러한 협의적인 이타와 이기에 작용하면서 불평등, 환경오염, 인간소외 등 인간의 삶과 생활생명계에 나쁜 영향을 미친다.

이런 경우는 고객이 원하는 가치가 항상 옳은 것이 아님에도 고객가치를 위한 행위를 하는 것으로 고객을 위한 이타가 사실상 고객에게 해가 되는 해타가 되고, 그러한 해타를 통해 '이기'를 얻는 '이기 해타' 또는 '해타 이기'가 된다. 그리고 해타를 통한 이기가 나에게도 해가 되는 해기로 전환되어 '해기 해타'가 된다. 즉, 표면적이고 단기적으로는 이타·이기이고 개인 간 상호 사익(私益)을 얻을 수는 있겠지만 궁극적이고 장기적으로는 개인 간의 사익이 진정한 공익(公益)으로 이어지지 못하고 해타·해기가 된다.

따라서 개인 간 사익이 진정한 공익(公益)으로 이어지도록 하기 위해서는 단지 고객가치를 제공하는 이타가 아니라 고객가치에 삶의 의미를 부여하고 생활생명계의 아름다움을 지향하도록 하는 의미에서의 이타가 되어야 한다. 그리고 '물질중심 인본주의'와 '인간존중 인본주의'를 넘어서서 '생명본위'를 지향하는 이타가 되도록 해야 한다.[73] 이를 실현해 가

73) https://terms.naver.com/entry.nhn?docId=5912275&cid=43667&categoryId=43667. 2019년 12월 중국 후베이성 우한시에서 처음 코로나바이러스에 의한 호흡기 감염 질환인 코로나19(COVID-19)가 발견된 후 전 세계로 급속히 확산되면서 산업과 경제발전 과정에서 환경을 파괴하였던 그동안의 인간의 삶을 근본적으로 성찰하는 계기를 부여하고 있다.

는 과정에서 떳떳한 물질(경제), 흐뭇한 정신, 그윽한 영이 조화를 이루는 보상을 얻을 수 있다.[74)]

Tip

좋은 아이디어는 타인을 행복하게 한다[75)]

하드록공업의 와카바야시는 온리원 롱셀러 상품을 만들어낸 비결을 묻는 사람들에게 '이타(利他) 정신'을 강조한다. 자신과 자사의 이익만을 추구하는 것이 아니라 어떻게 하면 고객과 세상 사람들을 기쁘게 할 수 있는지 생각하다 보면 좋은 아이디어가 떠오르고, 이러한 마음이 상품에 담겨 있어야 진정한 온리원 롱셀러 상품이 탄생한다는 것이다. 이는 그의 어릴 적 체험에서 나온 믿음이다.

열 살이 되던 해, 어른들이 허리를 굽힌 채 힘들게 씨를 뿌리는 모습을 본 그는 궁리 끝에 바퀴에 일정한 구멍을 뚫어 손쉽게 씨를 뿌릴 수 있는 기계를 만들었다. 그 기계 덕분에 어른들은 편하게 일하게 되었고, 어른들 칭찬에 신이 난 그는 '송풍기가 달린 아궁이'를 발명하는 등 동네에서 꼬마 발명가로 이름을 날렸다. 와카바야시는 이러한 경험을 통해 "아이디어는 사람을 행복하게 만든다"는 사실을 깨달았다고 한다. 이 깨달음은 신념이 되었고 곧 하드록공업의 경영이념으로 자리하게 된다. 직원들에게도 이타 정신을 강조하여 매일 아침 하드록공업의 모든 직원은 다음과 같은 문구를 외친다고 한다.

아이디어 개발을 통해 사람과 회사, 사회발전에 공헌한다.

이처럼 와카바야시는 일생 동안 돈을 모으기 위해서가 아니라 좋은 물건을 만들기 위해 애써왔다. 이러한 신념의 대가는 설립 이후 40여 년 연속 흑자라는 대기록으로 되돌아왔다.

---

74) 이득희, 윤리경영수압과 개방체제실험(Ⅱ), 건국대학교 학술지 제14집, 1972.
75) 삼성경제연구소 엮음, 리더의 경영수업, 삼성경제연구소, 2015.7, pp.36–37.

Tip

돌고래를 죽이지 않은 참치 통조림76)

생태계 보호라는 사회책임을 이행하려다가 미국 참치잡이 회사들이 모두 망할 처지에 몰리자 미국 정부는 또 골머리를 앓게 됩니다.

1990년 8월 미국은 멕시코산 참치 통조림의 수입을 금지했습니다. 멕시코라고 가만히 있을 리는 없지요. 무역분쟁이 불붙었습니다. 멕시코는 '과세무역 일반협정(GATT)'에 따라 국제기구에 "미국의 수입금지 조치가 부당하다"며 제소했습니다. 그런데 이때 GATT의 판결은 보통 사람들의 예상과 다른 것이었습니다. 미국이 아닌 멕시코의 손을 들어주게 됩니다.

그럼 이제 미국 정부는 어떻게 해야 할까요? 미국 참치 통조림 시장을 멕시코에 내어 주고, 참치잡이 어업의 괴멸을 수수방관할 수밖에 없을까요?

멕시코산 참치의 수입을 막거나, 미국 어선에 가한 어토 방법에 관한 규제를 철회하는 대신 미국 제품에는 특정한 표시를 붙이게 했습니다. '돌고래를 죽이지 않은 참치 통조림'이라는 마크 'dolphin safe' 라벨링입니다.

미국 소비자들에게 선택할 수 있는 정보를 준 것입니다. 돌고래에게 위해를 가하는 저렴한 멕시코산 참치 통조림을 사거나, 조금 돈을 더 주고 돌고래 보호 인증 마크가 붙은 미국산 통조림을 사거나 두 가지 중에서 구매 결정을 내리게 했습니다.

3. 비즈니스 모델 연구의 관점

어떤 관점에서 비즈니스 모델을 접근하는가에 따라서 비즈니스 모델 연구의 방향이 크게 달라진다. 비즈니스 모델은 다양한 관점에서 접근할 수 있는데, 기본적으로 시스템적 관점과 네트워크적 관점, 그리고 인간학적 관점이 필요하다. 그리고 이러한 관점이 종합적으로 접근되어야 한

76) 안치용, 착한 경영 따뜻한 돈, 인물과 사상사, 2011.12, pp.153-155.

다.[77][78]

앞에서 살펴보았듯이 비즈니스는 고객이 원하고 삶터를 위한 가치를 제안하고, 제안한 가치를 창출하여 그 대가로 수익을 획득하는 활동으로 궁극적으로 가치를 남기는 활동이고, 비즈니스 모델은 그러한 비즈니스 활동의 방향과 방법, 조직 구성원의 역할을 구체적으로 담아낸 스토리이다.

고객이 원하고 삶을 아름답게 만드는 가치를 제안하고, 제안한 가치를 창출하는 것은 결국 사람들의 삶을 위한 조직적인 활동이므로, 기본적으로 시스템적 관점과 네트워크적 관점, 그리고 인간학적 관점이 종합적으로 필요하게 된다.

1) 시스템적 관점

일반적으로 시스템이란 일정한 목적을 달성하기 위해서 질서가 잡힌 요소의 모임을 말한다. 또는 그들 요소가 합리적으로 연계 동작해 문제처리를 실행하는 수단과 규칙을 의미한다.

개별 기업의 비즈니스 모델은 상호 작용하는 요소들의 집합이라는 시스템적 속성을 가진다. 앞에서 살펴보았듯이 비즈니스 모델의 개념은 비즈니스 모델을 구성하는 요소의 체계로 설명할 수 있고, 따라서 시스템적 접근이 필요하다. 각 구성 요소는 개별적인 기능과 함께 상호 유기적인 관계를 가지며 전체적으로 비즈니스 모델의 목적을 갖는다. 즉 고객이 원하고 삶터를 위한 가치를 제안하고 제안한 가치를 창출하여 제공한다는 목적을 가지며, 이러한 목적을 달성하기 위해 인적, 물적인 요소들을 유기적으로 결합시키게 된다.

---

77) 전성현, 뉴 비즈니스 모델, 집문당, 2002.12, pp.62－63, pp.65－66.
78) 홍성학, 인간학으로서의 생산관리 체계, 주성전문대학 논문집 제9집, 2000, pp.50－53.

이러한 시스템적 접근은 아래 다섯 가지 질문에서 출발한다.

첫째, 비즈니스 모델을 구성하는 요소 및 그들 간의 관계는 어떠한가?

둘째, 각 요소가 기능하는 방식은 어떠한가?

셋째, 요소 간 흐르는 재화는 무엇인가?

넷째, 비즈니스 모델이 생성하는 가치는 무엇인가?

다섯째, 개별 기업의 수익 창출 모형은 무엇인가?

2) 네트워크적 관점

비즈니스 모델을 접근하는 또 하나의 관점으로 네트워크적 관점이 있다. 네트워크적 관점은 비즈니스 모델을 기업, 고객, 공급자 등 다양한 비즈니스 주체들이 이루는 관계구조로 보는 것이다.

비즈니스 모델은 '고객이 원하고 삶터를 위한 가치를 제안하고 제안한 가치를 창출하여 제공하면서 그 대가로 수익을 획득하는 활동 스토리'라고 하였는데, 이러한 활동은 개별 비즈니스 주체로 이루어지는 가치창출 활동이 있는가 하면, 여러 비즈니스 주체 간 관계 구조 속에서 이루어지는 전체적인 가치창출이 있다.

즉 원료, 가공, 판매의 개별 활동에서 이루어지는 가치창출이 있는가 하면 원료, 가공, 판매로 이어지는 수직계열뿐만 아니라 다양한 상호 협력 관계 속에서 이루어지는 가치창출이 있다. 개별 비즈니스 활동도 전체 비즈니스 관계 구조, 생태계 속에서 이루어진다. 각 기업의 행동은 상호 밀접한 상호의존 관계를 가지며 이러한 상호의존 관계는 정형화되어 하나의 관계구조를 이루고 이 관계구조는 역으로 개별 기업의 행동을 결정한다는 것이다.

3) 인간학적 관점

비즈니스 모델은 앞의 두 가지 관점과 더불어 인간학적 관점에서의 접근이 필요하다.

인간학은 통상 anthropology(ie), Anthropologie라고 기록되는데, 그리스어 'anthropos'(인간)와 'logos'(말, 이성)가 합쳐진 단어로 어의(語義)로는 원래 '인간(Anthropos)에 관한 학'을 의미하며, 일반적으로 인간성의 본질, 생활생명계에 있어서의 인간의 지위와 의의 등을 규명하려는 연구로 알려져 있다. '인간의 정체성(正體性)과 삶의 형태・방식을 종합적으로 탐구・규명하고 계발(啓發)하는 학문'이라고 정의할 수 있다.[79)]

비즈니스는 고객이 원하는 가치뿐만 아니라 삶터를 위한 가치를 제안하고, 제안한 가치를 창출하여 그 대가로 수익을 획득하는 활동으로 궁극적으로 가치를 남기는 활동이다. 수익만을 얻으려고 하지 않고 삶과 가치를 남기는 비즈니스 모델 즉, 삶 중심 비즈니스 모델은 인간의 삶터인 생활생명계를 아름답게 조성하기 위한 활동 방향과 방법, 조직 구성원의 역할을 담아낸 스토리이다.

그러므로 삶 중심 비즈니스 모델은 앞에서 언급했듯이 생활생명계에 있어서 인간을 비롯하여 모든 존재의 지위와 가치 등을 규명하여 이해하고 존중하는 종합적인 탐구와 생명 본위 지향적인 접근을 필요로 하게 된다. 그리고 '생활생명계에서의 인간의 정체성과 삶의 형태・방식을 종합적으로 탐구・규명하고 계발(啓發)하는 학문'인 인간학적 관점에서 접근하게 된다.

인간이 하는 비즈니스는 인간 고유의 창조적 능력을 바탕으로 혁신

---

79) 르네상스 시대에는 종교로부터 인간의 정체성을 찾으려는 관점에서 인간학을 강조하였지만, 오늘날과 같이 물질이 강조되는 상황에서는 물질중심주의에서 탈피하여 인간의 정체성을 찾으려는 관점에서 인간학을 강조하게 되었다.

하며 다양한 모델을 갖지만, 어떠한 모델이든지 간에 인간을 비즈니스 활동에 종속시키고 수단이 되도록 하는 것이 아니라 인간을 위하고 삶터를 아름답게 만든다는 목적을 지향하는 비즈니스가 되도록 해야 하는 것이다. 생활생명계에서 인간이란 무엇인가를 성찰하면서 인간과 삶터를 위한 노력의 일환으로 비즈니스를 접근해야 한다.

요 약

–비즈니스에서 비즈니스 모델 혁신이 주목받는 주요 이유는 비즈니스를 함에 있어서 제품 서비스 개발과 프로세스 혁신도 중요하지만 어떤 비즈니스 모델을 적용하느냐에 큰 영향을 받게 되는 경우가 많기 때문이다.

–비즈니스 모델 개념은 "고객의 관점에서 비즈니스를 실행에 옮기는 내용을 체계적으로 담은 줄거리"라고 할 수 있다.

–비즈니스 모델의 공통된 기본 구성요소는 첫째, 고객이 원하는 가치를 제안하는 것(고객 가치제안), 둘째, 가치창출 역량을 갖추는 것(가치창출), 셋째, 가치 제공 대가로 수익 모델을 갖추어 수익을 창출하는 것(수익 모델) 등 세 가지로 압축된다.

–삶 중심 비즈니스 모델은 "고객에게 삶의 의미와 생활생명계의 아름다움을 지향하는 가치를 어떻게 발견·제안하여 계발·제공하고, 어떤 방법으로 가치 제공에 대한 대가로서 수익을 획득하는가를 체계화한 스토리"라고 정의내릴 수 있다.

–비즈니스 활동이 갖는 일정한 목적, 즉 지향가치의 궁극적 근거는 경영(經營)의 '경(經)'에 있다. '경(經)'은 '불변의 도리를 설명한 문서, 일정불변의 상도(常道), 사물과 세상의 이치, 불경이나 성경, 금강경, 화엄경 등과 같은 종교의 근본 이론을 쓴 책, 마음의 지주가 되는 책'을 의미한다. 직물의 씨실에 해당하여 세상의 기준이 되어 날실을 끼워 넣을 수 있게 하는 것이고, 인간에게 마음의 지주가 되는 길이 되는 것이다.

–고객가치는 "고객의 의지와 욕구를 충족시키는 실재적이고 관념적인 모든 것"이라고 할 수 있다.

–고객은 제품·서비스 구입 시 결정 방법의 하나로 고객이 바라는 가치와 가격을 비교하여, 가치가 가격보다 큰지 작은지를 가지고 판단하게 된다. 다른 하나는 고객이 자신의 소득 수준을 감안하여 지불 능력이 있는지를 가지고 판단하게 된다.

–존재가치는 생활생명계에 존재하는 모든 존재체가 갖는 가치이다. 지향가치는 정신적 혹은 영적으로 '삶의 가치', '가치있는 삶' 등으로 표현되는 것과 같이 인간이 지향하는 '의의, 의미, 보람'을 뜻한다. 사용가치는 확인 가능한 인간의 필요나 욕망을 충족시키는 재화의 유용성(有用性) 또는 효용을 의미한다. 교환가치는 하나의 상품이 다른 상품이나 화폐로 교환되는

값어치이다.

–고객 소득 수준이 낮은 상태에서는 기능보다는 비용에 비중을 두고 가치판단을 하게 되고, 소득 수준이 높아지면 비용보다는 기능, 더욱이 기본기능 외에 2차적 기능에 더 많은 비중을 두고 가치판단을 할 가능성이 많아진다.

–생산자 입장에서는 고객이 원하는 가치를 상품에 담아내서 수익을 만드는 활동을 하게 된다. 고객가치와 생산가치의 접점에서 두 가치는 일치하게 된다.

–어떠한 형태의 비즈니스 모델을 갖는 비즈니스는 존재가 가지고 있는 고유한 가치를 발굴하여 '쓸모있는 가치'로 다듬어내는 가치계발 활동이어야 한다.

–비즈니스 모델의 기본 구성 요소 중 가치제안과 가치창출은 타인을 의한 이타적인 것이고, 수익 창출은 자신을 위한 이기적인 것에 해당한다고 볼 수 있다. 여기서의 이타는 이기를 전제로 하고, 이기는 이타를 전제로 하게 된다. 이타가 이기를 만들고 이기가 이타를 만드는 상호 상승작용을 하는 관계로 볼 수 있다.

–비즈니스 모델은 시스템적 관점과 네트워크 관점, 그리고 인간학적 관점 등 다양한 관점에서 접근할 수 있다.

주요 질문

1. 비즈니스에서 비즈니스 모델 혁신이 주목받는 이유는?
2. 비즈니스 모델의 기본 구성 요소에는 어떤 것들이 있는가?
3. 고객 중심 비즈니스 모델 개념과 삶 중심 비즈니스 모델 개념의 차이는?
4. 비즈니스와 비즈니스 모델에서 경영의 의미는 어떻게 설명되는가?
5. 고객가치와 가격 간의 관계는?
6. 고객가치는 어떻게 존재가치와 지향가치로 설명되는가?
7. 고객의 소득수준과 고객가치 간의 관계는?
8. 고객가치는 어떻게 생산가치와 관계하는가?
9. 비즈니스 활동에 있어서 가치계발의 의미는 무엇인가?
10. 비즈니스 활동에서 이기주의와 이타주의는 어떻게 설명되는가?
11. 비즈니스 모델 연구의 관점에는 어떤 것들이 있는가?

참고 문헌

1. 강금식, 품질경영, 오래, 2016.2.
2. 강한수, 성공적인 비즈니스 모델의 조건, SERI경영노트 제108호, 삼성경제연구소, 2011.6.23, pp.1-2.
3. 김병도, 경영학 두뇌, 해냄, 2018.
4. 김민조, 착한 기업의 불편한 진실, 2012.
5. 김민주, 로하스 경제학, 미래의 창, 2006.
6. 김아랑, 기업의 지속적인 가치창출을 위한 비즈니스 모델 혁신 전략: 경쟁기업의 비즈니스 모델 사례연구, 한양대학교 대학원, 2013.2, pp.12-15.
7. 김선, 교육의 차이, 혜화동, 2018.
8. 김지헌, 가치를 사는 소비자 공감을 파는 마케터, 갈매나무, 2016.
9. 미타니 고지(三谷 宏治), 전경아 옮김, 세상을 바꾼 비즈니스 모델 70, 더난출판, 2015.
10. 삼성경제연구소 엮음, 리더의 경영수업, 삼성경제연구소, 2015.7.
11. 안치용, 착한 경영 따뜻한 돈, 인물과 사상사, 2011.12.
12. 이대희, 가치론의 문제와 역사, 정림사, 2001.
13. 이득희, 윤리경영수압과 개방체제실험(Ⅱ), 건국대학교 학술지 제14집, 1972.
14. 이보영, 한국보다 한 수 위! 교육 강국 핀란드의 급식논쟁, 우먼동아, 2011.11.
15. 이순용, 생산관리론, 법문사, 1992.
16. 이시하라 가쓰요시(石原勝吉), 한국표준협회 역, 현장의 VE 텍스트, 1987.9.
17. 이홍, 초월적 가치경영, 더숲, 2016.11.
18. 이홍규 · 김성철, 비즈니스 모델, 한울 아카데미, 2011.
19. 전성현, 뉴 비즈니스 모델, 집문당, 2002.
20. 정영복 외, 사업정의와 경영전략, 한스컨텐츠, 2006.
21. 홍성학, 산업의 가치계발력 향상과 윤리경영, 충북보건과학대학교 논문집 제21집, 2012, pp.45-50.
22. 홍성학, 인간학으로서의 생산관리 체계, 주성대학 논문집 제9집, 2000, pp.41-42, pp.50-53.
23. 황광우, 철학 콘서트, 웅진지식하우스, 2006.6.

24. Alexander Osterwalder 외, 유효상 옮김, 비즈니스 모델의 탄생, 타임비즈, 2011.
25. A. H. Maslow, 왕수민 옮김, 인간 욕구를 경영하라, 리너스북, 2011.6.
26. Robert B. Stewart, 임종권 외 2명 역, 가치공학의 원리, 2006.4, p.40.
27. Russell Roberts, 이현주 옮김, 내 안에서 나를 만드는 것들, 세계사, 2015.10.
28. D. J. Teece, Business Models, Business Strategy and Innovation, Long Rang Planning, 43(2-3), 2010, pp.172-194.
29. Joan Magretta, What Management Is, New York, NY: The Free Press, 2002.
30. Joan Magretta, Why Business Models Matter, Harvard Business Review, 80(5), 2002, pp.86-92.
31. https://blog.naver.com/kmacsales/150642095.
32. https://terms.naver.com/entry.nhn?docId=3572166&cid=58780&categoryId=58780.
33. https://terms.naver.com/entry.nhn?docId=1222578&cid=40942&categoryId=32182.
34. https://terms.naver.com/entry.nhn?docId=1080502&cid=40942&categoryId=31787.
35. https://terms.naver.com/entry.nhn?docId=3433853&cid=58393&categoryId=58393.
36. https://terms.naver.com/entry.nhn?docId=1204116&cid=40942&categoryId=31614.
37. https://terms.naver.com/entry.nhn?docId=1222578&cid=40942&categoryId=32182.
38. https://terms.naver.com/entry.nhn?docId=931848&cid=43667&categoryId=43667.
39. https://terms.naver.com/entry.nhn?docId=3551683&cid=40942&categoryId=318.21.
40. http://terms.naver.com/entry.nhn?docId=1164996&cid=40942&categoryId=31433.
41. http://terms.naver.com/entry.nhn?docId=929735&cid=43667&categoryId=43667.
42. https://terms.naver.com/entry.nhn?docId=12385&cid=43659&categoryId= 43659.

Business Model

Chapter 2

비즈니스 모델의 기본 구성과 수익 창출

1. 비즈니스 모델의 기본 구성
2. 수익 모델의 유형

Business Model

제 2 장 비즈니스 모델의 기본 구성과 수익 창출

1. 비즈니스 모델의 기본 구성

제1장에서 비즈니스에는 다양한 모델이 있고, 다양한 비즈니스 모델에는 공통 기본 구성 요소로서 가치제안, 가치창출, 수익 창출이 있음을 살펴보았다. 여기서는 비즈니스 모델의 기본 구성 요소 각각에 대해 구체적으로 살펴보고자 한다.

편의상 가치제안, 가치창출, 수익 창출 순으로 살펴보지만, 세 가지 기본 공통 구성 요소가 상호 작용하며 각각의 구성 요소로서 존재하므로 종합적 관점을 가지면서 각 구성 요소의 내용을 본다는 접근 자세를 갖추어야 한다. 즉, 가치제안을 살펴볼 때는 가치창출과 수익 창출을, 가치창출을 살펴볼 때는 가치제안과 수익 창출을, 수익 창출을 살펴볼 때는 가치제안과 가치창출을 고려해야 하는 것이다. 그래서 가치제안과 가치창출, 수익 창출의 구체적 내용들이 서로 정합성(整合性)을 이루도록 해야 한다.

비즈니스 모델의 구성 요소간 상호작용을 전체적으로 표현하는 데는 앞 장의 [그림 1-2]처럼 원으로 표시하는 것이 도움이 된다. 그러나 세 가지 기본 공통 구성 요소 각각에 대한 구체적인 내용을 살펴보기 위해서는 표로 정리하여 체계화한 후 순서를 정하여 살펴보는 것이 효과적일 수 있다.

본장에서는 편의상 <표 2-1>과 같이 정리된 표를 사용하여 가치제안, 가치창출, 수익 창출 순으로 살펴보고자 한다.1) <표 2-1>에서는 비즈니스 모델의 각 기본 구성 요소에서 필요로 하는 구체적인 '전략적 선택' 내용을 제시하고 있다. 전략적 선택 내용들은 제1장의 <표 1-2>에 연구자별로 정리되어 있는 비즈니스 모델의 주요 기본 구성 요소들의 의미를 담고 있다. 즉, <표 2-1>은 가치제안, 가치창출, 수익 창출별로 각각 관련있는 의미들을 담은 내용들을 묶은 것이라고 할 수 있다.2)

표 2-1 비즈니스 모델의 기본 구성 요소별 전략적 선택

기본 구성 요소	1. 가치제안	2. 가치창출	3. 수익 창출
전략적 선택	-표적 시장의 선택 -가치창출 관계구조 유형의 선택 -전략적 포지셔닝의 선택	-자원 및 역량의 선택 -투자 규모의 선택 -조직 설계의 선택	-핵심성공요소의 선택 -수익 모델의 선택 -수입원의 선택 -가격의 선택 -비용구조의 선택

1) 이홍규 · 김성철, 비즈니스 모델, 한울아카데미, 2011.5, pp.178－179.

2) '전략'이라는 단어에는 전쟁, 전투의 의미를 담고 있어서 가치를 창출하고 남기는 삶 중심 비즈니스 모델에는 '창략(創略)'이 적합하지만, 일상화되어 있는 '전략'이라는 단어를 사용.

Tip

비즈니스 모델 캔버스[3)]

현재 비즈니스 모델을 설명·분석·설계하는데 사용하도록 정리된 그림 중 대표적인 것으로 오스트왈더Osterwalder)가 제시한 '비즈니스 모델 캔버스(canvas)'가 있다.

비즈니스 모델 캔버스는 제1장의 <표 1-2>에 나타나 있는 오스트왈더가 제시한 비즈니스 모델의 기본 구성 요소 9가지, 즉 고객 분류(Customer Segments), 채널(Channels), 고객관계(Customer Relationships), 가치 제안(Value Propositions), 수익원(Revenue Streams), 핵심자원(Key Resources), 핵심활동(Key Activities), 핵심 파트너십(Key Partnerships), 비용 구조(Cost Structure)를 그림으로 나타낸 것이다.

<table>
<tr><td rowspan="2">핵심
파트너십</td><td>핵심활동</td><td rowspan="2" colspan="2">가치제안</td><td>고객관계</td><td rowspan="2">고객 분류</td></tr>
<tr><td>핵심자원</td><td>채널</td></tr>
<tr><td colspan="3">비용구조</td><td colspan="3">수익원</td></tr>
</table>

1) 가치제안

앞에서도 살펴보았듯이 가치제안(value proposition)(고객 가치제안)은 가치(존재가치와 지향가치, 사용가치, 교환가치 등)를 발견·선택하는 데서부터 시작된다. 즉 어떠한 가치를 제안하려면, 먼저 제안할 가치를 발견·선택해야 하는 것이다.

가치를 발견·선택하기 위해서는 한편에서는 고객의 욕구(needs)와 삶터를 위한 가치를 바탕으로 고객의 지향가치(고객가치)를 파악하고, 또 한편에서는 상품(유형의 제품과 무형의 서비스)이 될 존재의 가치(사용가치,

---

3) Alexander Osterwalder 외, 유효상 옮김, 비즈니스 모델의 탄생, 타임비즈, 2011.10, pp.24−25.

■■ **그림 2-1** 가치제안, 가치인식, 가치수용

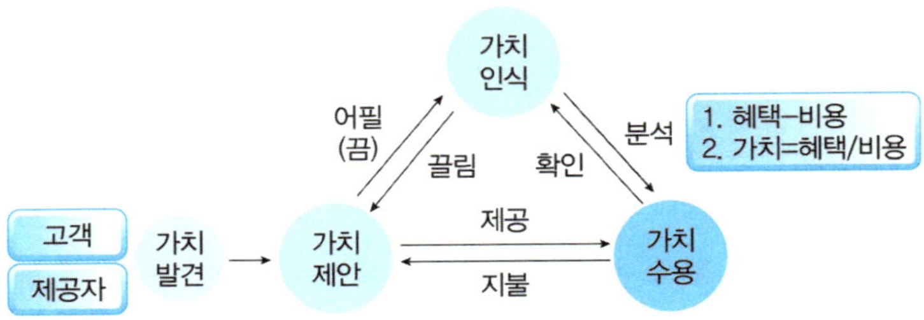

교환가치)를 파악하여야 한다. 가치제안은 고객의 지향가치와 상품의 존재가치를 일치하게 하는 가치를 발견 · 선택하여 제안하는 것이다.

고객에게 가치를 제안하였다고 해서 바로 수용하는 것은 아니다. 제안한 가치에 대해 고객이 끌리게 되면 [그림 2-1]과 같이 가치인식 단계로 접어들게 되고, 제안 가치를 분석 · 확인한 후 제안 가치에 대한 수용 여부를 결정하게 된다. 이 때 제안 가치가 주는 혜택과 지불능력이 주요 결정 기준이 된다. 제안 가치를 수용하겠다고 결정하게 되면 대가를 지불하고 제공받게 된다. 결국 고객의 수용가능성이 높은 가치를 제안해야 한다.

이러한 가치제안은 먼저 어떠한 고객을 대상으로 하느냐와 관련됨으로 고객의 범위, 즉 표적 시장의 선택이 전략적으로 필요하다. 그리고 동일 표적 시장에 대해 함께 가치를 창출하게 되는 여러 비즈니스 단위의 가치창출 관계구조 유형의 선택 역시 중요하다.[4] 그리고 표적 시장에 여러 기업들이 참여하는 경우 전략적 차별화를 위한 전략적 포지셔닝의 선

4) 가치창출 관계 구조 유형의 선택은 가치창출의 역량을 결정하는데 중요하므로 '가치제안' 뿐만 아니라 '가치창출'의 전략적 선택 내용에서 다루어도 된다. 하지만 표적 시장을 결정하는 단계에서부터 관계하는 여러 비즈니스 단위를 검토해야 하므로 '가치제안'의 전략적 선택 내용에 두었다.

택이 요구된다.

(1) 표적 시장의 선택[5)]

고객에게 가치를 제안하고 제공하기 위해서는 대상 고객 혹은 목표 고객을 분명히 하여야 한다. 비즈니스 주체가 제안하는 가치를 필요로 하고 받아들일 수 있는 고객이 있는 시장, 표적 시장(target market)을 발견하고 선택하는 것이다.

표적 시장이란 세분화된 시장 중에서 가장 매력있는 시장이고 자신이 진입하려는 시장이다. 매력있는 시장이란 가치제안을 받아들이고 수익(revenue)을 벌어줄 잠재력이 있는 시장을 의미한다. 잠재 고객이 많고, 고객의 구매 능력과 구매 빈도가 높은 시장이다. 따라서 먼저 시장을 세분화(segmentation)하고 그 중에서 표적 시장을 선택하게 된다.

시장의 세분화(market segmentation)란 고객의 욕구, 성격, 형태, 위치 등에 따라 고객을 되도록 작은 집단으로 나누는 것이다.

시장을 세분화시키는 방법에 왕도는 없지만 일반적으로 두 가지 기준에 의해 이루어진다. 하나는 고객별로 얻어지는 혜택(benefits)에 기반을 두고 세분화하는 것이고, 다른 하나는 소득, 연령, 성별 등의 인구학적 특성이나 지리적 위치, 라이프 스타일 등과 같이 관찰 가능한 고객의 성격에 기반을 두고 세분화하는 것이다. 휴대전화 시장을 예로 든다면, 카메라폰, 뮤직폰, 일반폰 시장으로 나눈다면 전자의 세분화가 될 것이고, 고급(high tier), 중급(mid tier), 저급(low tier) 등으로 나눈다면 후자의 세분화가 될 것이다.

동일한 제품으로 표적 시장을 바꾸어 성공한 사례로 코닥을 들 수

---

5) 이홍규 · 김성철, 비즈니스 모델, 한울아카데미, 2011.5, pp.112－114, p.181.

있다.[6] 1885년 코닥은 무거운 유리판을 대체할 수 있는 혁신적인 수단인 사진 필름을 개발했으나 결과는 참담했다. 필름은 운반하기에 가볍고 편리했지만 유리판에 비해 사진의 선명도가 다소 떨어진다는 단점을 갖고 있었다. 보통 사람들에게는 그리 큰 문제가 아니었을지 몰라도 직업 사진사에게 사진의 선명도는 가장 중요한 부분이었다.

당시 고객으로 삼았던 직업 사진사가 등을 돌리자 코닥은 거의 도산할 지경에 이르렀다. 이 시점에 표적 시장을 직업 사진사에서 일반 대중으로 바꿨다. 직업 사진사와는 달리 일반 대중은 사진의 선명도보다 촬영의 편의성을 훨씬 중요시할 것이라고 판단한 것이다. 일반 대중을 표적 시장으로 바꾸면서 일반 대중이 저렴하게 사용할 수 있는 1달러짜리 카메라도 출시했다. 그리고 사진 현상 대행 서비스를 제공하기 시작했다. 당시 코닥의 유명한 광고 슬로건은 "당신은 셔터만 누르세요. 나머지는 우리에게 맡기세요."였다.

표적 시장을 바꾸면서 코닥은 사진 필름 제조업체에서 카메라 제조, 필름 제조, 인화 서비스를 아우르는 사진 산업의 생태계를 조성한 업체로 거듭났다. 그리고 1970년대 말까지 세계 사진 시장을 거의 독점하다시피 할 수 있었다.

시장의 선택은 기존의 시장에서 찾을 수도 있지만 새롭게 정의한 시장에서 찾는 것이 소비자를 설득하고 시장을 선점, 즉 새로운 시장을 창출하는 데 도움이 된다. 캐논의 새로운 복사기 시장 창출을 예로 들 수 있다. 복사기 시장에서 독점적 지위를 가지고 있었던 제록스의 표적 고객은 기업이었고, 판매 제품은 기업용 대형 복사기 임대 서비스였으며, 판매 방식은 영업사원의 기업 방문을 통한 것이었다. 캐논은 제록스와의

---

6) 김병도, 경영학 두뇌, 해냄, 2018.3, pp.124－126.

경쟁을 최소화하기 위해 개인 또는 가족을 표적 고객으로 설정하고 개인용 복사기를 판매했다. 캐논의 개인용 복사기는 가격이 저렴하고 부피가 작은 대신 복사 속도가 느렸다. 그러나 개인이 복사하는 물량은 그리 많지 않으므로 속도는 큰 문제가 되지 않았다. 캐논은 전자제품 전문점을 통해 자사의 개인용 복사기를 판매했다. 캐논은 제록스와의 경쟁을 최소화하며 성공적으로 새로운 시장을 창출했다.7)

새롭게 정의한 시장을 찾아 성공한 경우로 세계적인 물류회사 페덱스도 들 수 있다. 소포를 일반적으로 배달하는 데 그치지 않고 정해진 시간 내 빠르게 배달하는 것에서 새로운 시장을 찾아냈다. 또한 지프(Jeep)는 일반 도로가 아닌 비포장 도로에서 달리고 싶어하는 새로운 소비자층을 찾아냈다. 그리고 롯데는 '자일리톨=충치 예방'이라는 인식을 심어줌으로써 껌 시장에서 최고 히트를 기록했다.

Tip

페덱스와 프레드릭 스미스8)

1. 페덱스

1971년 프레드릭 스미스(Frederick W. Smith)가 테네스주 멤피스에 새운 특급배송 업체 페더럴 익스프레스(Federal Express, 연방 특급 배송)로 출발하였다. 2001년부터 줄인 말인 페덱스(FedEx)를 사용하고 있다. 현재는 DHL, UPS와 함께 세계 3대 항공화물회사로 전 세계 항공 물류 시장을 주도하고 있다. 하루 310만개 이상의 화물을 전 세계 215개국에 운송하는 세계 최대의 특급운송 기업이다.

2. 새로운 화물수송 시스템 착안

1965년 미국 예일대학교에서 경제학을 전공하던 프레드릭 스미스는 자전거 바퀴에서 착안한 '허브(hub)&스포크(spoke)'라는 새로운 화물수송시스템에

---

7) 김병도, 경영학 두뇌, 해냄, 2018.3, p.128.

대한 내용을 학기말 보고서로 제출했다.

이 보고서의 내용은 미국 내 인구밀집지역에 화물집결지인 허브(hub)를 만들어서 모든 화물을 여기에 집결시켜 재분류한 후, 자전거 바퀴살(spoke) 모양으로 미국 전역에 배송하자는 것이었다. 이는 당시 운송 업계의 관행이던 두 지점 간의 최단거리 수송방식을 완전히 뒤집는 발상이었다.

그의 아이디어가 기존 상식에서 어긋난다고 생각했던 담당교수는 "미국북동부에 있는 볼티모어에서 그리 멀지 않은 수도 워싱턴으로 물품을 보낼 경우에도 중부에 있는 허브를 경유해야 한다는 것이 현실성이 없다"며 "C학점 이상을 받으려면 아이디어가 실행 가능한 것이어야 한다"고 비판했다.

그러나 프레드릭 스미스는 좌절하지 않고 오히려 자신의 아이디어와 열정을 증명하기로 결심했다. 훗날 프레드릭 스미스 회장은 이렇게 말했다.

"사업을 시작할 때는 반드시 확실하고 경쟁력 있는 차별점을 지녀야 한다. 기존관념과 관행을 거부하고 새로운 영역에 도전했기 때문에 성공할 수 있었다."

(2) 가치창출 관계구조 유형의 선택

모든 비즈니스는 그 나름대로 활동·사업 범위를 정하고 고유한 가치창출 관계구조 속에서 존재한다. 고객가치를 발견·선택하여 제안하는 활동이 비즈니스 한 단위 주체에서 이루어지기도 하지만 제안한 가치를 창출하여 제공하려면 여러 비즈니스 단위가 관계하게 되고 이는 가치제안 단계에서부터 관계하는 여러 비즈니스 단위를 검토해야 함을 의미한다. 따라서 가치제안 단계에서 가치창출 관계구조 유형(value creation configuration)의 선택을 결정하는 것이 바람직하다.

주요 가치창출 관계구조 유형으로 '가치사슬(value chain)', '가치 숍(value shop)', '마켓플레이스(marketplace)', '커뮤니티(community)', '에코시스템(ecosystem)' 등이 있는데, 이러한 유형 중에서 기업 자신이 어떤 유형을 선택하여 특화할 것인지를 결정하게 된다. 실제 현실에서 관찰되는

8) 월요신문, 열정을 꿈으로 만드는 글로벌 CEO 이야기－페덱스 CEO, 프레드릭 스미스, 2016.10.27.

관계구조들은 이러한 유형들의 다양한 조합으로 이루어진다고 할 수 있다. 그리고 이러한 가치창출 관계구조 유형들은 개별 주체들에 돌아가는 수익의 합 이상의 시스템적 가치를 창출한다. 5가지의 가치창출 관계구조를 살펴본다.[9][10]

가) 가치사슬형 관계구조

가치사슬(Chain)형 관계구조는 마이클 포터(Michael Porter)가 소개한 전통적 가치창출 관계구조이다. 가치사슬은 일련의 변환과정을 통한 가치부가(value adding)를 목적으로 하는 관계구조이다. 가치사슬에 참여하는 비즈니스 주체들은 투입－변환－산출이라는 순차적 변환관계로 묶이게 된다. 한 비즈니스의 산출물은 다른 비즈니스 주체의 투입물이 되며 그 투입물은 변환을 통해 가치가 부가되어 다음 비즈니스 주체의 투입물로 내보내지는 형태이다.

가치사슬의 활동은 [그림 2-2]와 같이 가치창출에 직접적으로 기여하는 본원적 활동(primary activities)과 간접적으로 기여를 하는 지원적 활동(support activities)으로 구분된다. 본원적 활동으로는 물류 투입(inbound logistics), 생산·운영(operation), 물류 산출(outbound logistics), 마케팅 및 영업(marketing & sales), 서비스(services) 활동 등이 있다. 지원적 활동으로는 하부구조(firm infrastructure), 인적자원 관리(human resources management), 기술 개발(technology development), 구매조달(procurement) 활동 등이 포함된다.

이 가치사슬형 관계구조에서는 일련의 핵심 활동이 순차적으로 연결되어 일어남으로, 이러한 활동을 연결하는 연결 기술이 중심을 이룬다.

---

9) 전성현, 뉴 비즈니스 모델, 집문당, 2002.12, pp.79－91.
10) 이홍규·김성철, 비즈니스 모델, 한울아카데미, 2011.5, pp.116－127.

■■ 그림 2-2 가치사슬

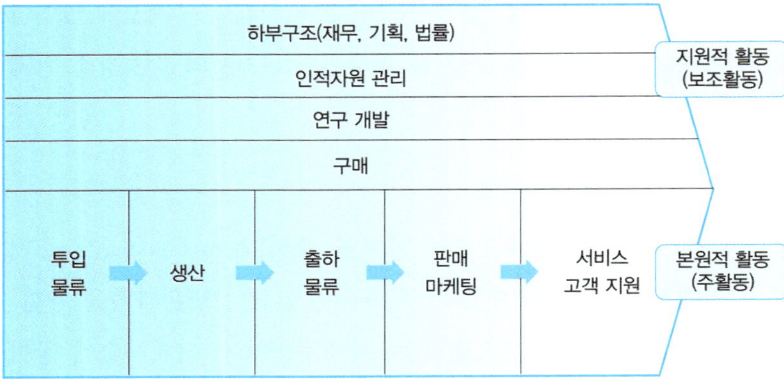

원자재를 투입해 제품을 생산, 가공하는 프로세스 위주의 제조업 분야에 잘 맞는 관계구조 유형이라 할 수 있다. 일반적으로 표준적 제품을 대량으로 생산하는 활동의 조합으로 나타난다.

(가) 가치사슬과 소싱

소싱(sourcing)은 기업이 가치사슬의 특정 활동에만 집중하고 나머지 활동을 외부 기업에 위탁해 처리하는 아웃소싱(outsourcing)을 할 것인지, 가급적 자신의 기업 안에서 제공 조달하는 인소싱(insourcing)을 할 것인지로 나뉜다.

아웃소싱은 투자 위험을 낮추어 유연성, 편리성을 증대시킬 수 있는 장점이 있지만, '시장을 통한 거래비용'을 발생시킨다. 반면에 인소싱은 투자를 늘리게 되고 '기업의 내부조직을 통한 경제활동의 관리비용'을 발생시킨다. 아웃소싱을 늘릴 것인지 인소싱을 늘릴 것인지는 '시장을 통한 거래비용'과 '기업의 내부조직을 통한 경제활동의 관리비용' 간의 비교, 그리고 투자여력 등에 대한 검토가 필요하다. 즉 '시장을 통한 거래비용'이 '기업의 내부조직을 통한 경제활동의 관리비용'보다 적게 든다면 아웃소싱을 늘리는 것이 바람직하다. '시장을 통한 거래비용'이 '기업의 내부조직을 통한 경제활동의 관리비용'보다 많이 들어도 투자여력이 없다면 아웃소싱하게 된다.[11)]

1980년대 이전까지는 세계 대부분의 기업이나 조직들이 아직 아웃소싱에 관심을 기울이지 않았다. 글로벌 경쟁이 1980년대 이후처럼 심화되지 않고, 기업들 역시 자체 기획 · 설계 · 생산 · 판매로 이어지는 일괄 시스템만으로 효율적인 경제활동을 할 수 있었던 것이다. 그러나 1980년대 이후 미국의 장기적인 불황을 시작으로 세계 각지에서 기업의 구조조정 등 변화의 바람이 일면서 많은 기업들이 주력 사업 분야로 회귀하게 되었다.[12)]

컴퓨터 산업을 보면 1980년대까지만 하더라도 컴퓨터의 생산, 판매에 필요한 모든 활동이 한 기업 내에서 이루어졌으나, 이제는 컴퓨터 부품의 생산, 조립, 소프트웨어의 제작, 판매, 유통 등 모든 가치사슬 활동이 분화되고 있다.

이러한 분화는 가치사슬상의 타 활동 기업과의 협업을 불가피하게 만든다. 즉, 자기가 생산, 공급, 구매하는 제품 · 서비스에서뿐만 아니라 이와 관련된 생산 계획, 제품 표준, 시장 정보 등의 공유와 협력이 전제가 된다. 예를 들어 반도체 기업과 컴퓨터 기업의 인터페이스에 공통적인 표준이 존재해야 할 뿐만 아니라 관련 정보의 공유와 협력도 필수적이라 할 것이다.

(나) 가치사슬과 통합

아웃소싱에 대비되는 개념으로 인소싱뿐만 아니라 통합이 있다. 통합은 수직적 통합(vertical combination)과 수평적 통합(horizontal combination)

---

11) http://www.reportworld.co.kr/reports/1299632.

12) https://terms.naver.com/entry.nhn?docId=1214639&cid=40942&categoryId=31822.

으로 나뉜다.

수직적 통합은 제품의 원재료의 획득에서 최종제품의 생산, 판매에 이르는 전체적인 공급과정에서 기업이 일정 부분을 통제하는 전략으로 다각화의 한 방법이다. 수평적 통합은 동일 업종의 기업이 합병·제휴하는 것이다.[13)]

수직적 통합은 전방통합과 후방통합의 두 가지 방법으로 구분된다. 전방통합은 원료를 공급하는 기업이 생산기업을 통합하거나, 제품을 생산하는 기업이 유통채널을 가진 기업을 통합하는 것으로 이는 기업의 시장지배력을 강화시키기 위한 전략으로 사용된다. 반면에 후방통합은 유통기업이 생산기업을 통합하거나, 생산기업이 원재료 공급기업을 통합하는 것으로 이는 기업이 공급자에 대한 영향력을 강화하기 위한 전략으로 사용된다.

수직적 통합은 원료 공급을 원활하게 하고 원료부터 제품까지의 기술적 일관성을 이루게 하는 등 가치사슬 활동 간의 상호 의존 문제에 효과적으로 대처할 수 있다.

수평적 통합에 의한 대기업 간의 통합의 경우에는 시장점유율을 높여 가격선도자(priceleader) 역할을 수행할 수 있으며, 중소기업의 경우에는 생산설비능력이 증가하여 생산규모 확대의 장점을 확보할 수 있고, 판매망을 강화할 수 있으며, 또 자금조달력도 강해지는 등 기업은 각종의 유익을 얻을 수 있다. 반면 국민경제적으로 보면, 대기업 통합의 경우 경쟁이 제한되어 경제의 메커니즘이 경직화될 수 있다.

---

13) https://terms.naver.com/entry.nhn?docId=1115853&cid=40942&categoryId=31823.

Tip

크라우드소싱[14)15)]

1. 크라우드소싱

크라우드소싱(Crowd Sourcing)은 대중(crowd)과 아웃소싱(outsourcing)의 합성어로, 기업 활동 일부 과정에 대중을 참여시키는 것을 의미한다. 물건을 새로 만들 때나 서비스 개선 등의 분야에 대중들을 참여시키면 기업 입장에서는 참신한 아이디어와 실질적인 의견을 들을 수 있고, 대중들은 피드백 참여에 관한 보수를 받을 수 있다.

2006년 「와이어드(Wired)」지 기사에서 제프 하우(Jeff Howe)가 처음 언급한 단어로 '익명성을 보장하는 대중의 의견은 소수의 전문가보다 낫다'는 마인드로 문제를 해결해 나가는 방식이다. 이전에는 문제가 발생한 업계의 전문가들만 접근 가능했던 정보들이 웹의 발전으로 인해 쉽게 대중과 공유된다는 점에 착안하여, 제품, 상품, 서비스 등의 개발과정에 대중들의 의견을 반영시키는 방법이다.

크라우드소싱을 이용하면 외부 전문업체에 맡겨서 직접 물건을 만들거나 서비스를 하는 것보다 대중들이 직접 참여하여 원하는 결과물을 이끌어내면 개발 비용도 저렴하게 들고, 잠재 고객도 얻을 수 있다는 장점이 있다.

2. 크라우드소싱 사례

위키피디아는 인터넷을 사용하는 대중들이 어떤 항목에 필요한 내용을 작성하고 사람들과 공유할 수 있도록 한 무료 인터넷 백과사전이다. 모든 사람들이 작성할 수 있다는 특징이 있는데 실제 내용을 들여다 보면 위키피디아와 전문가들이 모여 출판한 백과사전의 내용과 큰 차이가 없다는 것이 밝혀졌다고 한다.

세계적으로 유명한 감자칩 과자 브랜드인 프링글스는 자사의 제품이 중독성이 너무 뛰어나 어린이들이 자사의 제품을 너무 많이 먹는 것이 고민이었다. 어린이들이 많이 먹으면 살이 쪄서, 건강하지 못하게 되어 장기적으로 자사의 제품 수요가 줄어들 것이라고 판단하였다. 이를 해결하기 위해 감자칩 위에 캐릭터를 그려넣기로 했다. 어린이들이 과자를 먹을 때 캐릭터를 보면서 먹게 되어 적당량만 섭취하게 될 것이라고 판단한 것이다. 프링글스는 과자 위에 캐릭터를 그리는 기술 획득을 위한 연구개발(R&D)에 착수했지만 몇 년째 실패를 했다. 그러다 한 크라우드소싱 플랫폼 사이트에 과자에 프린팅하는 기술을 가진 기술자가 있는지 찾았고, 이탈리아의 한 교수가 해당 기술을 가진 것을 알게 되어 해당 문제를 해결할 수 있었다고 한다.

(다) 가치사슬과 인터넷 발전

인터넷의 발전이 가치사슬의 변화에 미치는 영향에 대한 분석으로 마이클 포터의 분석을 들 수 있다.

본원적 활동(primary activities) 중 투입물류 활동에서는 공정통합 관리, 출하 · 창고관리, 수요 · 재고관리 등이 인터넷을 통한 온라인 관리로 변하고 있다. 생산 · 운영 활동에서는 통합 정보교환, 일정계획 관리, 의사결정 등이 인터넷의 영향을 받고 있다. 산출물류 활동에서는 실시간 주문 거래, 계약 및 계약 조건의 자동화, 고객과 유통 채널의 접근, 고객 예측 시스템 등이 인터넷에 기반을 두게 된다. 마케팅 및 판매 활동에서는 판매 채널, 고객 정보, 제품 카탈로그, 주문 입력 등에 대한 실시간 접근, 고객 맞춤형 마케팅 등이 인터넷 지원하에 이루어지고 있다. 사후 서비스 활동에서는 지불 청구서 통합, 고객 서비스 대리인 온라인 지원, 고객 셀프 서비스, 실시간 현장 서비스 접근 등이 인터넷 기반으로 이루어지고 있다.

나) 가치 숍형 관계구조

가치 숍(shop)형은 스테이벨(Stabell) 등이 제시한 것으로 어떤 문제가 있을 때 이 문제 해결을 목적으로 형성되는 관계구조이다.[16][17] 문제해결을 위해서는 여러 주체들이 가진 자원들의 창조적 결합이 요구되는데 각 주체들은 이러한 문제해결의 한 부분을 담당하는 주체로 이 관계에 참여한다. 고객의 문제 해결, 개별 고객의 욕구에 맞춘 맞춤 서비스가 되도록

---

14) https://terms.naver.com/entry.nhn?docId=3609934&cid=58598&categoryId=59316.

15) https://blog.naver.com/PostPrint.nhn?blogId=jaehoon-&logNo=221110350606.

16) Stabell, Charles B., and Oystein D. Fjeldstad, "Configuring Value for Competitive Advantage: On Chains, Shops, and Networks", Strategic Management Journal, V.19, 1988, pp.413-437.

17) 정영복 · 김옥중, 사업정의와 경영전략, 한스컨텐츠, 2006.11, p.42.
'단순 점포를 store, 고객을 유인할 요소를 가진 점포를 shop'이라고 표현.

하는 것으로 병원, 여행사, 교육기관 등의 서비스 산업에서 볼 수 있는 가치창출 관계구조 유형이다.

(가) 가치 숍형 관계구조의 활동

이 관계구조 유형에서 본원적 활동은 병원을 찾은 환자의 문제 및 증상을 먼저 물어보는 것처럼 개별 고객의 문제 파악 및 접수, 문제 해결 아이디어 도출, 해결 대안의 선택, 해결 방안의 집행, 통제 및 평가 등의 활동으로 이루어진다. 지원활동은 가치사슬형 관계구조에서와 같이 별도로 존재한다.

이 관계구조 유형에서 특히 중요한 것은 관계의 중심성(centrality)과 전문성이다. 문제해결을 위한 자원결합은 어느 한 주체를 중심으로 이루어지게 되고, 특정 분야에 집약된 문제해결의 전문성이 필요하게 된다. 그러한 중심성과 전문성으로 고객의 문제를 파악할 수 있을 뿐만 아니라 문제에 대한 적합한 해결 방안의 도출, 서비스 제공 사이의 간극을 줄이게 되는 것이다.

숍과 비슷한 개념으로 허브(hub)가 있다. 숍과 허브 모두 여러 주체가 어느 한 주체를 중심으로 한다는 공통점이 있지만, 숍은 문제해결이라는 가치창출을 목적으로 하는 의도적 관계구조인데 반해 허브는 자원의 표면적 이동 형태에 입각한 형태적 성격이 강하다는 차이점이 있다.

(나) 가치 숍과 인터넷

인터넷은 가치 숍의 관계구조 유형에도 큰 영향을 미쳤다. 먼저 지식과 정보의 디지털화와 인터넷을 통한 유통이 활성화되면서 지식 및 정보 관련 서비스 산업의 부흥을 가져왔다고 할 수 있다. 이들 산업의 부흥으로 정보의 수집, 조직화, 선택, 통합, 배분 활동이 으프라인뿐만 아니라 온라인상에서 이루어지고, 그 결과 기업의 활동은 중심성과 전문성을 갖는 주체를 중심으로 문제를 해결하는 데 인터넷을 활용하게 되었다.

다) 가치 마켓플레이스형 관계구조

이 유형은 거래형성(transaction making)을 추구하는 관계구조이다. 거래형성을 위한 시장을 개설하고 각 주체들은 이러한 마켓플레이스(Mar-ketplace) 관계구조에 참여한다.

스테이벨(Stabell)은 마켓플레이스 관계구조를 네트워크라는 구조를 통해 개념화하였지만 네트워크 형태뿐만 아니라 허브 형태도 있다. 예를 들어 인터넷 포털 사이트는 허브 형태의 마켓플레이스 관계구조이다. 반면 인터넷 자체는 네트워크 형태의 마켓플레이스 관계구조를 형성하고 있다.

네트워크는 관계구조의 형태적 의미만을 강조할 뿐 그 구체적 성격을 설명하지는 못하고 있다.

최근에는 e-마켓플레이스에서의 거래가 활성화되고 있다. e-마켓플레이스는 인터넷상에서 불특정 다수의 공급자와 수요자 간 전자상거래를 유발시켜 주는 '가상의 시장'이다. 공급자와 수요자가 가상의 공간에 모여 필요한 물건을 사고팔고 정보를 교환하며 커뮤니티를 형성하는 것이다. 공급자는 전 세계 소비자를 일일이 찾아내고 쫓아다니지 않아도 되며, 각국마다 다른 무역 관행이나 법규정 등에 대해 e-마켓플레이스로부터 도움을 받을 수 있다. 소비자는 조사하는 수고를 덜 수 있고, 쉽게 상품 구매가 가능해 비용절감 효과를 가져올 수 있으며, e-마켓플레이스의 신뢰성을 통해 거래상의 위험을 줄일 수 있다.[18][19]

e-마켓플레이스는 B2B(Business-to-Business, 기업 간 거래)에 많이 이용되고 있다. 예를 들어 자동차 관련 e-마켓플레이스에 자동차 관련 부

---

18) https://terms.naver.com/entry.nhn?docId=71202&cid=43667&categoryId=43667.
19) https://terms.naver.com/entry.nhn?docId=366&cid=43659&categoryId=43659.

품 구매주문을 내면 이것을 본 부품업체와 온라인상에서 바로 거래가 성사된다. 이런 과정을 통해 기업은 최단기간의 구매 프로세스를 경험할 수 있다.

라) 가치 커뮤니티형 관계구조

이 유형은 공동의 목적에 동참하는 주체들이 모여서 이루는 공동체 관계구조이다. 앞에서 설명한 가치사슬이나 숍과 같은 구속력을 가지지 않고, 상당 부분 자발적으로 참여가 이루어진다.

커뮤니티(Community)는 형태적으로는 네트워크 형태를 띤다. 즉 숍과 같은 관계의 중심성은 존재하지 않고 커뮤니티 상호 간 자유로운 관계형성이 이루어진다.

마) 가치 에코시스템형 관계구조

에코시스템(Ecosystem)은 비즈니스 주체들의 서식처이고, 이러한 서식처는 다양한 비즈니스 주체 간 관계들로 채워진다. 비즈니스 주체들은 에코시스템의 한 개체로 활동하면서 이 거시적 관계구조에 참여하게 된다.

에코시스템의 관계구조의 목적은 1차적으로는 생존(survival)이다. 즉, 타 에코시스템과의 경쟁에서 도태되지 않는 것이다. 또한 외적, 내적 자극에 적절히 반응해 시스템으로서의 균형(homeostasis)을 유지하는 일이다. 이러한 목적은 개별 주체 간 관계가 공동진화(co-evolution)의 관계가 되기를 요구한다. 그리고 형태는 네트워크 형태가 된다.

이 유형은 가치창출 관계구조 측면에서 보면 최상위 가치창출 단위라고 할 수 있다. 즉 앞에서 살펴본 가치사슬, 가치 숍, 가치 마켓플레이스, 가치 커뮤니티 관계구조들은 모두 이 비즈니스 에코시스템을 구성하는 단위 관계구조 유형들이라고 할 수 있다.

이러한 관계구조들을 그림으로 도식화한 것이 [그림 2-3]이다.

■■ **그림 2-3** 가치창출 관계구조

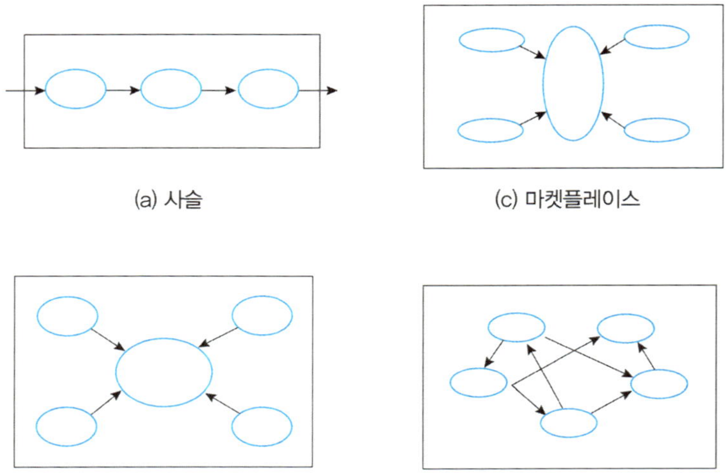

(a) 사슬　(c) 마켓플레이스

(b) 솝　(d) 커뮤니티

가치 에코시스템을 구성함에 있어서는 먼저 가치 에코시스템을 구성하는 개별 주체 간 공정성이 이루어져야 한다. 가치사슬형 관계구조의 경우 글로벌 가치사슬 관계가 이루어지면서 개발도상국 생산자에게 공정한 이익이 배분되지 않고, 더욱이 아동들은 장시간의 노동을 하면서 매우 적은 인건비를 받는 사례들이 있다. 이러한 불공정성에 근거한 불공정 무역을 개선하고자 하는 공정 무역이 확대되어야 한다.

다음으로 가치 에코시스템은 인본주의에 기초한 인간 간의 관계구조를 넘어서 생명본위에 기초하여야 한다. 즉 인간 간의 관계도 생활생명계에서 이루어진다는 점, 생활생명계가 훼손되면 인간의 활동도 위축된다는 점을 분명히 할 필요가 있다. 이런 점에서 사회적 가치를 실현하는 기업의 사회적 책임을 강조하게 된다.

Tip

도요타 렉서스의 사고[20]

1. 사고

2009년 렉서스를 타고 고속도로를 달리던 미국인 노부부와 911의 다급한 통화가 도요타를 궁지에 몰아넣었다. 도요타의 자랑이던 렉서스가 제멋대로 달려 속도를 늦출 수가 없다는 통화 내용이 공개되었고, 도요타의 명성은 한 순간에 땅으로 떨어졌다.

2. 원인

2009년의 사건은 가속페달에 문제가 발생한 것이었다. 미국의 CTS라는 회사가 이 부품을 납품했다. 일본 내의 협력업체인 덴소(Denso)가 만든 가속페달에서는 아무런 문제가 발견되지 않았다. 하지만 미국의 협력업체인 CTS는 사정이 달랐다. CTS의 부품이 장착된 자동차들에서만 동일한 문제가 대규모로 일어났다. 렉서스를 비롯해 도요타의 또 다른 핵심 차종인 캠리, 카롤라 등에서도 동일한 문제가 발생했다.

3. 근본 원인

근본 원인은 도요타에게 있었다. 해외 협력업체의 상황을 고려하지 않은 비용절감에서 비롯된 것이었다.

원래 도요타는 제품의 품질을 전혀 손상치 않는 범위에서 낭비를 줄여 비용을 감축하는 세계 최고의 능력을 가지고 있다. 이것을 '도요타 생산방식(Toyota Production System: TPS)'이라고 한다.

그런 도요타가 도요타답지 않은 실수를 한 것이다. 전 세계적으로 협력생산 거점이 늘어나면서부터다. 이들 해외 협력업체들은 일본 내의 협력업체들에게서는 가능했던 TPS를 따라가지 못했다. 이런 상황임에도 도요타는 해외 현지 협력업체의 원가 절감에만 주의를 기울였다. 그리고 일본의 협력업체처럼 고강도로 훈련되어 있지 않은 미국의 CTS에서 납품한 가속페달에서 문제가 발생한 것이다.

20) 이홍, 비즈니스의 맥, 삼성경제연구소, 2013.3, pp.152－153.

Tip

공정 무역

1. 공정 무역[21)]

공정 무역은 직접 제품 생산에 기여한 이들이 가져야 할 몫을 다국적 기업들이 가로채고 있다는 인식이 나타난 1950년대부터 미국과 유럽을 중심으로 시작되어, 이들 기업들에 의해 무시된 노동의 가치를 정당하게 인정해 주고 제3세계 국가들과 같은 저개발국가들의 지속 가능한 발전에 기여하자는 취지에서 전개되었다. 이와 관련된 제품으로는 커피 · 초콜릿 · 설탕 · 수공예품 등이 대표적이다. 일반적인 자유 무역과 달리 공정 무역은 경제적으로 소외된 계층에 대한 기회 제공, 투명성 및 신뢰 확복, 공정한 가격 지불, 성 평등, 건강한 노동 환경 제공, 친환경 등을 원칙으로 한다.

2. 초콜릿의 사연[22)]

밸런타인데이에 주고 받는 선물 중의 하나인 초콜릿의 달콤함 뒤엔 아프리카 아이들의 가슴 아픈 사연이 있다.

초콜릿의 주원료인 카카오는 코트디부아르, 가나, 나이지리아 등의 아프리카 지역에서 많이 난다. 이곳에서 카카오 열매를 따는 일은 주로 아이들이 하고 있다. 카카오 농장에서 일하는 아이들은 일주일에 100시간에 가가운 혹독한 노동을 하고도 매우 적은 돈밖에 받지 못한다. 초콜릿을 만드는 기업과 농장 주인이 더 많은 이익을 남기기 위해서 아이들을 착취하고 있는 것이다.

카카오 농장에서 일하는 아이들의 66%는 학교에 다니지 못하고 있으며, 절반 이상이 14세 미만의 어린이다. 이 아이들이 딴 카카오 열매 400개로 겨우 200g의 초콜릿을 만들 수 있는데, 아이들은 평생 초콜릿을 먹어 볼 기회조차 없다고 한다.

서구의 몇몇 기업이 지배하고 있는 세계 초콜릿 시장에서 카카오 노장 주인이 얻을 수 있는 이익은 10%도 되지 않는다. 결국 싼 값에 카카오를 사들여 초콜릿을 만드는 대기업만 큰 이득을 보는 셈이다. 초콜릿뿐만 아니라 커피, 차, 목화 등도 비슷한 형태로 거래되는 대표적인 불공정 무역 상품이다.

---

21) https://terms.naver.com/entry.nhn?docId=929891&cid=43667&categoryId=43667.

22) https://terms.naver.com/entry.nhn?docId=3353509&cid=47305&categoryId=47305.

Tip

'세계의 공장' 멈추자… 차 공급망 일시 붕괴

코로나19 확산으로 '세계의 공장'이라 불리는 중국이 멈춰서면서 글로벌 자동차 공급망이 일시적으로 붕괴됐다. 경영 효율화와 시장 공략을 위해 앞다퉈 중국에 공장을 세웠던 주요 완성차 업체들은 대체 공급망을 찾지 못하고 공장 셧다운에 돌입했다. 부품 2만~3만 개를 조립해 차량을 생산하는 업종 특성상 부품 한두 개만 공급에 차질이 빚어져도 전체 라인을 멈춰세워야 하는 구조 때문이다.

한국자동차산업협회에 따르면 2018년 전 세계 주요국이 중국에서 수입한 자동차 부품은 348억 달러 규모에 달한다. 국가별 수입액을 살펴보면 미국이 116억 달러로 가장 많았고 일본(32억 달러)과 멕시코(20억 달러), 독일(17억 달러), 한국(12억 달러) 순으로 집계됐다. 이 중 한국은 자동차용 전선 뭉치인 '와이어링 하니스'와 조향장치, 에어백, 차체 등을 수입하고 있다.

최근 수년간 생산 효율화와 원가 절감 측면에서 글로벌 공급망이 중국을 중심으로 재편됐지만 전문가들은 이 같은 구조가 코로나19 확산이나 동일본 대지진 같은 천재지변에는 취약할 수밖에 없다고 지적한다. 지난 2월 한국은 국내 자동차 생산액 중 0.1% 수준에 불과한 '와이어링 하니스' 하나 때문에 모든 완성차 공장을 멈춰세우는 수난을 겪어야 했다. 일부 업체는 국내 공장 주문량을 늘리거나 동남아 등 대체 공급망 확보에 나섰지만 셧다운 사태를 피할 수 없었다.

출처: 대일경제, 2020. 4. 20.

바) 가치창출 관계구조 유형들의 속성

앞에서 살펴본 가치창출 관계구조 유형들의 속성을 체계적으로 정리한 것이 <표 2-2>이다.

각 관계구조 유형들은 먼저 관계의 목적과 형태라는 두 측면에서 구분된다. 가치사슬은 가치부가를 목적으로 하고 사슬 형태를, 가치 숍은 문제해결을 목적으로 하고 허브 형태를, 마켓플레이스는 시장형성을 목

표 2-2 가치창출 관계구조의 속성

	가치사슬	가치 숍	마켓플레이스	커뮤니티	에코시스템
목 적	가치부가	문제해결	시장형성	공동체 형성	생존과 적응
형 태	사슬	허브	허브 혹은 웹	웹	웹
관계 구속력	고	고	중	하	하
상호의존성	순차적	교호적	교호적	교호적 집합적	집합적
필요기술	장치기술	집약기술	중개기술	중개기술 집약기술	-
조정수단	표준화	감독 상호적응	상호적응	상호적응	-
성공요건	기술수준 연계효율성	전문성 의사소통 원활	참여도 거래효율성	참여도 충성도	가치잠재력 적응/진화

적으로 하여 허브 혹은 웹 형태를, 커뮤니티는 공동체 형성을 목적으로 하고 웹 형태를, 에코시스템은 생존과 적응을 목적으로 하고 웹 형태를 갖는다.

관계 구속력 측면에서 보면 사슬이나 숍은 비교적 강한 관계의 구속력을 가지는 반면 커뮤니티나 에코시스템은 낮은 관계 구속력을 갖는다. 마켓플레이스는 중간 정도의 관계 구속력을 가진다고 할 수 있다.

상호의존성과 필요기술 측면에서도 구분된다. 상호의존성(Interdependence)이란 관계구조에 참여하는 주체들 간에 형성되는 의존성인데, 톰슨(Thompson)은 이를 순차적(sequential) 상호의존성, 교호적(reciprocal) 상호의존성, 집합적(pooled) 상호의존성 등 크게 3가지 유형으로 분류하고 있다.[23)]

순차적 상호의존성이란 주체들이 수행하는 활동들 간에 선후가 정해

23) Thompson, J. Organization in action, New York: McGraw-Hill, 1967.

져 있어 앞의 활동이 끝나지 않으면 뒤의 활동이 시작될 수 없는 의존관계이다. 교호적 상호의존성이란 활동들 간의 지속적인 조정과 협력을 필요로 하는 의존관계이다. 그리고 집합적 상호의존성이란 가치창출에 필요한 활동들인 동시에, 독립적으로 이루어질 수 있는 의존관계이다. 이 경우 최종 성과는 개별 활동 결과의 단순 합으로 표시될 수 있다. 이렇게 보면 사슬 관계구조에 참여한 주체들은 순차적 상호의존성을 가진다. 반면 숍, 마켓플레이스에 참여한 주체들은 교호적 상호의존성을 가진다. 커뮤니티에 참여한 주체들은 교호적, 혹은 집합적 의존관계를 가진다. 그리고 에코시스템 주체들은 전체적으로 보아 집합적 의존관계를 가진다.

상호의존성과 관련하여 필요한 기술들을 살펴보면 톰슨(Thompson)은 순차적 상호의존성에는 장치기술(long-linked technology), 교호적 상호의존성에는 집중기술(intensive technology), 그리고 집합적 상호의존성에는 중개기술(mediating technology)을 대응시키고 있다. 결국 사슬의 경우는 장치기술을 필요로 하며 숍의 경우는 집중기술, 마켓플레이스의 경우는 중개기술, 그리고 커뮤니티의 경우는 집중기술과 중개기술을 필요로 한다고 할 수 있다.

다음으로 각 관계구조를 조정수단(means of coordination)의 개념과 대응시켜 볼 수 있다. 민츠버그(Mintzberg)는 활동 간 조정의 수단으로 표준화(standardization), 감독(direct supervision), 상호적응(mutual adjustment) 등 세 가지를 제시하고 있다.24) 이 중에서 표준화는 표준이란 메커니즘을 통해 활동 간 조정을 달성하는 것이고, 감독은 조직 내 위계질서를 설정하고 상급자의 직접적 지휘, 감독, 통제를 통해 활동 간 조정을 달성한다. 상호적응은 구성원 상호 간의 긴밀한 상호적응 과정을 통해 조정을

24) Mintzberg, H., The Structuring of Organizations, Englewood, N. J.: Prentice-Hall, 1979.

달성한다. 이렇게 보면 가치사슬은 표준화가, 가치 숍은 감독과 상호적응, 마켓플레이스와 커뮤니티는 상호적응이 적절한 조정수단이 된다.

끝으로 성장과 발전에 필요한 성공요건의 관점에서 나누어 볼 수 있다. 우선 가치사슬 관계구조에서의 성공요건은 가치를 부가하는 각 단계에 사용되는 기술의 수준과 각 단계 간의 연계 효율성이다. 가치 숍의 관계구조에서는 참여 주체들이 가지는 문제해결의 전문성과 상호 간 의사소통의 원활함이다. 마켓플레이스 관계구조에서는 마켓플레이스에 참여하는 주체의 범위와 마켓플레이스에서 이루어지는 거래의 효율성이다. 커뮤니티 관계구조의 성공요건은 얼마나 많은 주체의 참여도와 커뮤니티에 대한 구성원의 충성도이다. 끝으로 에코시스템의 성공요건은 에코시스템 존립의 기반이 되는 기술, 산업, 시장 등이 가지는 가치창출의 잠재력, 그리고 에코시스템이 환경의 변화에 대해 얼마나 효과적으로 적응하고 진화해 나가는가 하는 점이다.

(3) 전략적 포지셔닝의 선택

전략적 포지셔닝(strategic positioning)은 시장에서 자사 제품의 위치를 설정하는 것이고, 고객의 마음속에 자사 제품을 어떻게 차별화시킬 것이냐 하는 것이다. 즉, 경쟁자와 상이한 활동을 하거나 유사한 활동이라도 상이한 방식으로 함으로서 고객에게 차별화된 가치를 주는 것이다.[25)]

포지션(position)이란 제품이 소비자들에 의해 지각되고 있는 모습을 말하며, 포지셔닝이란 고객들의 마음속에 자사 제품의 바람직한 위치를 형성하기 위한 활동, 즉 제품효익을 개발하고 커뮤니케이션하는 활동을 말한다. 포지셔닝은 1972년 광고회사 간부인 앨 리스(Al Ries)와 잭 트라

25) 이홍규 · 김성철, 비즈니스 모델, 한울아카데미, 2011.5, pp.143－144.

우트(Jack Trout)가 도입한 용어로 '정위화(定位化)'라고도 한다.[26)]

포지셔닝 전략은 '소비자 포지셔닝 전략'과 '경쟁적 포지셔닝 전략'으로 구분된다. '소비자 포지셔닝 전략'은 소비자가 원하는 바를 준거점으로 하여 자사 제품의 포지션을 개발하려는 것이고, '경쟁적 포지셔닝 전략'은 경쟁자의 포지션을 준거점으로 하여 자사 제품의 포지션을 개발하려는 것이다. 또한 소비자들이 원하는 바나 경쟁자의 포지션이 변화함에 따라 기존 제품의 포지션을 바람직한 포지션으로 새롭게 전환시키는 전략을 '리포지셔닝(repositioning)'이라고 한다.

한편 마이클 포터는 기본적인 전략 포지셔닝으로 세 가지 대안을 제시하였다.[27)] 첫째는 '다양성 기반의 포지셔닝(variety-based positioning)'이다. 이는 다양한 계층의 고객이 존재하는 경우 그들이 요구하는 다양한 욕구 중 하나를 가장 잘 충족시키는 것이다.

둘째는 '욕구 기반의 포지셔닝(needs-based positioning)'이다. 이는 타 집단과 차별화된 욕구를 가진 고객 집단이 존재하는 경우 그 고객 집단이 요구하는 모든 니즈를 자신의 독특한 능력으로 잘 충족시키는 것이다.

셋째는 '접근 기반의 포지셔닝(access-based positioning)'이다. 이는 구매력이나 지리적 조건 등에 따라 접근성이 다른 고객을 세분화함으로써 자신의 능력으로 만족시킬 수 있는 고객을 찾아내는 것이다.

마이클 포터는 이러한 기본적인 전략적 포지셔닝에 따른 기업의 '본원적 경쟁전략(generic competitive strategy)'으로 원가 우위(cost advantage) 전략, 차별화 우위(differentiation advantage) 전략, 집중화(focus) 전략을 제시했다.[28)]

---

26) https://terms.naver.com/print.nhn?docId=1203457&cid=40942&categoryId=31915.
27) Michael E. Porter, "What is Strategy?", Harvard Business Review, Nov. 1996, pp.61-77.
28) 장세진, 경영전략, 박영사, 2012.8, p.191.

결국 고객에게 주는 가치는 기업이 시장에서 지향하는 전략적 포지셔닝으로 구체화된다. 따라서 전략적 포지셔닝의 선택에 앞서 당연히 고객에게 제공할 가치의 차별화, 다른 기업과의 차별화, 제품의 차별화 등에 대한 심사숙고가 필요하다. 고객에게 제공할 가치, 기업의 비전·사명, 그리고 전략적 포지셔닝의 선택은 상호 관계 속에서 정합성(整合性)이 확보되어야 한다.[29] 시장세분화(segmentation)에 따라 표적 시장(target market)을 결정하고, 표적 시장에 맞는 전략적 포지셔닝(positioning)을 선택해야 한다.

이러한 기업 수준에서의 전략적 포지셔닝이 결정되면 기능별·지역별 전략이 마련될 수 있다. 기능별 전략으로는 마케팅 전략, 생산 전략, 재무 전략 등이 있을 수 있는데, 이들 기능별 전략은 기업수준의 전략과 일관성을 유지하여야 한다.

전략적 포지셔닝은 이들 기능별 전략 중에서도 마케팅 전략과 밀접한데, 마케팅 전략의 관점에서는 1960년대 제롬 메카시(Jerome McCarthy)가 제안한 제품(product), 가격(price), 유통(place), 판매촉진(promotion) 등

그림 2-4 기업전략, 사업전략, 기능별 전략

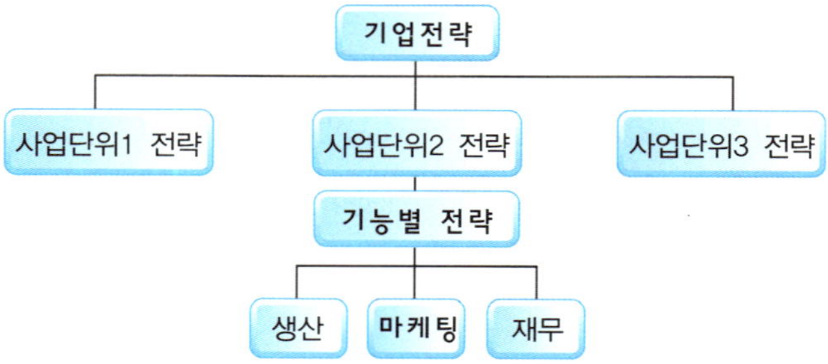

29) 이홍규·김성철, 비즈니스 모델, 한울아카데미, 2011.5, p.182.

4P로 대변되는 마케팅 믹스(marketing mix)의 결정을 검토하게 된다. 제롬 메카시의 4P를 공급자 관점이라고 하는데, 필립 코틀러(Phllips Kotler)는 이러한 공급자 관점의 4P에 대응해서 소비자 관점에서 4C, 즉 제품 면에서 고객이 느끼는 가치(customer value), 가격 면에서 고객이 부담하는 비용(cost to the customer), 유통 면에서 고객의 편리성(convenience), 판매촉진 면에서 고객과의 커뮤니케이션(communication)을 고려해야 한다고 하였다.[30]

2) 가치창출(value creation)

기업이 고객가치를 창출하기 위해서는 일정한 자원과 역량이 필요하다. 앞서의 전략적 포지셔닝에 따라 어떤 자원과 역량을 갖고, 어떤 조직 시스템과 프로세스를 갖추어, 어떤 활동을 할 것이냐 하는 선택이 필요하다. 저가격 전략인지, 차별화 전략인지에 맞춰 역량과 조직을 갖추어야 한다.[31] 예를 들어 월마트는 무수한 상품의 종류(full lines)와 저렴한 가격이라는 전략적 포지셔닝을 택하고 있는데, 이는 그들의 물류관리 능력에 의해 뒷받침되고 있다.[32]

(1) 자원 및 역량의 선택

사업을 추진하려면 유 · 무형의 자원 역량이 확보되어야 하는데, 전략적 포지셔닝에 맞는 자원과 역량(resources and competences)의 선택에 따라 확보되어야 한다. 즉, 유 · 무형의 자원 및 역량과 전략적 제공 가치

30) Phillips Kotler, Kotler on Marketing: How to create, win and dominate markets, The Free Press, 1999.
31) 이홍규 · 김성철, 비즈니스 모델, 한울아카데미, 2011.5, pp.182－183.
32) 이홍규 · 김성철, 비즈니스 모델, 한울아카데미, 2011.5, p.143.

와의 정합성(整合性)에 근거해서 확보되어야 할 것이다. 고객에게는 제안한 가치를 창출하여 제공하고 기업에게는 경쟁우위와 수익성을 주는 유・무형의 자원 및 역량의 선택이 필요하다.

주요 핵심 자산으로 물적 자원, 지적 자산, 인적 자산, 재무 자원 등을 들 수 있다. 먼저 물적 자원은 생산시설, 건물, 자동차, 기계, 판매시스템, 물류네트워크 등 유형적인 자원이다. 월마트나 아마존닷컴과 같은 유통기업은 대개 자본집약적인 물적 자원에 크게 의존한다. 월마트는 매장과 물류 인프라라는 거대한 글로벌 네트워크를 가지고 있다. 아마존닷컴 역시 엄청난 규모의 IT 장비와 창고, 물류 인프라를 보유하고 있다.

지적 자산으로는 브랜드, 독점적 지식, 특허나 저작권, 가치창출관계 파트너십, 고객 데이터베이스 등을 들 수 있다.[33] 지적 자산은 점점 비즈니스 모델을 구성하는 중요한 핵심 자원이 되어가고 있다. 가치제안, 가치창출, 수익 모델 등의 비즈니스 활동 구성 요소는 창의성을 바탕으로 하고 있기 때문이다. 그리고 지적 자산은 개발하기는 어렵지만, 일단 개발에 성공하면 상당한 부가가치를 낳는다. 나이키, 소니 등 소비재 기업은 핵심자원으로 '브랜드'에 크게 의존한다. 마이크로소프트, SAP 등은 소프트웨어와 장기간에 걸쳐 개발한 지적재산권을 보유하고 그를 통해 사업을 펼쳐간다. 휴대전화 등의 부품을 생산하는 퀄컴은 막대한 라이센싱 수입을 안겨주는 특허 마이크로칩 설계를 기반으로 비즈니스 모델을 구축했다.

인적 자산은 모든 비즈니스 활동이 필요로 하지만 특히 지식집약적이고 창조적인 산업 분야에서 중요하다. 제약기업인 노바티스는 경험이 풍부한 과학자 집단과 숙련된 대규모 영업팀을 기반으로 하고 있다.

---

33) Alexander Osterwalder 외, 유효상 옮김, 비즈니스 모델의 탄생, 타임비즈, 2011.10, p.41.

재무 자원은 앞의 물적 자산과 인적 자산을 확보하기 위해 필요하다. 통신기기 제조업체 에릭슨은 재무적 자원을 효과적으로 활용하고 있다. 그들은 밴더 파이낸싱(vender financing)[34]을 활용해 장비 구매 고객들에게 제공하며 경쟁자들보다 우선적으로 주문을 확보하고 있다.

제이 바니(Jay Barney)는 기업들마다 고객가치창출과 수익성이 제각기 다른 이유는 그들이 보유한 자원이 다르기 때문이라고 하면서, 지속적인 고객가치창출과 수익성을 위해 가치있고(valuable), 희구하고(rare), 모방할 수 없고(inimitable), 대체 불가능한(non-substitutable) 자원을 보유해야 한다고 했다. 바니가 언급한 네 가지 특성을 각 단어의 머리글자를 따서 'VRIN'이라고 부른다.[35]

무형자산은 유형자산에 비해 훨씬 모방하기 어려워 자원과 역량 중에 무형의 전략적 자산이 점점 더 중요해지고 있다. 과거 산업경제 시대에는 막대한 자금력과 영업인력, 거대한 공장 설비 등 유형자산을 통해 구축한 진입 장벽으로 경쟁사의 공격을 막아냈다. 그러나 오늘날 지식·정보경제 시대에는 브랜드, 지적 소유권, 신상품 개발 능력, 표준 등 전통적인 무형자산뿐만 아니라 고객 서비스, 고객 정보, 독특한 기업 문화, 효율적인 경영 시스템, 창의성과 학습 능력이 뛰어난 직원, 경영자의 탁월한 리더십, 차별화된 이미지와 스타일 등 현대적인 무형자산으로 차별적 능력을 갖출 수 있어 더 중요해지고 있다.

앞에서 예로 들었던 월마트가 보유한 탁월한 물류 시스템은 단지 물적 자산에 해당하는 것이 아니라 귀중하고, 희귀하며, 모방할 수 없고, 대체 불가능한 자원에 해당한다. 구글은 검색엔진, 특허 기술, 방대한 정

34) 통신서비스업체가 장비제조업체에게 자금을 지원받는 방식으로, 통신 등 서비스업체가 장비제조업체에게 장비공급권을 우선적으로 주는 조건으로 자금이나 기술 등을 지원받는 것이다.

35) 김병도, 경영학 두뇌, 해냄, 2018.3, pp.162-164.

보통신 인프라, 사용자 인터페이스 등 바니의 'VRIN'을 갖추고 있다.

저가 항공사를 표방하여 성공한 사우스웨스트 항공사는 저가 항공사로 성공하지 못한 다른 항공사와 달리 고객의 즐거움에 앞서 직원이 즐거워야 한다는 모토 아래 재미의 기업문화를 강조하고 실현하여 의욕이 넘치는 종업원들을 보유하고 있다.[36] 사우스웨스트 항공사가 저가를 실현한 예로 게이트 회송 시간(항공기가 공항 게이트에 도착해 출발할 때까지 소요되는 시간)이 다른 항공사에 비해 짧을 뿐만 아니라 근무 요원이 적다는 것을 들 수 있다. 다른 항공사의 경우 12명의 지상 근무 요원을 동원해 평균 35분이 걸리던 게이트 회송을 사우스웨스트 항공은 여섯 명의 요원으로 15분만에 끝낼 수 있도록 했다. 이러한 사우스웨스트 항공사의 현저한 생산성은 상대적으로 덜 붐비는 공항을 주로 이용한다는 이유도 있지만 회사 업무를 자신의 일처럼 정성껏 수행하는 직원들이 있었기 때문에 가능했다. 사우스웨스트 항공사가 저가 항공사이지만 직원 모두가 진심을 다해 승객을 모시기 때문에 승객들은 사우스웨스트 항공의 서비스의 질이 낮다고 생각하지 않는다. 사우스웨스트 항공 미션(mission) 선언문의 마지막 대목에는 "우리 직원들은 자신이 조직 내에서 관심과 존경과 사랑을 받듯이 관심과 존경과 사랑으로 고객을 모신다"라는 문구가 있다.

바니의 'VRIN'을 모두 갖추고 있지 않다고 하더라도 무형자산의 중요성은 차별적 역량을 갖추기 위해 강조되고 있다. 인텔은 남보다 앞선 혁신이라는 자신의 고유 역량을 강화하려 노력하고 있다. 반스앤드노블스는 오프라인 서점에 안락의자를 배치하고 음악회, 시 낭송회 등을 열어 문화와 휴식 공간을 마련했다. 일본에서 2005년 창단된 '라쿠텐 이글스'

---

36) 김병도, 경영학 두뇌, 해냄, 2018.3, pp.357－358.

는 팬들에게 즐거움을 주자는 모토 아래 구장 주변에 60여 개의 차별화된 음식점을 배치하고 고급 바를 열었다.37)

(2) 투자 규모(investment size)의 선택

자원과 역량을 확보하기 위해서는 이에 소요되는 규모의 투자가 필요하고, 따라서 소요 자금의 규모(maximum financing needs)가 최대 얼마인지 산정해야 한다. 이 때 소요 자금의 규모가 크면 이는 진입장벽으로 작용하게 될 수 있다는 점, 장기적으로는 투자 자금에 대한 회수기간, 단기적으로는 손익분기점에 이르는 시기 등 현금흐름에 영향을 미친다는 점을 고려해야 한다.

사업 초기에는 자금이 많이 소요되므로 현금 흐름에 대한 설계가 매우 중요하다. 구체적으로는 사업을 시작하는 데 얼마나 많은 현금이 요구되는가, 사업을 지속하려면 얼마나 많은 운전자본(working capital)이 필요한가, 이러한 현금이 필요한 때는 언제인가, 투자한 금액으로 지속 가능한 비즈니스를 만들어낼 수 있는가 등의 질문과 답이 필요하다. 또한 양(+)의 현금 흐름(positive cash flow)이 되는 시기, 현금수지균형(cash break-even)에 도달하는 시기 등에 대한 질문과 대답도 필요하다.

사업 초기 투자 자금의 크기는 단기적으로는 손익분기점에 도달하는 시기에도 영향을 미친다. 손익분기점은 일정 기간의 매출액이 당해기간의 총비용과 일치하는 지점으로 당해 기간의 매출액과 총비용이 일치하는 데 도달하는 기간이 길고 짧음에 따라 손익분기점에 도달하는 기간의 길고 짧음이 결정된다. 초기 투자 자금이 큰 경우 당해 기간의 총비용을 크게 만드는 데 영향을 미쳐 손익분기점 도달 기간에 영향을 미치게 된다. 손익분기점을 분석하는 데 고려하게 되는 총비용은 경영활동의 양

37) 이홍규 · 김성철, 비즈니스 모델, 한울아카데미, 2011.5, p.183.

(조업도)에 비례하는 변동비(variable cost)와 경영활동의 양(조업도)에 관계 없이 일정하게 발생하는 고정비(fixed cost)로 구성되는데 초기 투자 자금은 고정비 구성에 많은 영향을 미치게 되어 총비용을 늘리게 된다. 총비용이 늘어나더라도 손익분기점에 도달하는 기간이 짧아지도록 하려면 고객에 대한 가치제안이 수용되어 매출액이 늘어나도록 해야 한다.

Tip

1. 손익분기점(break-even point)

일정 기간의 매출액이 당해기간의 총비용과 일치하는 지점으로, 매출액이 그 이하로 감소하면 손실이 나며, 그 이상으로 증대하면 이익을 가져오는 기점이다.

2. 손익분기점 분석

손익분기점 분석에서는 비용을 고정비와 변동비로 분해하여 매출액과의 관계를 검토한다. 손익분기점은 "고정비를 한계이익율(限界利益率)로 나누는 것"이다.

손익분기점 = 고정비 ÷ (단위 가격 − 단위당 변동비용)
= 고정비 ÷ (1 − 단위당 변동비/단위 가격)
= 고정비 ÷ (1 − 총변동비/매출액)
= 고정비 ÷ 한계이익률

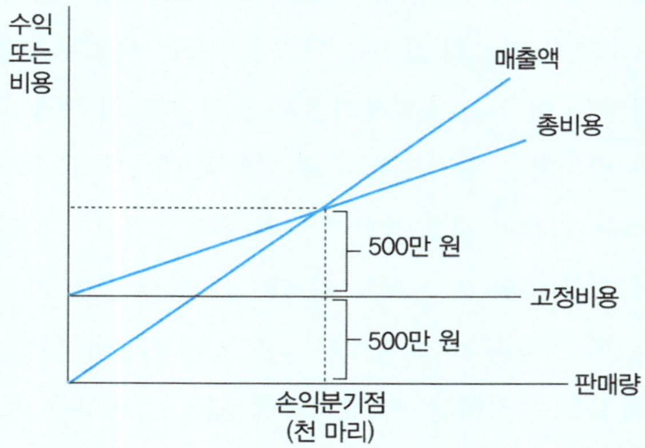

3. 사례

만약 치킨 한 마리의 판매 가격이 만원이고, 재료비를 포함한 치킨 한 마리당 변동비가 5,000원, 매달 임대료와 인건비 등의 고정비르 500만 원을 지출한다고 하면, 치킨 천 마리를 팔아야 고정비와 동일해진다. 치킨 한 마리를 팔 때마다 5,000원(10,000－5,000)의 이익(마리당 이익 또는 공헌이익)을 얻으므로 천 마리를 팔았을 때는 이익이 500만 원이 되어 고정비와 동일하게 된다.

천 마리를 팔았을 때 매출액(1,000만 원, 1000마리×10,000원)과 총비용(총변동비(500만원, 1,000마리×5,000원)＋고정비(500만원))이 동일해지므로 손익분기점은 천 마리를 파는 시점이 된다.

위의 공식에 넣어서 계산해 보면 고정비(500만원)를 (5,000원, 단위 가격(10,000원)－단위당 변동비(5,000원))로 나눈 값 1,000마리가 된다.

비즈니스 모델에 필요한 모든 자원을 보유하거나 모든 활동을 자체적으로 수행하는 비즈니스 주체는 거의 없다. 오히려 다른 비즈니스 주체를 이용해 자원이나 활동을 획득함으로써 역량을 확장한다.[38] 그러므로 투자의 규모를 자신의 가치사슬 설계와 관련지어 결정하는 것도 필요하다. 외부 아웃소싱을 확대하면 그만큼 투자 규모를 줄일 수 있기 때문이다. 즉 생산부문을 외주로 한다면 생산 설비의 투자 비용을, 마케팅 부문을 외주로 한다면 마케팅의 투자 비용을 줄일 수 있을 것이다. 예를 들어 델 컴퓨터는 인터넷을 활용해 재고와 유통 마진을 없애 운전자본을 줄인바 있다. 휴대전화 제조업체는 단말기 운영시스템을 자체적으로 개발하는 대신, 라이센스를 활용한다.

초기 투자에서는 자신을 알릴 필요성이 높으므로 광고와 마케팅 비용도 고려해야 한다.

38) Alexander Osterwalder 외, 유효상 옮김, 비즈니스 모델의 탄생, 타임비즈, 2011.10, p.45.

(3) 조직 설계의 선택

자원과 역량을 확보하기 위해서는 투자가 필요하지만, 자원과 역량을 체계화하기 위해서는 이에 적합한 조직 설계(organizational design)가 필요하다. 즉 비즈니스란 인력을 충원하고, 자원을 기능별로 배분하며, 업무가 일정한 프로세스에 따라 이루어지게 해 고객에 제공할 가치를 만들어 내는 활동으로서 조직 설계가 요구된다.[39] 전략적 포지셔닝과 정합성을 가져야 한다.

「21세기 기업」의 저자 제이 갤브레이스는 전략(strategy), 조직 구조(structure), 프로세스(process), 사람(people), 보상(reward)이 상호 연관성을 갖는 스타모델(star model)을 제시했는데, 이 역시 전략과 조직 간의 일관성을 강조한 것이다.[40]

전략과 조직 설계에서 극명하게 차이를 보여주는 사례로 포드 자동

그림 2-5 갤브레이스의 스타모델

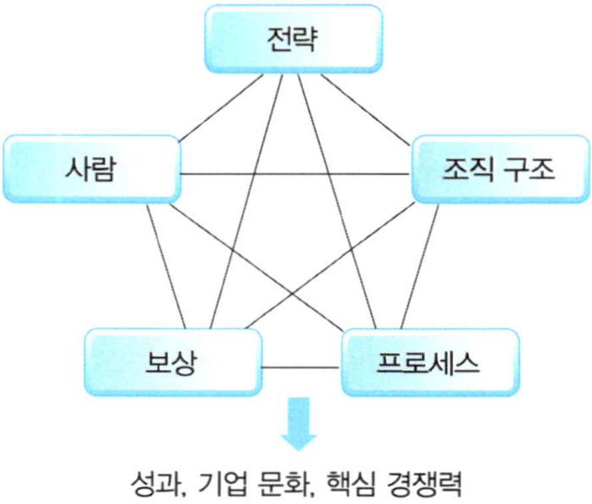

39) 이홍규 · 김성철, 비즈니스 모델, 한울아카데미, 2011.5, p.184.
40) 김병도, 경영학 두뇌, 해냄, 2018.3, pp.364-346.

차와 GM 자동차를 들 수 있다. 1925년까지 미국 자동차 시장점유율 1위였던 포드 자동차는 'T모델' 이라는 저가 자동차를 대량생산하며 중앙집권적 조직으로 관리했다. 반면 1920년대 초까지 포드 자동차에 밀렸다가 1931년 세계에서 가장 많은 자동차를 판매한 회사가 된 GM은 소득 수준으로 시장을 세분화하고 세분화된 고객집단별로 다양한 자동차 모델을 판매했는데, 이를 위해서는 조직 분권화가 효과적일 것이라고 판단하여 사업부제 조직(divisional organization)을 도입했다.[41]

비즈니스 조직은 구조, 프로세스, 사람, 문화로 구성되어 있다. 이 중에서 먼저 조직의 구조라 함은 조직의 여러 요소들이 유기적으로 상호작용할 수 있게 잘 배열시켜 놓은 상태라 말할 수 있다. 구체적으로는 조직 구성원들의 상호관계, 즉 조직 내에서의 권력관계, 지위·계층 관계, 조직 구성원들의 역할 배분·조정의 양태, 조직 구성원들의 활동에 관한 관리체계 등을 통틀어 일컫는 말이다.[42] 조직의 목적에 맞게 다양한 기능과 활동을 묶어 내는 체계로 이러한 체계의 형태에 따라 다양한 조직이 존재하게 된다. 조직 구조가 분화된 다양한 기능 부서로 이루진다는 점에서 조직 운영에는 항상 다양한 기능 간의 조정과 통합을 어떻게 효과적으로 이룰 것이냐가 관건이 된다.

한편 프로세스란 구성원이 업무를 처리하는 흐름방식, 정보의 흐름방식으로 조직의 활동은 다양한 프로세스의 조합으로 이루어진다. 프로세스는 비용 구조와 고객에 대한 서비스에 영향을 미친다. 따라서 프로세스는 비용을 줄이는 표준화와 서비스의 질을 높이는 맞춤화가 조화를 이루도록 설계되어야 한다. 그리고 설계된 프로세스가 작동하는데 필요

41) 김병도, 경영학 두뇌, 해냄, 2018.3, pp.344-345. 본서 제3장 p.206 참조.
42) F. E. Kast & J. E. Rosenzweig, Organization and Management. A Systems and Contingency Approach, 4th ed, (N.Y.: McGraw-Hill), 1985, pp.234-235.

한 정보의 흐름, 프로세스가 만들어낼 성과에 대한 측정과 보상이 효과적으로 이루어져야 한다.

조직의 구성원은 지적 · 감성적 · 의지적 역량을 갖고 자신의 업무와 관련된 의사 결정을 하는 동시에 동기부여를 하기도 하고 자신의 성과에 대한 평가와 행동에 대한 통제를 하고 받기도 하며, 새롭게 개선과 혁신을 추구하기도 한다.

조직의 구성원은 유형적 자원을 관리하고 조직의 구조와 프로세스를 설계하고 활동하는 무형적 자원으로서 조직 구조와 프로세스뿐만 아니라 조직의 문화라는 무형적 자원에 민감하게 반응하게 된다. 조직의 구성원은 감성과 이성 등 정신적 측면을 가지고 있어서 물질적 동기 부여만으로는 한계가 있고 구성원 간 존중과 협력 등을 통해 존재감을 느낄 수 있는 조직의 문화가 중요하다. 앞에서 예로 들은 사우스웨스트 항공사의 조직문화가 대표적이다.

스탠포드대학의 제프리 페퍼(Jeffrey Pfeffer) 교수는 기업의 성과연봉제는 단기효과는 있지만 장기적으로는 오히려 마이너스 효과임을 증명했다. 성과주의는 단순 반복 작업에만 효과가 있고 조금만 복잡한 노동에 들어가도 유효하지 않고 오히려 부작용이 많다고 하였다. 외적 보상이 오히려 내적 동기를 해친다고 하면서 개인별 보상을 반대하고 팀 전체에 주는 집단적 보상을 권고하였다. 그리고 리더는 평가하기보다는 직원 잠재력을 끌어내는 코치 역할을 해야 한다고 하였다. 즉 평가대신 조직과 구성원의 성장에 초점을 맞춰야 한다고 했다. 결국 보상은 물질적인 것에 머물러서는 안되고, 구성원의 존재가치를 존중하고 계발시켜 주는 조직의 정신적 측면, 문화가 중요한 것이다.[43][44][45]

---

43) 제프리 페퍼, 윤세준 외 옮김, 휴먼이퀘이션, 지샘, 2001.9.
44) 제프리 페퍼, 이재적 옮김, 제프리 페퍼 교수의 지혜경영, 국일증권경제연구소,

매슬로(A. H. Maslow)는 '생리적 욕구, 안전욕구, 사회적 욕구, 자기존중욕구, 자기실현욕구'로 이루어지는 욕구 5단계설을 제시하면서, 가치 있는 일에 헌신함으로서 자기실현을 이루고 행복에 이르게 된다고 하였다. 자기실현의 일은 '이기적인' 것과 '이기적이지 않은 것'의 이분법이 사라지게 한다고 하였다. 이기적인 것과 이기적이지 않은 것을 반대되는 것으로 보거나 상호 배타적인 것으로 보는 것은 미숙한 문화에서나 일어난다고 하였다. 생리적 욕구를 만족시키기 위한 물질적 보상도 필요하지만 일을 통해 자기실현을 할 수 있는 조직 문화를 갖추는 것이 가치창출의 성과를 이루는데 중요하다는 점을 제시했다.46)47)

비즈니스 활동은 내부 조직뿐만 아니라 외부 조직까지를 포함하여 분화와 통합의 조화를 추구하여야 한다. 앞에서도 살펴보았듯이 하나의 비즈니스 주체는 가치창출 관계구조 유형의 선택에 따라 다른 비즈니스 주체들과 관계하게 되므로 조화가 중요하다. 예를 들어 투자 규모를 줄이기 위해 가치사슬 활동을 통해 외부 아웃소싱을 확대하여 분화가 이루어지면 외부 협력업체를 관리하고 조화를 이루어내야 한다. 그래서 크리스텐슨(Clayton M. Christensen) 교수는 가치사슬 활동에서 자신의 내·외부의 활동을 통제할 것을 제안하였다.48)

2008.11.

45) 한국경제신문, 추가영, "리더는 평가하기보다는 직원 잠재력 끌어내는 코치 역할 해야", 2015.9.14.

46) A. H. Maslow, 왕수민 옮김, 인간 욕구를 경영하라, 리더스북, 2011.6, p.47, p.233.

47) 매슬로는 생리적 욕구, 안전욕구, 사회적 욕구, 자기존중욕구를 결핍을 채우는 결핍욕구(Deficiency－need 또는 D－need)라고 하고, 자기실현욕구를 존재욕구(Being－need 또는 B－need), 성장욕구라고 하였다. 매슬로는 일과 관련하여 욕구를 분류한 것으로 조직문화를 이해하고 설계하는데 도움이 된다. 하지만 인간에게는 일과 관련되지 않은 다양한 욕구가 있다.

48) Clayton M. Christensen, Erik A. Roth and Scott D. Anthony, Seeing What's Next: Using the Theories of Innovation to Predict Industry Change, Harvard Business School Press, 2004.

3) 수익 창출

비즈니에서 지속적인 가치창출 활동을 하기 위해서는 가치 제공에 대한 대가로 적정 수익과 이윤을 이루어내야 한다. 어떠한 수익 모델(revenue model), 이윤이 되었든지 이윤은 가치제안과 가치창출 활동의 결과이고, 또한 고객, 직원, 사회, 주주 등 이해관계자의 만족을 위한 지속적인 가치창출 활동을 위해 필요하다.

이윤에 앞서 가치제안과 가치창출을 강조한 사례들은 얼마든지 있다.[49][50] 버진(Virgin) 그룹의 리처드 브래슨(Richard Branson) 회장은 "지금까지 170여 개의 사업을 벌이면서 오로지 사회에 대한 책임과 명성만을 생각했다. 돈은 저절로 따라온 것에 불과하다."라고 했다.

세계적인 경영컨설턴트 캔 블랜차드(Kenneth Blanchard)는 "내가 아는 이익에 대한 가장 훌륭한 정의는 '고객을 만족시키고 직원들의 환경을 개선함으로써 받는 찬사'라는 것이다. 당신이 돈을 버는 것에만 집중하고 직원들과 고객을 등한시 한다면, 결국 돈을 버는 데도 실패하고 말 것이다."라고 하였다.

일본에서 '살아있는 경영의 신'으로 추앙받는 이나모리 가즈오(稻盛和夫 1932.1.21 ~) 교세라 그룹 명예회장은 '세상을 위해, 사람을 위해 일한다'는 이타적인 경영 원칙으로 잘 알려져있다. 그리고 실제 많은 성과를 이끌어냈다. 예를 들어 이나모리 회장이 DDI라는 통신사를 세워 시장에 진출할 때였다. "국민을 위해 장거리 전화 요금을 낮추자. 한 번밖에 없는 인생을 뜻있게 만들자"라며 직원들을 독려했다. 그의 진심이 전해지자 직원들은 열정을 다해 기업의 성공을 위해 뛰었고 고객의 지지를

49) 조영탁 외, 행복경영, 김영사, 2007.11, pp.19-21.
50) 김민조, 착한 기업의 불편한 진실, 21세기북스, 2012.10, pp.79-80.

이끌어냈다.

이처럼 이윤에 앞서 이타적인 가치제안과 가치창출 활동을 강조하는 것은 바람직하지만 가치제안과 가치창출 활동이 순조롭게 이기적인 이윤으로 이어지지 않는 사례들이 있어 낙관적이고 방임적이어서는 안 된다.

세계적인 제약기업 머크(Merck)사의 조지 윌리엄 머크(George William Merck) 회장은 "의약품은 환자를 위한 것이지 결코 이윤을 위한 것이 아니다. 이윤은 부수적인 것에 불과하다. 이 사실을 망각하지 않는 한 이윤은 저절로 나타나게 마련이다. 이것이 내 경영이념이다."라고 하였다.[51] 그리고 제약기업 머크사의 경우 1980년대 회선사상선충을 위한 약을 개발하고 무료로 배급하여 좋은 평판을 쌓았다. 그 이후 아프리카 남부의 독립국 보츠와나에서 게이츠 재단과 함께 에이즈(AIDS) 약품을 나눠주는 활동을 하였다. 하지만 2000년 이후 들어 이윤이 줄어들고 주가가 떨어지는 상황을 맞이하기도 했다. 2004년 후반에는 시장에서 진통제 바이옥스를 철수시키면서 더욱 악화되기도 했다.[52]

영국에서 가장 도덕적인 기업들 중 하나로 오랫동안 명성을 누려왔던 막스앤스펜서(Marks & Spencer)는 2002년과 2003년에 다우존스 지속가능성 세계지수로부터 '세계에서 가장 지속가능한 소매업체'라는 평가를 받았다. 2004년 7월 '지역공동체에서의 비즈니스'라는 영국의 NGO로부터 올해의 기업으로 선정됐다. 그러나 기업의 사회적 책임(Corporate Social Responsibility: CSR)상을 받은 바로 그 달에, 저조한 수익과 형편없는 주가를 기록한 바 있다.[53]

따라서 이타적인 가치제안과 가치창출 활동이 이기적인 수익으로 전

51) 조영탁 외, 행복경영, 김영사, 2007.11, p.19.
52) David Vogel, 김민주 외 옮김, 기업은 왜 사회적 책임에 주목하는가, 2006.5, p.97.
53) David Vogel, 김민주 외 옮김, 기업은 왜 사회적 책임에 주국하는가, 2006.5, pp. 97-98.

환되고 지속적으로 선순환이 이루어질 수 있도록 하기 위한 적극적인 노력이 필요하다. 수익은 수익－비용－이윤을 관통하는 이윤 창출 공식(profit fomula)의 출발이다. 이윤이란 기업이 고객에게 가치를 제공하고 얻게 되는 수익에서 가치를 창출하여 제공하기 위해 사용된 비용을 차감한 것이다. 비용의 크기는 창출된 수익에서 차감하여 얻는 이윤의 크기에 영향을 주기도 하지만 그 전에 수익의 크기를 결정하는데 영향을 준다. 즉, 비용의 크기는 고객가치 중에서 가격의 크기와 이에 따른 고객의 반응에 영향을 미치고, 결과적으로 고객가치를 높여 수익을 창출하는데 영향을 미친다. 고객의 지불방식인 수입원을 고객의 지불부담을 줄여주는 방식으로 전환하는 것도 수익 창출에 영향을 미친다. 즉, 수입원, 가격 설정, 비용 구조는 주로 고객의 비용지불 부담 능력과 관련되어 수익 창출에 영향을 미친다. 그리고 고객에게 제공하는 제품과 서비스의 혜택 내용은 고객의 비용 지불 대상이 되는데, 그 혜택 내용의 고객과의 적합 여부는 고객의 선호도와 수익 창출에 영향을 미치게 된다.

따라서 수익 창출을 위해서는 먼저 제품과 서비스의 혜택 내용, 수입원, 가격 설정, 비용 구조를 전체적으로 고려한 전략적 방법으로 핵심성공요인과 수익 모델을 선택해야 한다. 그리고 부분적으로 고객의 지불부담 능력을 고려한 수익 창출의 전략적 방법으로 수입원, 가격 설정, 비용 구조 등을 선택하여 결정해야 한다. 즉, 수익 창출을 위한 전략적 선택으로 핵심성공요인, 수익 모델, 수입원, 가격 설정, 비용 구조 등을 들 수 있다.54)

---

54) 이홍규 · 김성철, 비즈니스 모델, 한울아카데미, 2011.5, pp.186－187.

(1) 핵심성공요인의 선택

자사의 비즈니스 활동에서 전략적인 포지셔닝을 실현시켜 수익을 획득하기 위해서는 수익성과 관련된 핵심성공요인(critical success factors)을 파악해야 한다.

1980년대 말 슬론 경영대학의 로커트(Jojn F. Rockart)에 의해 널리 알려지게 된 핵심성공요인은 '개인이나 부서, 조직 등이 경쟁적 성과를 확보할 수 있는 소수의 영역', '경영의 목적(goal) 및 경영 목표(objective)를 달성하는데 있어 주요한 수단 역할을 하는 핵심영역'이라고 할 수 있다.[55][56] 여기서 핵심은 'critical'로서 '대단히 중요한(중대한)', '결정적인' 이라는 의미와 함께 '위태로운'이라는 의미도 담고 있다. '대단히 중요한', '결정적인'이라는 의미는 '반드시 수행해야 할 한정된 수의 필수 영역', '몇몇 주요 영역'이라는 뜻을 담고 있다. 그리고 '위태로운'이라는 의미는 반드시 수행해야 할 핵심성공요인을 택하지 못했을 때 단지 경영의 목적 및 목표를 달성하는데 성공하지 못하는 것에 그치는 것이 아니라 위험을 가져다 줄 수 있기 때문이다.

핵심성공요인에서 '성공'이란 경영의 목적 및 목표, 전략적 포지셔닝을 달성하는 것인데, 달리 표현하면 이타와 이기의 선순환을 실현하는 것이다. 경영의 궁극적인 목적은 가치제안과 가치창출이라는 이타를 지향하는 것이고, 그러한 이타를 지속가능하도록 하기 위해서는 이기적인 수익 창출이 이루어져야 한다. 이기적인 것에는 수익 창출뿐만 아니라 보람이라는 정신적, 영적 보상도 함께 한다. 반대로 이타적이었지만 경

---

55) https://brancosblog.co.kr/21.
1960년대에 매킨지 컨설팅사의 D. Ronald Daniel이 처음 개발하였고, 1980년대 말 John F. Rockart에 의해 잘 다듬어지고 인기를 끌게 되었다

56) https://iamking.tistory.com/2.

쟁에서 밀려 이기적인 수익을 창출하지 못하는 '이타 해기'는 실패이다. 뿐만 아니라 타인과 사회에 해를 끼치며 이익을 달성하는 '해타 이기' 역시 실패이다.

이런 의미에서 수익성과 관련된 핵심성공요인을 파악하기 위해서는 "먼저 고객과 삶을 위한 제품과 서비스의 혜택, 수입원, 가격, 비용, 광고, 유통채널 등 수익을 결정하는 여러 요인들이 목표시장과 관련 산업의 특성상 적합한지, 그리고 어떤 요인이 더 중요한지, 이러한 요인들 중 실행하기 힘든 것은 어떤 것인지, 그 요인들에서 자신의 역량과 다른 기업의 역량을 비교해 보았을 때 어떠한지, 그런 것들이 어떻게 앞으로 진화해 나갈 것으로 보이는지" 등과 같은 수익성과 관련된 질문과 이에 대한 답이 필요하다.57) 시장과 산업의 특성 등 외부환경을 분석하여 고려하면서 고객과 삶을 위한 조직적인 방법과 내부능력, 적합한 수익 요인을 찾는 것이다.

(2) 수익 모델의 선택

수익 모델이란 수익을 창출하는 대표적인 유형 또는 방식이다. 그리고 수익 모델의 선택이란 다양한 수익 모델 중에서 자신의 비즈니스 활동을 통해 수익을 확보하는데 적합한 수익 모델을 선택하는 것이다. 따라서 앞에서 언급한 수익성과 관련된 핵심성공요인을 바탕으로 수익 모델을 선택하는 것이 직접 수익 모델을 선택하는 것보다 편리하다.

대표적인 핵심성공요인으로는 앞에서도 언급했듯이 제품과 서비스의 특성, 수입원, 가격, 비용, 유통채널, 광고 등을 꼽을 수 있다. 이러한 핵심성공요인 중 시장의 특성과 자신의 비즈니스에 맞는 것을 찾아 수익

57) 이홍규 · 김성철, 비즈니스 모델, 한울아카데미, 2011.5, p.186.

모델로 삼는 것이 효과적이다. 즉, 시장의 특성과 대표적인 핵심성공요인인 제품과 서비스의 특성, 수입원, 가격, 비용, 유통채널, 광고 등을 수익을 결정하는 대표적인 요인들이라고 할 수 있는데, 수익 모델은 이러한 수익을 결정하는 대표적인 요인들을 고려하여 선택하게 된다.

이러한 요인들은 상호 관련되어 있는데, 먼저 시장의 특성과 제품의 특성 간의 관계를 중심으로 하여 살펴보고, 수입원, 가격, 비용과 관련된 내용은 번호를 바꾸어 순서대로 살펴본다. 그리고 제품과 서비스의 특성, 수입원, 가격, 비용, 유통채널 등과 관련된 다양한 수익 모델의 유형에 대해서는 '2. 수익 모델의 유형'에서 살펴본다.

시장의 특성과 제품의 특성 간의 관계를 중심으로 하여 살펴보기 위해 먼저 시장의 특성을 살펴본다. 시장의 특성으로는 시장의 규모, 시장의 현재 상황과 변화, 경쟁 구조 등이 고려되어야 한다. 즉 시장의 규모가 클수록, 시장의 성장이 빠르고 점유율이 높을수록 수익이 크고 공급 경쟁자가 많은 시장에서는 고객의 교섭력이 커져 수익을 창출하기 어려울 것이다.

시장의 특성과 제품의 특성 간의 관계를 연계함에 있어 비즈니스 주체가 고객에게 제공하는 제품을 다양하게 가지고 있어 다양한 제품 중 수익 창출이 기대되는 제품을 선택해야 경우가 있다. 이런 경우 시장의 특성과 제품의 수명주기 특성 등을 함께 고려하여야 한다. 시장 특성 중 시장성장률과 시장점유율에 제품의 수명주기 특성을 고려한 대표적인 기법으로 BCG 매트릭스(Boston Consulting Group matix)를 들 수 있다. BCG 매트릭스는 [그림 2-6]에서 보듯이 제품의 시장성장률과 시장점유율을 두 변수로 활용하여 제품을 별(stars), 젖소(cash cows), 물음표(question marks), 개(dogs) 등 네 가지로 나누어 판단한다. 별은 시장 성장률도 점유율도 높은 제품이고, 젖소는 시장점유율은 높지만 성장률은 낮은 제품, 물음표는 반대로 시장점유율은 낮지만 성장률이 높은 제품, 개는 성장률과 점유율 모두 낮은 제품이다. 그래서 별은 지속적으로 관심을 가지고 키워야 할 제품이고 젖소는 현재 현금 흐름을 좋게 하지만 미래는 불투명하여 여기서 얻어진 수익으로 앞으로 키울 제품에 투자를 하게 된다. 물음표 제품은 미래에 별이 될지 개가 될지 더 두고 봐야 하는 제품이고, 개는 철수시켜야 하는 제품이다.

BCG 매트릭스는 기존의 다양한 제품과 시장 간의 관계를 중심으로 매트릭스로 나타내어 간편하게 판단할 수 있도록 하였지만, 기존제품은 물론 신제품에 따른 시장과의 관계를 검토하는데는 한계가 있다. 기존 제품에서 적극적으로 수익 창출을 할 수 있는 방법을 찾는데도 한계가 있다.

그림 2-6 BCG 매트릭스

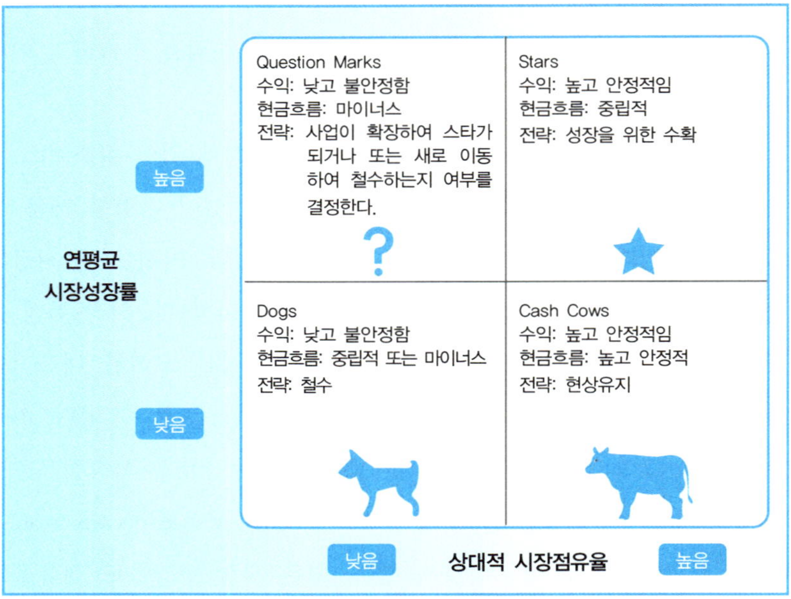

기존제품은 물론 신제품에 따른 시장과의 관계를 판단하고 기존제품에서의 수익 창출 방법을 찾는데는 이고르 앤소프(Igor Ansoff)가 제시한 방법을 적용하면 효과적이다. 앤소프가 제시한 앤소프 제품-시장 매트릭스 또는 앤소프 매트릭스(Ansoff matrix)이다. 앤소프는 기존제품을 계속 판매할지 신제품을 출시할지, 기존 시장에서 계속 판매할지 새로운 시장을 개척할지에 따라 네 종류의 전략을 제시하고 있다. 그리고 네 종류의 관계만을 제시하는 것이 아니라 여러 가지의 각각의 관계에서 적극적으로 수익을 창출할 수 있는 방법을 제시하였다.[58][59]

그림 2-7 앤소프의 제품-시장 매트릭스

	기존 제품	신제품
기존 시장	시장 침투	제품 개발
신시장	시장 개척	다각화

첫째, 시장 침투(market penetration)는 기존 시장에서 기존 제품 및 서비스를 더 많이 판매해 시장점유율을 높이는 것이다. 광고 등 판매촉진을 통해 지금가지 소비자가 인식하지 못했던 기존 제품의 특징을 어필하거나, 제품 원가 절감, 유통 구조 단축 등을 통해 가격 경쟁력을 높여 시장 점유율을 확대할 수 있다. 또, 일회성 고객에게 혜택을 제시하여 정기고객으로 만들어 제품 사용율을 높이는 방법도 있다.

새로운 경쟁 제품이 등장하게 되므로 시장침투 전략만으로는 지속적인 수익 창출에 한계가 있게 된다.

58) 김병도, 경영학 두뇌, 해냄, 2018.3, pp.174-176.
59) https://terms.naver.com/entry.nhn?docId=3405703&cid=40942&categoryId=31915.

둘째, 시장 개척(market development)은 기존 판매 제품은 그대로 유지하면서 새로운 시장으로 진출하는 것이다. 판매지역을 확대하거나 고객층을 다양화하는 방법이다. 기존 시장에서 매출이 감소하는데 신제품 개발이 어려운 상황에서 기존 제품을 지속적으로 판매할 새로운 시장을 확보해야 한다. 대표적으로 기존 제품으로 해외 시장에 진출하는 해외 시장 진출 전략이 이에 해단한다.

셋째, 제품 개발(product development)은 동일한 고객 또는 동일한 시장에서 새로운 제품 및 서비스를 추가로 판매하는 것이다. 커피와 음료만 판매하던 커피 전문점에서 샌드위치 등 가벼운 요깃거리를 판매하는 경우, 반대로 빵 전문점에서 함께 마실 수 있는 커피와 음료를 파는 경우가 여기에 해당한다.[60] 의류업체가 자사의 의류를 구매하는 고객들에게 액세사리나 신발, 가방 등을 판매하는 경우도 이에 해당한다. 기존 시장에서의 관련(related) 다각화 또는 제품 라인 확장 전략이라고 한다.

마지막으로 다각화(diversification)는 신제품을 새로운 시장에 판매하는 것이다. 앞의 셋째가 기존 시장에서의 관련 다각화인데 반해, 이번 경우는 새로운 시장에서의 다각화로 기존 제품과 관련된 상품을 개발하여 신시장에 출시하는 관련 다각화와 기존 제품과 관련이 없는 제품군을 개발하여 신시장에 판매하는 비관련(unrelated) 다각화 방법이 있다.

어떠한 경우이든 고객 유형에 따른 시장의 규모, 그리고 현재 상황과 변화, 경쟁 구조 등을 이해하고 여기에 고객가치를 제공하는 제품의 특성을 중심으로 관련시키되, 수입원, 가격, 유통채널 등 다양한 수익 창출 방법도 관련시키게 된다.

---

60) 이홍, 비즈니스의 맥, 삼성경제연구소, 2013.3, p.118.
맥도날드의 경우, 업체 간의 경쟁이 심화되면서 햄버거만 팔아서는 거의 이익을 남기지 못한다. 오하려 30% 정도 적자라고 한다. 반면 콜라는 60% 정도 수익이 되고 감자튀김은 40% 정도 수익이 된다.

Tip

제품라이프사이클(Product Life Cycle)[61]

1. 개념

제품도 생물처럼 도입(introduction), 성장(growth), 성숙(maturity), 쇠퇴(decline)의 과정을 겪는다는 이론이다. 제품에 따라 정확한 형태와 진행 속도는 다르지만 모든 제품은 네 단계의 과정을 거친다는 공통적 특징을 갖는다는 것이다. 예를 들면 기술 개발로 HDTV 산업이 성장하면서 기존의 컬러텔레비전 산업은 수요가 급감하고 쇠퇴기에 접어들었다.

기업은 자사 제품이 제품수명주기의 어느 단계에 와 있는지를 파악하고 이에 적합한 전략을 수립하는 데 활용할 수 있다.

제품수명주기에 따른 매출액과 이익의 변화

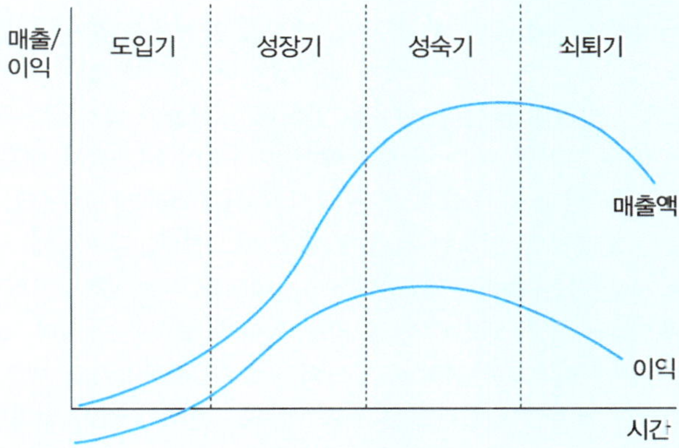

2. 제품라이프사이클 단계별 특징

도입기에는 많은 투자가 이루어지지만 시장이 아직 개발되지 않은 상태이기 때문에 이익을 내기 어렵다. 시간이 지나 성장기로 접어들면 이익 규모가 최고치에 이르렀다가 점차 줄어든다. 제품수명주기를 거치며 생산 경험이 축적되고 규모의 경제가 작용함에 따라 제품생산 원가는 감소하지만 가격 역시 내려가는 경향을 보이기 때문이다.

제품수명주기 단계별 주요 특징과 전략은 아래 표와 같이 정리해 볼 수 있다.

	도입기	성장기	성숙기	쇠퇴기
시장특성	경쟁자가 없음	경쟁자 진입	경쟁 치열	경쟁자 떠남
판매량	낮음	급격히 신장	최고에 이름	감소
가격	높음	가격경쟁 시작	가격경쟁 치열	낮음
이익	마이너스	최고치에 이름	서서히 감소	낮음
주요 전략	-정보 제공형 광고 -가격부담 감소 방안 찾음	-설득형 광고 비중 늘림 -유통망 구축	가격 외적인 차별화	캐시카우(cash cows)로 활용

Tip

인도와 에어컨[62]

일본 에어컨의 품질은 세계 최고다. 냉기를 뿜어내는 힘이나 조용함 그리고 전기를 절약하는 기술 등이 세계 정상급이다. 그런데 일본의 에어컨은 무더운 인도에서 팔리지 않는다. 이유는 인도의 고객들이 별로 중요하게 여기지 않는 것에 많은 투자를 하는 바람에 에어컨 가격이 비싸졌기 때문이다. 인도 사람들은 에어컨의 소리가 크든 작든 그다지 신경쓰지 않는다. 인도를 방문해 본 사람들은 알겠지만 인도는 소음에 매우 너그럽다. 길거리에 가면 차들의 뒤에 '나에게 경적을 울려주세요(Horn me please)'라는 글이 적혀 있는 것을 흔히 볼 수 있다. '내가 당신의 차를 막고 있다면 경적을 울려라. 그러면 비켜줄게'라는 의미이다. 그런 까닭에 인도의 도로는 경적소리로 매우 요란하다. 이런 상황에서 에어컨에서 나오는 소음 정도는 문제될 것이 없다. 따라서 인도에서는 냉기가 잘 나오고 저렴한 에어컨이 매우 잘 팔린다.

하지만 일본 기업들은 자신들의 품질기준에 맞춰 매우 조용한 에어컨을 만들어 판다. 소리에 민감한 일본 사회를 반영한 것이다. 일본에서는 소리나는 에어컨은 에어컨으로 취급하지 않는다. 이런 생각으로 인도에서도 에어컨을 팔았다. 팔릴 리 없다. 인도 시장에서의 고객이 무슨 생각을 하든 관계없이 자신만의 기준으로 제품을 만들고 서비스를 제공하고 있으니 비즈니스가 될 리가 없다.

61) 김병도, 경영학 두뇌, 해냄, 2018.3, pp.262-265.

Tip

비즈니스는 '타이밍'의 예술이다[63]

LED TV는 기존의 LCD TV에 비해 화면의 밝기나 선명도에서 월등한 성능을 자랑한다. 이 LED TV를 2006년 세계 최초로 내놓은 기업이 소니다.

그런데 소니는 또 하나의 큰 실수를 저질렀다. 시장 진입 타이밍을 잘못 잡은 것이다. 2006년은 TV 시장이 LCD TV로 자리를 옮기면서 상승가도를 달리던 때였다. 당연히 전 세계 모든 매장에서는 LCD TV를 한 대라도 더 팔려고 필사적이었다. 이 시기에 소니는 LCD TV의 2배가 넘는 가격으로 LED TV를 내놓았다. 시장의 반응은 싸늘했다.

이 LED TV 시장을 다시 연 기업이 삼성전자다. 이 회사는 LCD TV가 전세계적으로 포화에 이르던 2009년에 LED TV를 들고 나타났다. 2009년 미국 라스베이거스에서 있었던 국제전자제품박람회(CES: Consumer Electronics Show)에서 삼성전자는 2.9센티미터 두께의 LED TV를 사이즈별로 전시하면서 LED TV 시대의 포문을 열었다. 그런데 소니는 또 어처구니없는 실수를 했다. LED TV를 가장 빨리 만든 기업이었음에도 불구하고 13센티미터 두께의 구식 제품만 소개하는 빈곤함을 보인 것이다. LED TV에서 쓴맛을 본 소니는 LED TV로는 비즈니스가 안된다는 오판을 했다. 그사이 자연스럽게 LED TV시장의 주도권은 삼성전자로 넘어갔다.

(3) 수입원의 선택

수입원(revenue sources)이란 기업의 제품이나 서비스에 대해 고객이 지불하는 형태를 의미한다. 즉 판매대금, 이용료, 가입비, 대여료, 수수료 등 제품이나 서비스에 대해 고객이 지불하는 형태는 다양하게 있을 수 있는데, 그러한 형태 중에서 고객이 선택한 지불 형태인 것이다.[64][65]

62) 이홍, 초월적 가치경영, 더숲, 2016.11, pp.210－212.
63) 이홍, 비즈니스의 맥, 삼성경제연구소, 2013.3, pp.299－300.
64) 이홍규 · 김성철, 비즈니스 모델, 한울아카데미, 2011.5, pp.207－211.
65) Alexander Osterwalder 외, 유효상 옮김, 비즈니스 모델의 탄생, 타임비즈, 2011.10, p.37.

수입원의 형태가 수익 창출에 큰 영향을 미치게 된다.

가) 다양한 수입원의 형태

수입원이 되는 고객의 지불형태에는 판매대금, 이용료, 가입비, 대여료(임대료), 라이센싱, 중개수수료, 광고료 등 다양한 형태가 있다.

판매대금은 전통적으로 가장 일반화된 지불 형태이다. 비즈니스 주체는 제품의 소유권을 판매하고 고객은 소유권을 이전받는 대가로 판매대금을 지불한다.

이용료는 특정한 서비스를 이용하면서 이용에 비례해서 지불하는 형태이다. 통신사는 사용시간에 따라 전화요금을 부과하며, 호텔은 객실 이용일수에 따라 요금을 부과하고, 택배회사는 배달 건별로 요금을 받는다.

가입비는 서비스에 대한 지속적인 이용권한을 갖기 위해 지불하는 형태이다. 헬스클럽은 시설 이용에 대한 대가로 회원들에게 월간 혹은 연간 등 일정 기간의 가입비를 받는다. 인터넷 게임 업체가 유저들에게 월 이용료를 받는 경우도 이에 해당한다.

대여료(임대료)는 특정한 자산을 일정기간 이용할 수 있는 권리를 갖는 대가로 지불하는 형태이다. 집카닷컴(Zipcar.com)은 북미 대도시 고객을 대상으로 하는 회사로 고객들에게 시간당 요금으로 자동차를 대여해준다. 고객은 자산을 소유하지 않고 이용하는 시간에 비례해서 비용을 부담하고 대여자는 반복적인 수입을 얻게 된다.

라이센싱(licensing)은 지적재산권의 사용을 허가받은 고객들이 지불하는 사용료이다. 컨텐츠를 생산한 이들이 저작권을 보유하고 제3자에게 전송권을 판매하는 미디어 산업에서 볼 수 있다. 기술 분야에서도 특허권자들이 다른 기업에 사용권을 부여하면서 사용료를 받는 경우가 많다.

중개수수료는 둘 또는 그 이상의 다양한 고객들이 서로 연결받은 서비스에 대한 대가를 지불하는 형태이다. 신용카드 회사는 카드 소유자와 상인 사이의 거래에 대해 일정 비율의 수수료를 매긴다. 부동산 등 여러 업종의 중개인들은 거래를 성사시킬 때마다 수수료를 받는다.

광고료는 특정한 상품이나 서비스, 브랜드에 대한 광고 서비스를 받은 고객이 지불하는 형태이다. 미디어산업이나 행사 기획자들은 주로 광고 서비스를 하여 수입을 만들었다.

고객의 지불 형태에 대한 니즈가 다양화되면서 수입원 역시 다양화되고 있다. 따라서 새로운 수입원의 발굴은 수입의 증대뿐만 아니라 사업의 새로운 진화를 의미하게 된다.

동일한 제품이지만 고객의 지불 형태를 바꿈으로써 수입이 늘어나게 되는 경우가 있다. 예를 들어 웅진코웨이의 정수기의 경우, 처음에는 판매하였다가 1997년 외환위기 상황에서 높은 정수기 가격에 부담을 느낀 고객들에게 판매 대신 렌탈로 전환하였고, 고객들은 제품을 사지 않고 임대료를 지불하고 사용하게 되었다. 웅진코웨이는 판매에 따른 매출 수입원을 버리고 렌탈에 따른 임대료 수입원을 선택한 셈이다. 고객에게 정수기의 가치를 제공하면서 수입을 늘릴 수 있는 고객의 지불 형태를 찾은 것이다.

판매 수입을 만드는 것도 다양하다. 면도기와 면도날, 프린터와 카트리지의 경우는 관련 복수 제품에서 판매 수입을 만든다. 면도기와 면도날의 경우에는 면도기는 시장 기반을 조성하고 면도날에서 판매 수입을 올린다. 휴렛패커드는 카트리지 사용자 기반(install base of users)을 넓히기 위해 프린터를 싼 값에 공급하고 주 판매 수입원은 카트리지에서 찾고 있다. 스마트폰의 앱스토어 사례와 같이 제품과 서비스를 결합시켜 판매 수입을 만드는 경우도 있다.

기존의 시장과 차별화된 새로운 시장을 창출하면서 고객의 지불형태를 차별화하는 경우가 있다. 앞에서 살펴본 캐논의 사례를 들 수 있다. 제록스는 기업용 대형 복사기를 임대하면서 복사량에 비례해서 이용료를 지불하도록 하는 형태였다. 반면 캐논은 가격이 저렴하고 부피가 작은 개인용 복사기를 전자제품 전문점을 통해 판매하여 차별화했다.

인터넷의 활용에 따라 수입원이 다양해지고 있다. 첫째, 회원제 방식으로 이는 정기적으로 이용료(subscription)나 회원비(membership)를 지불하는 방식이다. 둘째, 물량 또는 품목단위 방식으로 식당처럼 단위 품목이나 서비스를 제공받고 고정 금액을 지불하는 방식이다. 셋째, 광고기반 방식으로 광고 수입이 수입원이며 사용자에게는 수수료를 면제하거나 일부 잔여 금액만 지불하도록 하는 방식이다. 넷째, 라이선싱이나 조합(syndication) 방식으로 라이선싱 수수료를 내게 하는 방식이다. 다섯째, 거래 수수료 방식으로 고정 수수료나 거래 금액의 일정 비율을 지불하는 방식이다.

모바일 시대로의 진전이 수입원을 변화시키는 동인이 되고 있다. 첫째, 회원제 방식으로 통신 회사처럼 정액제 또는 종량제로 서비스 이용료를 지불하는 방식이다. 둘째, 콘텐츠 판매 방식으로 전문 소프트웨어, 게임, 책, 음악 등의 콘텐츠를 판매하는 방식으로 오락, 출판, 미디어 시장에서 볼 수 있다. 특히 e-book, 미디어 콘텐츠 등의 수익 모델 발굴 노력이 심화되고 있다. 일부 게임업체 사례에서는 애플리케이션은 무료로 제공하고 그에 사용되는 디지털 상품으로 수익을 내는 방식으로도 진화하고 있다. 셋째, 기기+콘텐츠 결합 방식으로 휴대전화 단말기처럼 기기와 콘텐츠를 동시에 판매하는데, 애플, 구글 같은 앱스토어뿐만 아니라 이동통신사의 개방 앱스토어에 대한 관심도 높은 상황이다. 넷째, 광고기반 방식으로 위치 기반, 개인 맞춤형 검색광고 위주의 시장이 검색 광고뿐만 아니라 애플리케이션 광고, 비주얼 검색광고 등의 형태로 다양화된다. 다섯째, 거래 수수료 방식으로 쇼핑, 금융 결제, 번역 등의 거래에 수수료를 부과하는 방식인데, 모바일 기기의 이용이 확대되면서 수수료 수입도 증가될 것으로 전망된다.66)

나) 수입 흐름

좋은 수입원은 수입 흐름(revenue stream)이 탄탄한 수입원이다.

수입 흐름에서 특히 중요시해야 할 것은 외상 매출금(accounts receivable), 외상 매입금(accounts payable), 재고관리(inventory) 문제이다. 이 세 가지는 현금 흐름에 결정적인 영향을 미치며 재무적 사활을 결정지을 수 있다. 특히 외상 매출금은 매출을 증대시키고 시장 점유를 확대시키지만, 수입의 추심(推尋, revenue collection) 문제와 현금흐름의 악화를 초래한다. 기업의 재무 상태가 취약한 경우에는 재무적 위험을 초래할 수 있다. 외상 매출금, 외상 매입금, 재고관리의 현금 흐름을 향상시키기 위한 주요 조치는 <표 2-3>과 같다.67)

또한 수입 흐름은 기업 성장을 고려해야 한다. 구체적으로 제품의 수명주기(life cycle), 기업이 바라는 성장 목표, 기업의 규모 확장성 등을 고려해야 한다. 만약 자신이 가진 규모 확대의 능력을 초과하는 성장이 이루어진다면 그 성장이 경영상의 위험(운전자본의 부족, 관리 능력의 부족)을 급속히 증가시켜 기업에 독이 될 수 있다.

수입 흐름과 관련하여 리차드 해머메시(Richard G. Hamermesh), 폴 마셜(Paul W. Marshall), 타즈 피모하메드(Taz Pirmohamed)는 다음과 같은 질문을 해 볼 것을 강조한다. 즉 얼마나 많은 수입 흐름을 만들어낼 수 있는가, 수입 흐름은 어떤 형태(예를 들어 판매, 수수료, 광고비, 등록비)인가,

---

66) 권기덕, 모바일 빅뱅 시대의 비즈니스 모델 진화, SERI경영노트, 2010.2.18.

67) Barry Jaruzelski, conrad Winkler and Eric Dustman, "$950 Billion in Extra Capital," strategy+business, booze&co, 2009.

표 2-3 외상 매출금, 외상 매입금, 재고관리의 현금 흐름을 향상시키기 위한 조치

	현금 흐름을 향상시키기 위한 조치
외상 매출금	• 표준 계약서를 만들고 가격, 지불 조건, 재고관리 등에서 균형이 유지되도록 할 것 • 신규계약시 표준 계약을 따르도록 노력할 것 • 고객의 지불을 유도할 유인책을 마련할 것 • 고객의 신용 위험과 거래 규모에 따라 거래를 등급화할 것
외상 매입금	• 공급자를 공급자의 기여도와 재무 상황에 따라 구분할 것 • 공급자에 대한 지불 조건을 해당 완제품 매출의 수익성과 연관시켜 결정할 것 • 원자재를 수령할 때마다 공급시장 상황과 지불 조건이 적합한지 따져볼 것 • 계약 시 지불 조건을 표준화하고 기존 계약은 지불 조건이 적합한지 따져 볼 것
재고관리	• 고객의 주문 패턴에 따라 생산 흐름을 구분할 것 • 이윤은 증대시키지 못하고 재고만 늘리는 한계 제품을 없앨 것 • 구매, 생산, 유통의 재고에 대한 영향 요인을 분석하고 완충재고(buffer stock)의 여지를 줄일 것 • 공급 사슬상의 재고에 대한 요구를 구매 계약이나 판매 계약상에 통합되도록 할 것

각 수입 흐름의 상대적 규모는 어떻고 얼마나 중요한가, 각 수입 흐름이 얼마나 빨리 성장할 것인가, 특히 비용을 고려한 양(+)의 현금 흐름을 만들어낼 가능성은 얼마나 큰가, 손익분기점에 도달하는 시간은 얼마나 걸리는가, 얼마나 많은 초기 투자가 필요(investment requirements)한가 등에 대한 질문에 답을 해 보라고 한다.[68]

68) Richard G. Hamermesh, Paul W. Marshall, Taz Pirmohamed, "Note on Business Model Analysis for the Entrepreneur," Harvard Business School Note 9-802-048, 2002.

(4) 가격 설정의 선택

가격은 기업 매출을 결정하는 요인일 뿐만 아니라 제품의 기능, 품질 등과 더불어 주요한 전략적 도구 중의 하나이다. 잘못된 가격 책정은 수익을 훼손시킬 뿐만 아니라 고객을 잃게 하고 제품의 가치를 떨어트린다. 특히 새로운 혁신적 제품의 초기 가격 설정(pricing)은 그 제품의 고객 확보와 이미지에 중요한 영향을 미친다.[69][70]

가격은 비즈니스 주체가 결정하기도 하지만 시장의 특성에 의해서 결정되는 요인도 있어 종합적인 접근이 필요하다. 비즈니스 주체가 결정하는 경우 기본적으로 그 제품이나 서비스에 대해 고객이 인지하는 가치의 정도, 기업과 고객의 협상력에 의해 가격이 결정된다고 할 수 있을 것이다.

액세이 라오(Akshay R. Rao), 마크 버진(Mark E. Bergen), 스콧 데이비스(Scott Davis)는 보다 구체화해 가격 결정이 고객요소(가격 민감성, 표적 시장), 기업 요소(비용 구조, 조직 역량, 전략 포지셔닝), 경쟁 요소(비용 구조, 조직 역량, 포지셔닝), 협력 요소(협력 업체들의 유인 요인) 등 네 가지 요소로 이루어진다고 한다.[71]

가) 가격 결정에 고려해야 할 세 가지

가격 결정에 고려해야 할 주요한 세 가지로 기준 가격의 설정, 투자 비용에 대한 인식, 기업의 전략 등을 들 수 있다.

첫째, 고객이 합당하다고 기대하는 가격인 기준 가격(준거가격, reference price)의 설정이다. 기준 가격을 설정하는 방법은 크게 원가 기반 가격 설정 방식(cost-based pricing)과 가치 기반 가격 설정 방식(value-based

---

69) 이홍규 · 김성철, 비즈니스 모델, 한울아카데미, 2011.5, p.187.
70) 이홍규 · 김성철, 비즈니스 모델, 한울아카데미, 2011.5, pp.211-214.
71) Akshay R. Rao, Mark E. Bergen, Scott Davis, "How to Fight a War," Harvard Business Review, March 2000, pp.107-116.

pricing)으로 나누어진다. 전자의 방식은 원가에 얼마의 이윤을 붙이거나 자신의 고정비용에 대한 공헌을 고려해 가격을 매기는 방식이다. 그리고 후자의 방식은 타사 제품의 가격이나 고객이 지불하려는(willingness-to-pay) 수준에 따라 가격을 매기는 방식이다. 이때 고객이 지불할 용의가 있는 최대 가격을 유보가격(reservation price)이라고 한다. 전자의 방식이 이윤을 붙여 가격을 결정하는데 반해, 후자 방식은 가격을 먼저 결정하고 비용을 빼서 그 결과로 이윤을 얻는 방식이어서 이윤을 얻기 위해서는 결정한 가격보다 낮은 비용이 들어가도록 노력하여야 한다.

원가(비용) + 이윤 = 가격 VS 가격 - 원가(비용) = 이윤

커피전문점에서 판매하는 아이스커피의 가격을 결정하는 경우를 보자. 핫커피에 비해 아이스커피는 제빙기를 이용해 얼음을 만들고 뜨거운 커피 원액을 얼음으로 식히는 공정이 추가적으로 필요해 제조하는 데 핫커피보다 더 많은 시간이 소요되어 비용이 들어가게 된다. 이러한 비용을 감안하여 가격을 결정하는 것은 원가 기반 가격 설정 방식이다. 반면에 아이스커피를 찾는 고객의 최대 지불 용의가 있는 가격을 감안하여 가격을 결정한다면 이는 가치 기반 가격 설정 방식이 된다. 고객의 선호도가 높아지면 유보가격이 상승하게 되는데, 무더운 여름철에는 갈증을 해소하려는 고객 욕구가 커지면서 아이스커피의 유보가격이 상승하는 경향이 있다.72)

샤넬, 에르메스 등과 같은 명품 브랜드의 경우도 유보가격이 작용하는 사례이다. 원가는 국가별로 큰 차이가 없는데, 최종 소비자가격에서 차이가 많이 나는 것은 소비자의 유보가격이 다르기 때문이다. 한국 시

---

72) 김병도, 경영학 두뇌, 해냄, 2018.3, pp.291-292.

장에서는 유난히 판매 가격을 높게 책정하는데, 그 이유는 우리나라 소비자들이 명품을 구매할 때 가격에 별로 신경을 쓰지 않기 때문이다.[73]

고객이 지불할 용의가 있는 최대가격인 유보가격과 실제 지불한 가격(시장가격) 간의 차이를 소비자잉여라고 하고 소비자는 소비자잉여가 증가하기를 바란다. 하지만 유보가격의 변화가 시장가격의 변화에 영향을 미치게 되고 유보가격이 커지면 시장가격도 커질 수 있어 소비자잉여가 증가하지 않을 수 있다. 그러므로 유보가격이 커지더라도 시장가격이 작아져야 소비자잉여가 증가하게 된다.

준거가격으로 권장소비자가격(suggested retail price)을 사용하기도 하지만, 앞에서 말했듯이 할인 효과를 극대화하고 거래효용을 늘리기 위해 권장소비자가격을 정상가격보다 터무니없이 높게 책정하는 제조업체들이 있다. 이런 폐단을 막고자 1999년 9월부터 텔레비전, VTR, 신사 숙녀 정장, 운동화 등 12개 품목에 대해 제조업체가 권장소비자가격을 표시하는 것을 금지하고 있다.

둘째, 기존의 투자 비용에 대한 인식이다. 즉 기존의 투자 비용을 어떻게 보느냐에 따라 가격이 달라질 수 있다. 대표적으로 투자 비용을 회수할 수 없는 매몰 비용(sunk cost)이라고 판단하면 원가보다 낮은 가격을 매겨 매몰 비용의 부분적 회수를 꾀하게 된다. 이때 부분적 회복에 공헌하도록 매겨진 가격을 공헌 가격(contribution price)이라고 한다. 특히 썩거나 상하기 쉬운(perishable) 제품이나 서둘러 제공해야 할 서비스 등 처리해야 할 기간이 임박하면서 변동비(variable cost)에 근접한 수준까지 내려갈 수 있다. 매장 문을 닫을 무렵의 채소나 생선 가격, 출발 직전의 항공기의 항공 요금 등이 그 사례라고 할 수 있다.

---

73) 김병도, 경영학 두뇌, 해냄, 2018.3, p.293.

셋째, 기업의 전략이다. 즉, 기업의 전략에 따라 가격이 변할 수 있다. 동일한 제품에 대해 전략에 따라서는 초기에 시장을 크게 확보하기 위해 가능한 낮은 가격(penetration price)을 매길 수도 있고, 높은 이윤을 얻기 위해 높은 가격(skimming price)을 매길 수도 있다. 대표적으로 소프트웨어와 같은 지식정보 제품이 그렇다. 이러한 제품은 생산 개시 이전의 비용(up-front costs)이 매우 큰 데 비해, 일단 만들어진 것을 복제하는 비용, 즉 한계비용(marginal cost)은 거의 제로에 가깝다. 이럴 경우 설정 가능한 가격대는 한계비용부터 투자비용에 이르기까지 매우 폭이 넓어져서 어떠한 가격 전략을 갖느냐가 중요해진다.

또한 일용품이나 주식 중개와 같이 차별화하기 어려운 사업에서는 고객 기반을 넓히기 위해 가격을 상대적으로 매우 낮게 책정하게 된다. 복수제품을 팔기 위해 시장기반을 넓히는 경우에도 가격을 낮게 매기게 된다.

나) 시장 특성을 고려한 가격 전략

가격 결정에 고려해야 할 주요 시장 특성으로 소비자의 가격 민감성, 고객의 전환 비용, 고객의 지불 시기, 경쟁기업의 가격정책, 대체제의 존재, 가격 차별화의 가능성 등을 들 수 있다.[74]

첫째, 소비자의 가격 민감성을 들 수 있다. 고객의 가격 민감성은 우선 고객의 비용부담 능력(affordability)과 관련이 있고 유보가격을 형성하는데 영향을 미친다. 그리고 구입 비용이 고객 소득의 상당 부분을 차지할 정도로 높다면 고객은 구매에 신중해질 수밖에 없다. 그러므로 소비자의 가격 민감성을 고객의 소득 수준과 관련지어 파악할 필요가 있다.

둘째, 고객의 전환 비용(switching cost)을 들 수 있다. 고객이 이탈하는 것을 '전환 행동(switching behavior)이라 하고, 한 제품에서 경쟁사의 다른

---

74) 이홍규 · 김성철, 비즈니스 모델, 한울아카데미, 2011.5, pp.213-214.

제품으로 전환하는 데 드는 비용을 전환 비용이라 말한다. 신규 고객을 유치하는 것은 기존고객을 유지하는 것보다 어렵고, 기존 고객 이탈률을 5% 낮추면 수익이 20~80% 향상되는 효과가 있다. 고객의 전환 비용이 큰 경우에는 높은 가격을 매길 수 있으나 고객의 부담을 가볍게 하여 이탈을 막기 위해 가격을 낮추게 된다. 고객이 전환 행동을 하는 이유로 <표 2-4>와 같이 가격문제 이외에도 이용불편, 핵심서비스 실패, 서비스접점 실패, 서비스 실패에 대한 직원 반응, 경쟁업체 유인, 윤리적 문제, 우연적인 전환 등을 들 수 있다.75)

셋째, 고객의 지불 시기이다. 즉 음식점과 같이 소비와 지불이 동시에 이루어는 경우, 등록금이나 음악회 예매 입장권처럼 지불이 소비에 선행하는 경우, 자동차 할부구입처럼 후행하는 경우 등 지불 시기는 다를 수 있다. 지불 시기 방법을 달리하면 시장 수요뿐만 아니라 기업의 자금 운용에도 영향을 미친다. 지불이 후행하는 사업에서는 자금 부담이

표 2-4 고객이 전환 행동을 하는 이유

이 유	세부적 이유
가격문제	높은 가격, 가격인상, 불공평한 가격책정, 기만적인 가격책정
이용 불편	위치 및 영업시간, 서비스 대기시간, 약속시간 연장
핵심서비스 실패	서비스 실수, 서비스 대기시간, 약속시간 연장
서비스 접점 실패	무관심, 무례함, 무반응, 전문 서비스 기술 부족
서비스 실패에 대한 직원 반응	귀찮은 반응, 무반응, 전문 서비스 기술 부족
경쟁업체 유인	더 좋은 서비스의 선택
윤리적 문제	부정직한 행위, 강압적인 행위, 업계 이익 관계
우연적인 전환	소비자의 이사, 서비스 업체 양도

75) http://blog.naver.com/goodreview7/220033260650.

그만큼 클 수밖에 없다.

넷째, 경쟁 기업의 가격정책을 들 수 있다. 공급 경쟁자가 많이 존재하는 경쟁적 시장의 경우 고객의 교섭력이 강해져 가격을 낮추게 된다. 그러나 경쟁 기업이 가격에 민감하게 대처하고, 경쟁 규모가 커서 규모의 경제를 확보하여 가격경쟁력이 높은 경우에는 경쟁 기업보다 가격을 낮추기 쉽지 않다.

다섯째, 대체재가 존재하는 경우이다. 대체재가 존재하는 경우, 특히 대체재에 대한 접근이 용이하거나 가격이 싼 경우에는 자사 제품의 가격을 높이기 어렵다. 이런 경우 보완재를 활용할 필요가 있다. 자장면을 파는 식당 옆에 자장면의 대체재인 짬뽕을 파는 식당이 들어선 경우 자장면 고객들에게 약간의 군만두를 제공하는 것이다.

여섯째, 가격 차별화의 가능성이다. 가격 차별화에는 상황에 따라 다양한 방법이 있을 수 있다.[76]

먼저 식별 가능한(identifiable) 구매자의 특성에 따라 가격을 차별화하는 경우이다. 소비자별로 가격민감도를 파악할 수 있는 경우 가격에 민감한 소비자에게는 싸게 팔고, 가격에 둔감한 소비자에게는 비싸게 파는 것이다. 앞에서도 말했듯이 명품브랜드 제품을 국내 소비자에게는 다른 나라 소비자에 비해 높은 가격을 책정하는 경우가 여기에 해당한다.

다음으로 지역별로 가격을 차별화하는 경우이다. 앞에서 말한 소비자의 가격 민감도와 관련이 있다. 서울 강남 소비자는 가격에 둔감한 소비자가 많아 가격을 높게 결정하는 경우가 많다. 수출 제품의 경우 국내에서는 가격이 높고 미국에서는 낮은 경우가 있다.

세 번째로 시간에 따라 가격을 차별화하는 경우이다. 시간에 따른 가

76) 김병도, 경영학 두뇌, 해냄, 2018.3, pp.295-299.

격 차별화 정책은 서비스 산업에서 특히 많이 활용된다. 영화관의 조조 할인의 경우처럼 오전 시간대의 관람료를 낮게 책정하여 가격에 민감한 소비자는 오전에 영화를 관람하도록 유도하는 것이다. 항공, 외식, 숙박 등의 서비스 산업의 경우 성수기와 비수기 수요의 불균형을 바로잡을 필요가 있다. 따라서 성수기에는 고가 정책을 펼쳐 수요를 억제하고 비수기에는 저가 정책을 펴 수요를 늘리려 한다.

네 번째로 제품 구입량에 따라 가격을 할인해 주는 물량 할인(quantity discount)으로 가격 차별화를 꾀하는 경우이다. 시금치 한 단에 2,000원이라고 정해 놓고 두 단에는 3,000원이라고 하면 고객들은 두 단 이상을 구매할 가능성이 높아진다. 세탁제 제조업체는 여러 다양한 크기의 용기에 제품을 넣어 판매하는데, 일반적으로 대용량 세탁제의 무게당 가격은 소용량 세탁제보다 저렴하다. 식구가 많은 소비자는 대용량 세탁제를 구매하도록 유도하고 독신 가구는 소용량 세탁제를 구매하도록 해 가격을 차별화하는 측면도 있다.

다섯 번째로 제품 기능과 디자인을 달리함으로써 가격을 차별화하는 것이다. 가전업체가 대형 마트에 초특가 텔레비전을 공급할 때 기존에 판매하던 제품의 속성 몇 가지를 단순화하거나 제거해 납품하는 경우가 이에 해당한다. 자동차의 경우처럼 제품의 기능을 선택 사항(option)으로 두고 가격을 차별화하기도 한다. 또한 제품의 버전의 차별화(versioning)를 통한 가격 차별화 방식이 있다.

여러 종류의 제품을 묶어 하나의 패키지 가격으로 내놓는 번들링(bundling)방식이 있다. 항공 요금은 고객의 다양한 여행 목적을 감안해서 집단별로 매우 다양한 요금 체계로 이루어져 있다. 번들링에서는 제품 가격이 보통 낱개의 제품 가격을 합한 것보다 낮아 수요 유발을 촉진한다.

여섯 번째로 사용량에 따라 가격을 차별화하는 경우이다. 제록스가 복사기를 판매하지 않고 대여해 주면서 매달 복사기 사용량에 따라 월 사용료를 달리 청구하는 경우가 이에 해당한다. 영화 제작사가 영화를 공급할 때 영화관의 좌석 수에 따라 배급가를 달리하는 것도 이와 유사한 경우라고 할 수 있다.

(5) 비용 구조의 선택

비용 또한 기업의 수익을 결정하고 가격을 결정하는 주요 요소이다. 비즈니스 활동에는 비용이 발생하게 되는데, 어떻게 비용이 발생하는지 그 비용 구조(cost structure)를 파악하여 관리하는 것이 중요하다.[77][78]

가) 비용의 구조

비용 구조에는 비용의 원가 동인, 비용의 형태, 비용의 상대적 크기와 중요성, 비용의 변화 등이 주로 관련된다.

먼저 원가 동인 중에서는 핵심적 원가 동인에 주목해야 하는데, 핵심 동인으로는 주로 규모 경제, 생산기술, 시설 활용률, 원료 비용, 거래 비용 등을 들 수 있다. 예를 들어 규모경제가 작동하는 경우나, 시설 활용률에 민감한 경우에는 매출 규모가 늘수록 원가가 낮아지게 된다. 인터넷도 원가에 중요한 영향을 미친다. 예를 들어 연구개발자들이 인터넷을 통해 공동으로 개발 노력을 기울인다든지, 개발된 소프트웨어를 인터넷을 통해 업그레이드(up grading)한다든지 하여 비용을 획기적으로 낮출 수 있다.

비용의 형태도 주요 요소이다. 비용 형태는 분류 방법에 따라 다양한데, 대표적인 몇 가지를 소개한다. 일반적으로 원가의 3요소로 재료비

77) 이홍규 · 김성철, 비즈니스 모델, 한울아카데미, 2011.5, p.187.
78) 이홍규 · 김성철, 비즈니스 모델, 한울아카데미, 2011.5, pp.215－217.

(material cost), 노무비(labor cost), 경비(expenses)를 든다. 이러한 원가의 3요소는 제품별로 직접 추적 가능한지의 여부에 따라 직접비(direct cost)와 간접비(indirect cost)로 나눌 수 있다. 경영활동의 양(조업도)과 상관없이 일정기간 고정적으로 발생하는 고정비(fixed cost)와 경영활동의 양(조업도)에 따라 변하는 변동비(variable cost), 변동비와 고정비가 결합된 준변동비(semi-variable cost)로도 분류할 수 있다. 반복적 비용과 비반복적 비용(nonrecurring cost)으로 분류하기도 한다.79)

비용의 상대적 크기도 중요한데, 고정비가 큰 경우 사업의 위험이 그만큼 커질 가능성이 있다.

표 2-5 비용의 형태

<table>
<tr><th colspan="3">비용의 형태</th><th>내 용</th></tr>
<tr><td rowspan="3">원가의 3요소</td><td colspan="2">재료비</td><td>제품의 몸체를 구성하는 물적 요소의 원가</td></tr>
<tr><td rowspan="2">가공비</td><td>노무비</td><td>제품의 생산에 소비된 인적 자원의 원가</td></tr>
<tr><td>경비</td><td>제조원가 가운데 재료비와 노무비를 제외한 나머지 원가</td></tr>
<tr><td rowspan="2">직접비와 간접비</td><td colspan="2">직접비</td><td>원가의 소비액을 개별제품별로 추적, 귀속이 가능한 원가</td></tr>
<tr><td colspan="2">간접비</td><td>원가의 소비액을 개별제품별로 분리해 낼 수 없어 직접 추적이 불가능하므로 인위적인 배부과정을 거쳐 제품별로 소비액을 귀속시키게 되는 원가</td></tr>
<tr><td rowspan="3">고정비와 변동비</td><td colspan="2">고정비</td><td>경영활동의 양(조업도)에 관계없이 한 회계기간 동안 일정하게 발생하는 원가</td></tr>
<tr><td colspan="2">변동비</td><td>경영활동의 양(조업도)에 비례해서 발생하는 원가</td></tr>
<tr><td colspan="2">준변동비</td><td>고정비 요소와 변동비 요소를 동시에 갖고 있는 원가</td></tr>
</table>

79) 최덕규, 원가회계, 경문사, 2001, pp.29-34.

나) 비용의 관리

비즈니스 활동에서 미래의 수입 흐름은 불확실하지만 비용 지출은 대체로 확정적이다. 즉 매출은 기대에 못 미쳐도 비용은 일단 예산에 표시되면 그대로 지출되기 쉽다. 따라서 매출에 따른 매출원가는 현금 소진율(cash burn rate)과 밀접한 관련이 있으므로 비용 지출에 대한 관리가 중요하게 된다.

비용 관리에서는 손익분기점, 투자자금 회수기간(payback time) 같은 시기를 관리해야 한다. 제품이 개발되어도 시장에 출시되기 위해서는 마케팅 등 조직적 노력에 따른 비용이 필요하게 되고, 매출이 이루어진 후에도 기존 투자와 영업이익이 일치하는 손익분기점에 도달하기까지는 상당한 시간이 소요될 수 있다.[80] 따라서 제품의 개발기간, 투자 회수기간, 손익분기점의 도달 기간을 줄이도록 하고, 투자비용이 커지지 않도록 관리하여야 한다.[81][82]

한편 로빈 쿠퍼(Robin Cooper)와 레진 슬래그멀더(Regine Slagmulder)는 다섯 가지 비용관리를 제안하였다.[83] 첫째, 목표 비용의 관리로서, 제품의 목표가격을 먼저 정하고 이에 목표원가를 정하는 것이다. 설계 단계에서 부품 숫자의 감축, 프로세스의 효율화, 저렴한 원자재 사용, 공급업체의 비용 감축 등을 이루어내도록 목표와 계획을 세우는 것이다.

둘째, 생산초기 단계에서 해당 제품에 특정화된 비용 관리가 이루어지도록 하는 것이다. 생산초기 단계에서는 설계의 부분적 변경이 가능하

---

80) 제품 개발에 드는 개발 기간(development time)과 투자비용을 회수하는데 드는 회수기간(payback time)을 합쳐 손익분기점 도달 기간(break−even time)이라고 한다.
81) 두산백과, 손익분기점.
http://terms.naver.com/entry.nhn?docId=1114457&cid=40942&categoryId=31914.
82) 이순용, 생산관리론, 법문사, 1992, p.494.
83) Robin Cooper and Regine Slagmulder, "Achieving Full−Cycle Cost management," Sloan Management Review, Fall. 2004, pp.45−52.

므로 지속적으로 개선(改善, kaizen)될 수 있도록 노력한다.[84)]

셋째, 제조방식의 개선을 통해 비용 절감이 이루어질 수 있도록 하는 것이다.

넷째, 제조에 관련된 각 기능 부서별로 비용관리가 제대로 이루어지도록 하는 것이다.

다섯째, 목표비용을 실현하고 있는지를 모니터링하는 등 목표에 대비한 비용관리 노력을 하는 것이다.

2. 수익 모델의 유형

앞에서 수익을 결정하는 대표적인 요인으로 시장의 특성, 제품과 서비스의 특성, 수입원, 가격, 비용, 유통채널, 광고 등을 들었다. 여기서는 이러한 요인들을 적절히 고려한 다양한 기업들의 수익 모델의 유형, 플랫폼형 수익 모델, 제품·서비스의 다양성 등을 살펴본다.[85)] 다양한 기업들의 수익 모델의 유형으로는 아드리안 슬라이워츠키(Adrian J. Slywotzky), 데이비드 모리슨(David J. Morrison), 밥 안델만(Bob Andelman)이 제시한 11가지 수익 모델의 유형을 살펴본다.

---

84) 카이젠(かいぜん[kaizen])은 '개선(改善)'이라는 한자의 일본식 표현이다. 일반적으로 개선의 영어 표현은 improvement를 사용한다. improvement가 말하는 개선은 비용 간에 트레이드 오프(trade-off: 상충관계) 관계가 있어 개선을 하기 위해서는 비용이 수반된다고 보는 반면, 카이젠은 개선과 비용 간에 트레이드 오프 관계가 있지 않아, 개선하는데 항상 비용이 수반되는 것은 아니라고 본다.

85) 이홍규·김성철, 비즈니스 모델, 한울아카데미, 2011.5, pp.188-207.

1) 아드리안 슬라이워츠키 외 2명의 수익 모델

(1) 제1유형: 고객의 문제 해결

이 수익 모델은 고객이 필요로 하는 맞춤형 솔루션을 만들어 제공하고 고객과의 관계를 강화해 나가는 것이다. 초기 단계에서 많은 투자가 필요해 초기 손실이 크지만, 일단 솔루션이 개발된 후에는 유지 비용이 낮고 지속성을 확보해 상대적으로 큰 이윤이 기대된다.

예를 들어, 팩트셋 리서치 시스템즈(FactSet Research Systems)는 코네티컷 주 노르워크 시에 본사를 두고 있는 금융데이터 소프트웨어 회사이다. 세계적인 금융기관의 분석가, 포트폴리오 매니저 그리고 투자 은행가 등 투자 전문가들에게 금융 정보 및 분석 자료를 제공한다. 개인 투자자들을 위한 상품은 제공하지 않는다.[86]

백화점 체인 노드스톰(Nordstorm)은 직원들의 자발적인 고객별 맞춤 서비스로 유명하다.[87][88]

1992년 설립된 USAA(United States Automobile Association)는 현역 및 퇴역 군인과 그들의 가족만을 대상으로 보험, 저축 등 금융상품을 판매하는 집중화 전략을 택했다.[89][90] 집중화 전략은 표적 고객을 특정 지역에 거주하거나 특별한 인구통계적 특성을 지닌 고객으로 제한하는 전략이다.

USAA는 군인들 사이에 너무 잘 알려져 있기에 텔레비전 등을 통한 매스마케팅은 거의 하지 않고, 대부분의 영업 및 판매를 직접우편발송

---

86) 위키백과, 팩트셋 리서치 시스템즈(FactSet Research Systems). https://ko.wikipedia.org/wiki/%ED%8C%A9%ED%8A%B8%EC%85%8B_%EB%A6%AC%EC%84%9C%EC%B9%98_%EC%8B%9C%EC%8A%A4%ED%85%9C%EC%A6%88.

87) https://en.wikipedia.org/wiki/Nordstrom.

88) 문화일보, 노드스톰 백화점의 '위대한' 고객서비스, 2011.4.29.

89) https://en.wikipedia.org/wiki/USAA.

90) 김병도, 경영의 두뇌, 해냄, 2018.3, pp.158－159.

■ **표 2-6** 고객의 문제 해결 유형 사례

업 체	업체 현황 및 문제 해결 내용
팩트셋 리서치 시스템즈	-코네티컷 주 노르워크 시에 본사 -금융데이터 소프트웨어 회사 -세계적인 금융기관의 분석가, 포트폴리오 매니저, 투자 은행가들에게 금융정보 및 분석 자료를 제공. 개인 투자자들을 위한 상품은 제공하지 않음
노드스톰	-시애틀에 본사 -국제적 의류 소매업체
USAA	-미국 군인 및 그 가족들을 대상으로 하는 군인 전문 금융서비스

(DM, direct mail)이나 텔레마케팅(TM, telemarketing)을 통해 한다. 군속으로 표적 고객을 제한하는 시장에 모든 마케팅 역량을 집중해 왔기 때문에 경영 프로세스가 매우 효율적이다.

Tip

〈이덕영의 에어 카페〉
노드스톰 백화점의 '위대한' 고객서비스

서비스 직종에서 일하는 사람이라면 미국 '노드스톰 백화점'에 대해 한 번쯤 들어보았을 것이다. 시애틀에 본사를 두고 110년 전통을 지닌 이 백화점이 미국 최고 백화점으로 장수하는 이유는 바로 '고객 만족'을 최우선으로 하는 기업 정신 때문이다. 고객이 백화점에 놓고 간 비행기표를 공항까지 가져다준 사례나 백화점에서 팔지 않는 타이어를 가져와 환불을 요청한 고객에게 환불해 준 사례 등은 관련 업계에서 전설처럼 내려온다.

지난주 시애틀에 비행을 다녀왔다. 비행 전 '시애틀에 가서 무엇을 할까' 검색을 하다 노드스톰 백화점이 시애틀에 있다는 사실을 알게 되었다. 마침 아내가 갖고 싶어하는 물건도 있고 고객 감동 서비스가 어떤 것인지 보고 싶은 마음에 백화점에 가보기로 했다.

다운타운에 위치한 백화점은 쇼핑을 하는 사람들로 가득했다. 아내가 사오라고 부탁한 것은 '탐스(TOMS)'라는 신발인데 밑창이 가볍고 천으로 만들어져 착용감이 좋고 가격도 저렴하다. 특히 이 신발은 일대 일 기부 행사를 통해 고객이 신발 한 켤레를 사면 또 한 켤레는 신발을 신지 못하는 가난한 나라의 어린이에게 기증된다고 한다.

3층에서 매장을 찾고 있는데 한 직원이 '무엇을 도와줄까요?'라고 묻는다. 탐스 매장을 찾고 있다고 하니 1층에 있다며 직접 안내해 준다. 에스컬레이터를 타고 내려오며 직원이 말을 건넨다. 어디서 왔는지, 무슨 일로 왔는지, 신발은 누구를 위해 사가는지 묻더니 시애틀에는 스타벅스 1호점과 어시장이 있으니 꼭 가보라고 추천한다. 표정과 말투가 사뭇 진지하면서도 친근했다.

아내는 금색 신발을 원했다. 하지만 매장에는 금색은 없고 담당 직원은 좀 더 가볍고 밝은 느낌의 은색이 유행이라며 추천한다. 아내의 의견을 묻고 싶었지만 휴대전화를 호텔에 놓고 왔다. 그러자 직원이 본인 휴대전화를 건네며 한국으로 직접 전화를 해보라고 한다. 결국 아내와 통화했지만 아내는 은색은 본인이 원하는 색깔이 아니라며 다음에 사겠다고 한다.

직원은 금색 신발을 예약하면 2~3일 내로 준비해놓겠다고 했지만 내가 내일이면 한국으로 돌아간다고 하니 원하는 신발을 사지 못해 본인이 아쉽다고 말했다.

호텔로 돌아오는 버스 안에서 다시 한번 고객 감동에 대해 생각했다. 고객 감동은 원하는 것을 무조건 다 해주는 것이 아니라 어려운 상황에서도 끝까지 최선을 다하는 모습이다. 노드스톰은 직원들에게 구체적인 서비스 방침 대신 직원 스스로 최선의 선택과 판단을 할 수 있는 기업 분위기를 만들어 준다고 한다.

좋은(good) 서비스는 우리 주변에서 쉽게 찾아볼 수 있다. 이제는 좋은 서비스를 넘어 위대한(great) 서비스로 가야 한다. 이를 위해서는 고객들에게 잊지 못할 경험을 주어야 한다. 매번 비행 때마다 고객들에게 즐겁고 행복한 경험을 줄 수 있도록 나부터 최선을 다해야겠다.

출처: 문화일보, 2011. 4. 29.

(2) 제2유형: 제품 피라미드 구축

제품 피라미드를 구축하여 하위 부분에는 낮은 가격에 매출이 큰(low price, high volume) 제품을, 상위 부분은 높은 가격에 매출이 적은(high price, low volume) 제품을 구성한다.

표 2-7 제품 피라미드 유형 사례

업 체	업체 현황 및 제품 피라미드 구축 내용
마텔	-세계적인 완구업체 -바비 인형 저가 인형: 경쟁업체에 개방되어 있는 경쟁 시장 고가 인형: 200달러짜리 특별한 인형
SMH	-스위스의 패션 시계 브랜드 -1983년 ASUAG-SSIH → 1985년 SMH → 1998년 스와치 그룹 -매 시즌 다양한 컬렉션의 패션시계와 쥬얼리 제조·판매

이 유형에서 하위제품은 주로 잠재적 진입자에 대한 진입 장벽으로 활용된다. 하위제품 시장(low-end market)에서는 틈새시장이 발견되기 쉬우므로 싼 가격에 다양한 제품을 공급하여 새로운 기업이 시장에 진입하기 어렵게 만드는 것이다. 반면에 상위제품에서 이윤을 창출하게 된다.

이 유형의 사례로는 바비 인형(Barbie doll)으로 유명한 마텔(Matel), 스위스의 시계 제조업체인 SMH 등을 들 수 있다.[91]

(3) 제3유형: 생산·판매 시스템상의 복수 부문 활용

생산·판매 시스템을 복수 부문으로 나누는데, 한 부문은 수익성이 상대적으로 낮지만 기반을 확고히 하고 또 다른 부문은 수익성이 높다. 즉 수익성이 낮은 부문에서 브랜드를 확보하여 기반을 확고히 하고, 수익성이 높은 부문에서 이윤을 확보하는 것이다. 예를 들어 코카콜라는 식료품점 판매보다 자동판매기의 판매에서, 호텔은 객실 영업보다 회의실 임대 등에서 이윤을 올린다.

91) 세계 브랜드 백과, 스와치(Swatch).
http://terms.naver.com/entry.nhn?docId=2098435&cid=43168&categoryId=43168.

표 2-8 생산 · 판매 시스템상의 복수 부문 활용

업 체	생산 · 판매 시스템상의 복수 부문 활용 내용
코카콜라	-기반 구성 요소: 식료품점 -이윤 구성 요소: 자동판매기
호텔	-기반 구성 요소: 객실 -이윤 구성 요소: 회의실 임대

(4) 제4유형: 판매자와 구매자의 중개를 통한 가치창출

복수의 판매자와 구매자의 의사소통을 연결함으로서 가치를 창출하는 중개상(intermediary)이다. 중개 기능으로 의사소통의 비용과 중개시장(switchboard) 참여자의 수수료가 절감된다. 참여자와 중개상의 숫자가 많아질수록 시장의 효율성이 높아진다.

1971년 창업한 찰스 슈워브는 1992년 모든 경쟁사들의 뮤추얼 펀드를 한곳에 모아서 고객들이 수수료 없이 편리하게 거래할 수 있는 원소스(Mutual Fund One Source) 서비스 시스템, 펀드 슈퍼마켓을 도입했다. 그 전에는 뮤추얼 펀드를 구입하려면 펀드 제공업체에 전화를 걸고, 구입대금을 송금하고, 배당을 받을 때까지 기다려야 했다. 그러나 찰스 슈워브의 원소스에서는 다양한 펀드를 언제든 매매할 수 있고, 동시에 펀드 제공 업체들은 찰스 슈워브의 방대한 배급망을 활용하는 윈윈(Win Win) 구조를 만들었다.[92][93]

오토바이텔(Autobytel)은 자동차 매매 중개상이다. 신차와 중고차 가

92) 매일경제신문, 박남규, [창조경제] 혁신기업 성공방정식? 남들과 다른 길로 가라, 2014.11.27.

93) http://terms.naver.com/entry.nhn?docId=2099051&cid=43667&categoryId=43667. 펀드슈퍼마켓은 1992년 미국에서 찰스 슈워브(Charles Schwab)가 자산운용사들로부터 펀드상품을 유치하고 판매 · 거래 수수료를 면제하여 펀드 비용을 대폭 감소시킨 '원소스(One Source)'라는 이름으로 처음 시작하였다.

표 2-9 판매자와 구매자의 중개

업체	업체 현황 및 판매자와 구매자의 중개 내용
찰스슈워브	-1992년 원소스(Mutual Fund One Source) 서비스를 하는 펀드 슈퍼마켓(금융회사가 아닌 곳에서 각종 펀드를 진열해 놓은 곳) 도입 -은행이나 증권사 등 대형 판매사의 입김에 영향 받지 않음
오토바이텔	-신차와 중고의 가격과 판매 정보를 제공하는 자동차 거래 전문 웹사이트 -해마다 편집진이 직접 자동차를 몰아보고 부문별 최우수 제품을 선정

격과 판매 정보를 제공하는 자동차 거래 전문 웹사이트로 해마다 편집진이 직접 자동차를 운전해보고 부문별 최우수 제품을 선정하여 신뢰성을 제공하고 있다.

(5) 제5유형: 진입의 시차에 따른 차별화

최초 진입의 이점에 따른 차별화를 통해 초과이윤을 얻는 모델이다. 경쟁자에 의한 모방이 초과이윤을 잠식할 때까지 효력이 있다. 따라서 이 모델의 핵심은 경쟁자와의 시간 격차를 어떻게 유지할 것이냐가 관건이 된다. 기업이 지속적으로 비교 우위를 지키려면 빠르게 움직여 계속 혁신에서 앞서 나가야 한다.

대표적인 혁신 기업으로 인텔을 들 수 있다. 인텔은 1990년대 중반부터 개인용 컴퓨터 가격이 획기적으로 인하되면서 컴퓨터 산업의 주도권이 대형 컴퓨터에서 개인용 컴퓨터로 넘어가게 되었다고 판단했다. 그래서 메인프레임이 컴퓨터 산업을 주도했던 시대에 적합한 메모리 반도체 생산을 과감히 줄였다. 그 대신 개인용 컴퓨터에 필요한 마이크로프로세서 생산량을 적극적으로 늘렸다. 그리고 인텔은 지속적인 R&D 투자로 마이크로프로세서의 비교우위를 지키려고 노력하였다.[94]

표 2-10 진입의 시차에 따른 차별화

업 체	진입의 시차에 따른 차별화 내용
인텔	-지속적인 R&D 투자로 마크로프로세서의 비교우위를 지킴 -인텔의 전체 사업 설계는 스피드에 중점을 둠 -높은 속도 = 높은 이윤

(6) 제6유형: 블록버스터(Blockbuster) 제작

규모 경제를 통해 초과이윤을 확보한다. 여러 제품에서 평균적인 위치를 점하는 것보다 몇 개의 소수 제품에서 확고한 시장 지배자의 위치를 점하는 경우이다. 기술 집약적 산업과 같이 막대한 선행 고정투자 비용(R&D 투자, 출시 비용)이 필요하고, 짧은 제품 수명 등의 특징이 있는 경우 초기에 이윤을 내기 어려우나 시장 점유율이 커질수록 그 이윤이 기하급수적으로 증가한다.

디즈니(Disney) 같은 콘텐츠 제작 업체, 제약 업체, 출판 업체, 영화제작사, 음악 기획사 등이 대표적이다.

표 2-11 블록버스터 제작

업 체	블록버스터 제작
디즈니	-콘텐츠 제작 업체 -큰 이윤을 만드는 미키마우스
기타	-제약업체, 출판업체, 영화제작사, 음악 기획사 등

(7) 제7유형: 제품 캐릭터나 서비스의 반복적 활용

브랜드에 대한 강력한 지원으로 특정 제품 캐릭터나 서비스가 반복

94) 김병도, 경영학 두뇌, 해냄, 2018.3, pp.193-194.

적으로 활용되어 이윤을 확보하는 경우이다. 대표적인 사례로 영화, 테마 공원, 서적, 의류, 시계 등에 동일한 캐릭터를 활용하는 디즈니를 들 수 있다.

이 방법은 관련 다각화(related diversification) 전략의 한 방법이다. 관련 다각화는 기업이 보유한 핵심 역량을 확장 가능한 여러 사업에 활용함으로써 시너지를 창출하려는 전략이다.[95] 신제품으로 신시장을 개척할 때 기존에 성공한 제품이나 서비스와 관련된 신제품으로 진출하면 실패 위험부담이 적고 성공 가능성을 높일 수 있다. 디즈니는 성공한 캐릭터를 핵심 역량으로 갖게 되었고, 이를 다른 사업에 활용하였다.

표 2-12 제품 캐릭터나 서비스의 반복적 활용

업 체	제품 캐릭터나 서비스의 반복적 활용
디즈니	- 영화, 테마 공원, 서적, 의류, 시계 등에 동일한 캐릭터(미키/미니) 활용

(8) 제8유형: 기업 조직의 분할

기업이 커지면 의사 결정의 지연, 간접비(overhead cost)의 증가 등 여러 가지 형태의 규모의 비경제(diseconomies of scale)가 일어날 수 있다. 이를 타개하기 위해 조직을 여러 개의 이익 센터(profit center)로 분할해 직접적인 고객 접촉과 비용 절감의 노력을 극대화할 필요가 있다.

예를 들어 ABB(Asea Brown Boveri), 소프트뱅크(Softbank) 등의 경우 자회사를 독립시킴으로서, 경영진의 밀접한 고객 관계와 이윤에 대한 책임 등을 강화토록 했다.[96][97]

95) 김병도, 경영학 두뇌, 해냄, 2018.3, pp.176－177.
96) http://terms.naver.com/entry.nhn?docId=649932&cid=43167&categoryId=43167.
97) 위키백과, 소프트뱅크. https://ko.wikipedia.org/wiki/%EC%86%8C%ED%94%84%ED%8A%B8%EB%B1%85%ED%81%AC.

표 2-13 기업 조직의 분할

업 체	업체 현황 및 기업 조직 분할
ABB	-스위스 취리히에 본사를 둔 세계적인 다국적 기업 -미국 GE, 독일의 지멘스와 함께 세계 3대 엔지니어링 회사 -세계 7개국에 ABB연구소 운영, 연구원 약 8000명
소프트뱅크	-고속 인터넷, 전자 상거래, 파이낸스, 기술 관련 분야에서 활동하는 일본의 기업. 일본의 이동통신사 -사장은 한국계 일본인 손 마사요시(한국명: 손정의)

(9) 제9유형: 전문성의 향상

저비용, 고품질, 높은 평판, 고객 이해도 등 특정요소에서 전문성을 확보해 이윤을 창출하는 모델이다. 예를 들어 홈데포는 조립형 제품(Doit-Yourself) 시장에서 전문성을 확보했고, EDS(Electronics Data Systems Coporation)는 특정 사업 부문에서 전문성을 갖춘 후에 순차적으로 그것을 전 부문으로 확대했다.[98)]

앞에서 언급한 USAA는 원래 현역 및 퇴역 군인과 그들의 가족에게 자동차보험을 판매하기 위해 설립된 회사였다. 자동차보험 판매업에서 성공을 거둔 후 기존의 고객 데이터베이스를 활용해 연금보험, 예금 서비스 등 다른 종류의 금융상품을 판매하기 시작하여 이 역시 큰 성공을 거두었다.[99)]

이 방법도 앞의 (7)번과 함께 관련 다각화(related diversification) 전략의 한 방법이다. (9)번 유형에서 핵심역량은 전문성이고 성공한 전문성을 향상시키고 확대해 가는 전략이다.

---

98) http://terms.naver.com/entry.nhn?docId=1192259&cid=40942&categoryId=34658.
99) 김병도, 경영학 두뇌, 해냄, 2018.3, p.176.

표 2-14 전문성 향상

업 체	업체 현황 및 전문성 향상
홈데포	- 조립형 제품(Do-it-Yourself) 시장에서 전문성 확보
EDS	- 미국 최대의 시스템 컨설팅 회사 - 특정 사업 부문에서 전문성을 갖춘 후에 순차적으로 전 부문으로 확대 - 많은 수직구조 부문(의료, 보험, 제조, 은행)을 위한 컴퓨터 솔루션의 복잡함과 경제 논리를 순차적으로 습득
ABB	- 다양한 수준의 전문화에 기반을 둠

(10) 제10유형: 사용자 기반 확보

초기 제품의 판매나 이윤은 크지 않지만 후속 제품(follow-on product)에서 커다란 이윤을 확보하는 모델이다. 초기 제품에서 사용자 기반을 확대함으로서 후속 제품에서 큰 수입을 만들어내는 것이다.

면도기와 면도날 등의 사례에서 볼 수 있어 '면도날(rasor-rasor blade) 전략'이라 불리기도 한다. 20세기 초 미국의 면도용품 회사인 질레트는 면도날이 무뎌질 때마다 날을 세워 써야 하는 소비자들의 불만에 착안해, 면도날과 면도기를 분리시킬 수 있는 제품을 출시했다. 초기에 판매 촉진을 위해 면도기를 거의 공짜로 주다시피 하고, 소모품인 면도날에 높은 이윤을 붙여 팔았다.100)

휴대전화 단말기를 무료로 주는 대신에 일정 기간 동안 통신 서비스를 이용하게 하는 이동통신 회사의 전략이나, 게임기는 싸게 공급하되 소프트웨어 판매에서 대부분의 이익을 창출하는 게임회사의 전략 등이 모두 면도날 전략에 속한다. 프린터와 카트리지도 이에 해당한다. 마이크로소프트 또한 운영 소프트웨어의 가격을 낮게 책정하여 자사의 제품 표준을 시장에서 지배적 위치로 만들고, 이윤은 제품의 고도화(upgrading)

100) 김병도, 경영학 두뇌, 해냄, 2018.3, pp.288-289.

표 2-15 사용자 기반 확보

업체	사용자 기반 확보
질레트	- 초기 판매 촉진을 위해 면도기를 거의 공짜로 주다시피 하고 면도날에 높은 이윤을 붙임
마이크로소프트	- 운영 소프트웨어의 가격을 낮게 책정하여 자사의 제품 표준을 시장에서 지배적 위치로 만들고, 이윤은 제품의 고도화(up grading)나 갱신(revision)에서 벌어들임

나 갱신(revision)에서 벌어들이고 있다.

최근에는 기본 서비스(또는 기본적인 기능)는 무료로 제공하고 부가 서비스(또는 고급 기능)는 유료화하는 가격 전략을 '공짜(free)'와 '프리미엄(premium)'의 합성어인 '프리미엄(freemium)'이라고 한다. 예컨대 간편한 메모 기능을 제공하는 휴대폰 애플리케이션 에버노트(Evernote)는 무료로 기본 기능을 사용하도록 하면서 편집과 대용량 저장 기능 등을 유료로 서비스하고 있다.[101)]

(11) 제11유형: 표준 확보

네트워크 효과에 의해 특정 표준을 사용하는 사용자를 늘어나게 하여 표준을 장악하고, 장악한 표준과 관련된 제품에서 수익을 확보하는 모델이다. 이 네트워크에서는 사용자가 증가할수록 네트워크의 가치가 증가하는 수확 체증의 법칙이 작용한다.

마이크로소프트의 운영 소프트웨어, 오라클(Oracle)의 관계 데이터베이스 등이 대표적인 사례이다.

101) 김병도, 경영학 두뇌, 해냄, 2018.3, pp.286.

■ 표 2-16 표준 확보

업 체	표준 확보
마이크로소프트	-자신의 사용자 기반 포지션(OS, 운영 소프트웨어)을 사실상의 산업 표준으로 구축할 수 있었음
오라클	-DBMS(DataBase Management System), 관계 데이터베이스

2) 플랫폼형 수익 모델

(1) 플랫폼의 개념과 의미

가) 플랫폼의 개념

플랫폼이란 공급자와 수요자 등 복수의 그룹이 참여하여 각 그룹이 얻고자 하는 가치를 공정한 거래를 통해 교환할 수 있도록 구축된 환경이다. 플랫폼 참여자들의 연결과 상호작용을 통해 진화하며, 모두에게 새로운 가치와 혜택을 제공해 줄 수 있는 상생의 생태계라고 말할 수 있다.[102][103][104]

플랫폼이란 용어는 16세기에 생성된 이후 일상생활이나 예술, 비즈니스 등의 분야에서 사용해 왔다.[105] 그러던 플랫폼이 오늘날에는 다양한 분야에 적용 가능한 보편적인 개념으로 확대되어 널리 사용되기에 이르렀다. '플랫폼' 하면 기차를 타고 내리는 정거장이 먼저 떠오르듯이 플랫폼은 한마디로 무언가를 타고 내리는 승강장이다. 본래 기차를 승·하차하는 공간이나 강사, 음악 지휘자, 선수 등이 사용하는 무대·강단 등

---

102) Simon, Phil, The Age of the Platform: How Amazon, Apple, Facebook, and Google Have Redefined Business, Motion Publishing, 2011.

103) 최병삼, 가치 창출 틀 플랫폼, 다원화 혁명 이끈다. DBR No. 103, 2012, pp.68-75.

104) 조용호, 플랫폼 전쟁, 21세기북스, 2011.

105) Baldwin, Carlissy & Woodard, C. Jason, The Architecture of Platform: A Unified View. Harvard Business School Finance Working Paper No. 09-034, 2008.

을 뜻했으나 그 의미가 확대되어 특정 장치나 시스템 등에서 이를 구성하는 기초가 되는 틀 또는 골격을 지칭하는 용어로, 컴퓨터 시스템·자동차 등 다양한 분야에서 사용되고 있다.[106][107] 다양한 상품을 판매하거나 매입하기 위해 공통적으로 사용하는 기본 구조, 상품 거래나 응용 프로그램을 개발할 수 있는 인프라, 반복 작업의 주 공간 또는 구조물, 정치·사회·문화적 합의나 규칙 등이 그것이다.

그러나 플랫폼의 속성을 분석해 보면, 근본 원리는 비슷하다는 것을 알 수 있다. 즉, 플랫폼은 공통의 활용 요소를 바탕으로 본연의 역할도 수행하지만, 보완적인 파생 제품이나 서비스를 개발·제조할 수 있는 기반이다. 플랫폼은 제품 자체뿐만 아니라 제품을 구성하는 부품이 될 수도 있고, 다른 서비스와 연계를 도와주는 기반 서비스나 소프트웨어 같은 무형의 형태도 포괄하는 개념인 것이다.[108]

플랫폼의 대표격인 승강장이 어떤 역할을 하는 존재인지 살펴보면, 플랫폼의 진정한 의미를 파악할 수 있다. 승강장은 기차, 지하철, 혹은 버스 등 교통수단과 승객이 만나는 공간이다. 승객은 돈을 지불하고 운송수단은 승객을 원하는 장소에 데려다 준다. 승강장에는 신문이나 잡지, 먹거리 등을 판매하는 매점이나 자판기가 설치되어 있다. 또 승강장 근처에는 크고 작은 상가가 조성되어 있다. 심지어 승강장 주변에는 광고가 즐비하다. 이러한 현상은 승강장에 많은 사람이 몰려들기 때문이다. 즉, 사람이 많이 몰리는 곳에서는 다양한 형태의 비즈니스 모델로 부가적인 수익 창출을 할 수가 있는 것이다.

이와 같이 교통수단과 승객을 만나게 하는 공간이라고만 여겨 왔던

---

106) 플랫폼전문가그룹, 플랫폼을 말하다, 클라우드북스, 2013.
107) 류한석, 모바일 플랫폼 비즈니스, 한빛비즈, 2012.
108) 주간경제, 컨버전스 시대의 플랫폼 경쟁, 주간경제 721호, 2008.

승강장이 다양한 비즈니스 모델을 만들어 수익을 창출하게 한다는 사실은 매우 흥미로운 일이 아닐 수 없다. 주요 수익 모델인 승차 요금 외에도 부가적인 비즈니스 모델로 상당한 수익을 창출하고 있는 것이다. 특히 별도의 마케팅을 하지 않아도 승강장에는 사람들이 몰려든다. 승객이 필요로 하는 교통수단을 탈 수 있는 유일한 곳이기 대문이다. 승강장은 교통수단과 승객이 만날 수 있는 거점 역할을 하며, 교통과 물류의 중심이 된다. 그리고 그 안에서 무수히 많은 가치 교환이 일어나고 거래가 발생한다. 이것이 바로 '플랫폼'인 것이다.[109]

나) 플랫폼의 부상 배경

인터넷이 도입된 이래 많은 기업들이 기술 기반과 급변하는 시장 환경에 맞는 경영시스템을 구축하기 위해 노력하고 있다. 그중에서 2000년대 들어 두각을 나타낸 기업은 애플, 구글, 아마존, 페이스북 등 인터넷 혁명을 주도한 '4인방(Gang of Four)'이다. 구글의 회장 에릭 슈밋(Eric Schmidt)은 이들의 성공 비결을 자기만의 강력한 플랫폼이라고 지적했다.

2000년대 초반까지 4인방은 마이크로소프트(MS), 인텔, 시스코, 델이었다. PC 시대를 주름잡았던 MS와 인텔은 플랫폼 경쟁에서 뒤진 바람에 플랫폼을 효과적으로 활용하고 있는 신 4인방에게 자리를 내주고 고전을 면치 못하고 있다.[110] 스마트폰의 절대 강자였던 노키아도 2007년 49%에 달했던 시장점유율이 2011년 17%로 급락하면서 위기를 맞이하다가 급기야 MS에 인수되고 말았다.

이처럼 플랫폼이 기업 성패의 핵심 요인으로 등장하면서 플랫폼에 대한 관심이 고조되고 있다. 국내에서도 플랫폼이 되겠다는 기업과 플랫

109) 윤상진, 플랫폼이란 무엇인가?, 한빛비즈, 2012.
110) 최병삼, 가치 창출 틀 플랫폼, 다원화 혁명 이끈다, DBR No. 103, 2012, pp.68-75.

폼 사업에 뛰어들겠다는 기업이 늘어나고 있으며, 관련되는 서적 출간과 연구도 활발해지고 있다.

이와 같이 플랫폼에 대한 관심이 폭발적으로 증가하고 있는 주요 원인으로는 첫째, 선도 ICT 기업들이 플랫폼을 통해 수익을 확대하거나 거대 기업으로 급성장하고 있는 현상이 나타나고 있기 때문이다.

둘째, 이는 ICT의 혁명적 진화에 힘입어 플랫폼 구축과 활용이 더욱 용이해진 것과 맥을 같이한다.

셋째, 글로벌 경쟁의 심화와 고객의 다양한 니즈 생성, 기술 혁신의 가속화 등으로 제품의 수명주기(product life cycle)가 단축됨에 따라 비용 증가를 최소화하면서 다품종 소량생산을 해야 하기 때문이다.

넷째, 여러 학문과 산업 영역의 경계를 무너뜨리는 융복합화가 가능해지면서 이종 산업 간 결합이 플랫폼을 통해 일어나고 더욱 활성화하기 때문이다.

다) 플랫폼 비즈니스 모델

플랫폼이 기업 활동의 중심에 서기 시작하면서 플랫폼 비즈니스 모델이 주목을 받고 있다. 그러다 보니, 여러 전문가들이 플랫폼 비즈니스 모델에 대해 정의하기 시작했다.

체스브로(Chesbrough), 그리고 쿠스마노와 가우어(Cusumano & Gawer)는 플랫폼 비즈니스 모델을 "플랫폼이 가치 창출과 이익 실현의 중심인 비즈니스 모델"이라고 했고, 히라노 아쓰시 칼과 안드레이 학주는 "복수 그룹의 요구를 중개함으로써 그룹 간 상호작용을 환기시키고 그 시장의 경제권을 만드는 산업 기반형 비즈니스 모델"이라고 했다.[111)112)113)] 또

111) Chesbrough, H., Open Platform Innovation: Creating Value from Internal and External Innovation, Intel Technology Journal, 7(3), 2003, pp.5-9.

112) Cusumano, M. & Gawer, A., The Elements of Platform Leadership, MIT Sloan

최병삼은 여러 참여자가 공통된 사양이나 규칙에 따라 경제적 가치를 창출하는 토대로서 플랫폼을 활성화할수록 사업의 기회 포착과 창출, 비용 절감을 할 수 있으며, 참여자의 수가 늘어날수록 개별 참여자의 사업 기회가 체증하는 선순환 효과가 발생한다고 했다.[114]

즉, 플랫폼 비즈니스 모델이란 플랫폼 서비스의 모델을 통해 수익을 내는 모델을 의미한다.[115] 이러한 서비스 모델에는 서비스의 제공 방법, 서비스 모델 프레임워크 등이 포함되며, 수익 모델에는 수익을 창출하는 방법과 수익 모델 프레임워크가 필요하다. 결국 서비스 모델과 수익 모델의 결합을 통해서 비즈니스 모델이 될 수 있다.

(2) 플랫폼의 경제적 가치

기업이 플랫폼을 선점하거나 타 기업의 우수한 플랫폼에 동참해서 얻을 수 있는 경제적 가치로 첫째, 네트워크 효과를 들 수 있다.[116][117] 플랫폼은 외부의 여러 제품과 서비스를 제공하는 기업에 참여가 개방되며, 그 참여자들은 서로 연계를 가진 하나의 네트워크로서 기능하게 된다. 즉, 플랫폼은 수요자와 공급자, 개발자와 사용자, 프로슈머(prosumer, 생산에 참여하는 소비자)가 서로 원하는 것을 주고받는 공간이므로 참여자가 많아지면 많아질수록 네트워크 효과가 발생하고 이로 인한 가치가 극대화한다. 공급자가 모든 것을 다해야 하던 것에서 네트워크 안의 구성원들이 그 안에서 해결책을 찾을 수 있게 한다.

예를 들어 옥션은 판매자와 구매자를, 증권거래소는 매도자와 매수

Management Review, 43(3), 2002, pp.51－58.

113) 히라노 아쓰시 칼 · 안드레이 학주, 천채정 옮김, 플랫폼 전략, 더숲, 2011.

114) 최병삼, 성장의 화두 플랫폼, SERI 경영노트 제80호, 삼성경제연구소, 2010.

115) 류한석, 모바일 플랫폼 비즈니스, 한빛비즈, 2012.

116) 최병삼, 가치 창출 틀 플랫폼, 다원화 혁명 이끈다, DBR No. 103, 2012, pp.68－75.

117) 조용호, 플랫폼 전쟁, 21세기북스, 2011.

자를, 상점가는 점포와 고객을, 그리고 SNS는 다양한 개인들을 연결시켜 교류나 거래를 촉진한다.118)

앱스토어의 경우, 개발자의 입장에서는 앱스토어를 이용하는 것이 자신이 개발한 제품을 홍보하고 판매하는 데 더 유리하다. 마찬가지로 사용자도 개발자들의 홈페이지를 일일이 찾아다니는 것보다 앱스토어의 검색 서비스를 이용하는 것이 시간과 비용을 줄이는 데 합리적이다. 결국 앱스토어에 참여하는 개발자가 늘어 등록 앱이 증가하게 되면 앱을 다운로드하는 사용자도 늘어나고 이는 다시 개발자의 참여를 증가시켜 네트워크의 효과에 따른 선순환 가치가 발생하게 된다.

IT 산업의 플랫폼 모델은 콘텐츠(C)－플랫폼(P)－네트워크(N)－터미널(T)이라는 '가치 네트워크'로 구성된다. 이런 플랫폼 모델에서는 사용자(참여자)가 많아질수록 가치가 증대되는 네트워크 효과가 중시된다.119)

그림 2-8 IT 관련 사업의 가치 네트워크

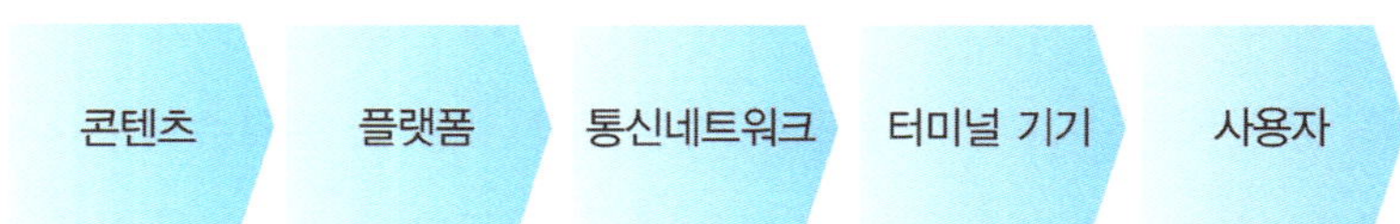

그림 2-9 인터넷 관련 산업의 가치 네트워크

118) 히라노 아쓰시 칼 · 안드레이 학주, 천채정 옮김, 플랫폼 전략, 더숲, 2011.
119) 이홍규 · 김성철, 비즈니스 모델, 한울아카데미, 2011.5, pp.195.

둘째, 플랫폼을 구축하면 이를 기반으로 다양한 제품이나 서비스로 사업을 확장해나가는 것이 용이하다. 예를 들어 구글은 온라인 검색 사업에서 출발하였는데, 사용자 기반을 활용해 [그림 2-10]과 같이 지메일(Gmail), 유튜브(YouTube) 등의 PC 온라인 서비스를 거쳐 이제는 안드로이드(Android) 같은 모바일 서비스, 구글 TV 같은 TV 서비스 영역으로까지 그 사업 영역을 확장하고 있다.120)

셋째, 플랫폼의 반복적 사용에 따른 비용의 절감 효과이다. 즉, 플랫폼은 하나의 뼈대(골격)를 반복적으로 사용하도록 하기 때문에 범위의 경제(economies of scope)로 인한 비용의 절감 효과를 갖게 해 준다.121) 특히 각 참여자들이 개별적으로 처리할 경우 시간과 비용이 많이 드는 데 비해 플랫폼을 공유하면 이러한 비용이 대폭 절감된다.122) 또한 플랫폼을 구성하는 부품 등 다양한 요소들이 대량으로 사용되므로 규모의 경제

그림 2-10 구글의 사업영역 확장 역사

출처: 삼성전자 세미나 발표 자료.

120) 이홍규 · 김성철, 비즈니스 모델, 한울아카데미, 2011.5, p.114, p.195.
121) 최병삼, 가치 창출 틀 플랫폼, 다원화 혁명 이끈다, DBR No. 103, 2012, pp.68-75.
122) 히라노 아쓰시 칼 · 안드레이 학주, 천채정 옮김, 플랫폼 전략, 더숲, 2011.

에 따른 비용 절감 효과도 발생한다. 이 외에도 검증된 모듈의 재사용으로 안정성 제고와 개발 기간 단축 등의 효과도 있다. 따라서 자신의 플랫폼이 사실상의 산업 플랫폼(industry platform)으로 발전하면 그 결과 비용우위, 가격 인하와 같은 전체 시스템 차원의 효과 창출이 기대된다.

넷째, 플랫폼은 '혁신 생태계(ecosystem of innovation)'를 구축하고 리더가 되려고 하는 기업에게 유용한 전략을 제공한다. 생태계는 비즈니스 주체들의 서식처인데, 생태계 내의 기업들은 플랫폼을 통해 다양한 기업이 이루어내는 혁신을 활용함으로써 한 기업이 한 가지의 고유한 제품으로 승부하는 것 보다 더 강한 가치창출능력을 갖을 수 있다.

이러한 이유들로 인해 플랫폼은 마치 작은 힘으로 무거운 물건을 들 수 있게 하는 지렛대 역할을 하는 레버리지 효과를 부여하며 강력한 비즈니스 모델 구축의 토대가 될 수 있다.[123] 고객 맞춤화, 거래 비용의 절감, 그리고 소유에서 공유라는 새로운 소비 방식까지 다양한 변화를 이끌어 낼 수 있다.[124]

(3) 플랫폼 비즈니스 모델의 유형

가) 다양한 플랫폼 비즈니스 모델의 유형

플랫폼 비즈니스 모델의 유형의 분류나 체계에 관한 연구나 문헌은 많지 않은데, 여기서는 여러 연구와 전문서적 등을 토대로 플랫폼 비즈니스 모델을 가게형(store) 비즈니스 모델, 사슬형(chain) 비즈니스 모델, 상거래형(commerce) 비즈니스 모델, 대리인형(agent) 비즈니스 모델, 웹서비스(web service) 비즈니스 모델, 게임 비즈니스 모델 등으로 분류하였다.[125][126][127]

---

123) 최병삼, 가치 창출 틀 플랫폼, 다원화 혁명 이끈다, DBR No. 103, 2012, pp.68−75.
124) 정지혜, 개방과 소통이 만드는 서비스 사업의 혁신, LG Business Insight, 2011.3.9.

(가) 가게형(store) 비즈니스 모델

이 모델은 수요자와 공급자들이 플랫폼을 근거로 필요한 가치를 교환하는 비즈니스 모델을 말한다. 애플은 iOS와 앱스토어를 기반으로 해서 디지털 허브를 만들고 앱 개발자들과 소비자들이 자유롭게 앱과 콘텐츠를 교환하도록 하고 있다. 애플은 하드웨어 위주로 혁신을 해오다가 mp3 플레이어인 아이팟과 mp3 다운로드 사이트인 아이튠즈를 개발, 서비스를 통해 하드웨어와 소프트웨어를 아우르는 업체로 급성장을 하게 되었다. 이를 기반으로 혁신적인 스마트폰인 아이폰을 출시해 현재까지 그 플랫폼 시장을 선도하고 있다.128)

(나) 사슬형(chain) 비즈니스 모델

이는 비즈니스 수행을 위한 가치 사슬을 플랫폼에 형성해 두고 이를 기반으로 참여자들의 협업을 통해 가치 활동을 전개해 비즈니스를 완성하는 비즈니스 모델이다.

사슬형 비즈니스 모델의 대표적인 사례가 리앤펑의 비즈니스 모델이다. 예를 들어, 미국에 있는 A의류업체가 3개월 안에 치마 20만 벌이 필요할 경우 납품기한이 짧아 리스크가 큰 데다 물류 등에 신경 쓰고 싶지 않아 조달을 통째로 리앤펑에 맡긴다. 그러면 리앤펑은 플랫폼을 활용해 단추는 중국, 지퍼는 한국, 실은 말레이시아 업체에 공급을 요청한 다음, 말레이시아 산 실은 인도로 배송해 직물, 염색한다. 이렇게 조달된 직물, 단추, 지퍼 등은 파키스탄의 공장에 집결돼 제품으로 완결되어 A사에 시

---

125) 함유근 · 이정우, 적절한 개방으로 기업 차별화의 길 찾아라, DBR Issue 2, No. 103, 2012, pp.76－80.

126) 최병삼, 성장의 화두, 플랫폼, SERI 경영노트 제80호, 삼성경제연구소. 2010.

127) 황병선, 스마트플랫폼 전략, 한빛미디어, 2012.

128) 함유근 · 이정우, 적절한 개방으로 기업 차별화의 길 찾아라, DBR Issue 2, No. 103, 2012, pp.76－80.

간 내 배송하게 된다. 자체 공장은 단 하나도 없지만 전문화한 생산, 배송 능력이 있는 회사들과 협업을 통해 고객의 니즈를 충족시키고 있다. 역량을 공급망 관리에 집중하고 생산은 협업으로 관리, 높은 부가가치를 창출해 비교 우위를 유지한 예다.[129][130]

(다) 상거래형(commerce) 비즈니스 모델

다양한 상품 공급자와 수요자들이 만나는 상거래 모델과 사이트를 플랫폼으로 운영하는 비즈니스 모델을 말한다. 일례로 단순한 정보의 중개자(open market)였던 이베이(eBay)가 현재는 스마트 기기를 통해 오프라인과 온라인을 하나로 묶는 거대한 커머스 플랫폼을 구축하는 것을 전략으로 하고 있다. 이를 위해 API(Application Programming Interface)를 공개하고, 사용자의 환경에 맞는 맞춤형 상거래 서비스를 하고 있다. 또한 이베이는 현재의 당일배송 서비스를 주요 도시 5곳에서 한 시간 내 배송서비스로 전환했다.

(라) 대리인형(agent) 비즈니스 모델

이 모델은 플랫폼으로서 거래 사이트가 직접 매매를 하는 것이 아니라 공급자와 수요자들이 자유롭게 매매할 수 있도록 서비스하는 대리인 역할을 하는 비즈니스 모델이다. 온라인 서점의 대표주자인 아마존은 기존의 소매점 전략을 시작해 성공한 바 있으나, 소매점 전략을 에이전트 전략으로 수정하면서부터 상승 가도를 달리고 있다. 아마존의 에이전트 전략은 모든 재고를 아마존이 관리하고 통제하는 것이 아니라 아마존에 납품하는 협력업체들이 스스로 통제를 하도록 하는 것이다.[131] 단순한

---

129) 주간무역. http://www.weeklytrade.co.kr/sub_read.html?uid=31820.

130) 윤형중, 이제는 빅데이터 시대, e비즈북스, 2012.

131) 함유근 · 이정우, 적절한 개방으로 기업 차별화의 길 찾아라, DBR Issue 2, No. 103, 2012, pp.76-80.

유통업에서 플랫폼을 통한 디지털 중개업자가 된 아마존의 행보는 플랫폼 전략의 미래를 보여 주는 듯하다.

(마) 웹서비스(web service) 비즈니스 모델

플랫폼 기반의 각종 원격 컴퓨팅 서비스를 비즈니스로 하는 모델이다. 아마존 웹서비스(AWS, Amazon Web Services)가 대표적이다. AWS는 클라우드 컴퓨팅 환경에서 다른 웹사이트나 클라이언트 측 응용 프로그램에 대해 온라인 서비스를 제공하고 있다. 컴퓨팅 설비, 스토리지(저장 공간), 데이터베이스, 데이터 분석 등 12가지 클라우드 서비스를 필요로 하는 수요자에게 언제 어디서나 필요한 만큼 사용하도록 서비스하고 있는데 이 서비스는 모두 플랫폼 기반에서 제공되고 있다.[132]

(바) 게임 비즈니스 모델

플랫폼 기반으로 게임에 관한 수요와 공급을 연결하는 비즈니스 모델이다. 소셜 서비스를 넘어 다양한 앱을 선보이고 있는 페이스북은 많은 플랫폼 기반의 게임 비즈니스 모델을 확보하고 있다. 한국에서는 2012년 7월 30일, 카카오톡(이하 '카톡')이 "카카오톡 게임하기" 서비스를 시작했다. 플랫폼 기반의 게임 비즈니스의 시작을 알리는 서막이었다. 카톡 게임은 <애니팡>과 <드래곤 플라이트>를 시작으로 오픈 당시, 5000만 명이었던 카톡 사용자들을 빠르게 게임 속으로 끌어들였다. 카톡 게임이 상업적으로 성공을 거두면서 충성도 높은 사용자를 다지는 훌륭한 플랫폼이 될 수 있다는 것도 증명했다.[133]

나) 케빈 부드로와 카림 라카니의 플랫폼 비즈니스 모델 유형

케빈 부드로(Kevin J. Boudreau)와 카림 라카니(Karin R. Lakhani)는 통제

132) Applegate, L., Amazon.com: The Brink of Bankruptcy, Harvard Business School Case, 2010.

133) 김승열. http://www.cnet.co.kr/view/19731.

정도에 따라 플랫폼을 통합 플랫폼, 제품 플랫폼, 양면(또는 다면) 플랫폼으로 나눈다.134)

먼저 통합 플랫폼(integrator platform)이란 플랫폼에 참여하는 외부 참여기업에 대해 플랫폼 기업의 통제가 상대적으로 큰 경우이다. 예를 들어 애플의 아이폰 앱스토어(App store)에서는 콘텐츠 개발자와 고객의 관계를 애플이 직접 감시, 통제하며, 대상 콘텐츠를 심사하고 수입 금액의 30%를 가져간다.135)136)

제품 플랫폼(product platform)은 플랫폼 참여 기업에 대한 통제가 상대적으로 약한 경우이다. 플랫폼 기업은 핵심기술의 설계나 상호계약을 통해 외부 참여자를 통제하지만, 통제 이외의 활동은 참여 기업이 자율적으로 결정할 수 있다. 예를 들어 고어텍스(GoreTex)는 수많은 기업에 라이선싱(licensing)을 통해 핵심 기술을 주고 그 제품에 자신의 브랜드를 사용하게 하지만, 생산, 유통, 가격 결정 등은 참여 기업이 자율적으로 한다.

한편 양면(또는 다면) 플랫폼(two－sided or multisided platform)은 통제가 가장 약한 경우로서 참여기업과 고객이 자유롭게 서로 직접 거래를 하도록 하고 플랫폼 기업은 이런 양자 간의 거래와 작용을 촉진하는 역할에 머무른다. 이 경우 플랫폼을 유지하기 위해 필요한 규칙을 참여자에게

---

134) Kevin J. Boudreau and Karin R. Lakhani, “Hows to manage Outside Innovation,” Sloan Management Review, Summer, 2009, pp.69－76.

135) http://terms.naver.com/entry.nhn?docId＝1346254&cid＝40942&categoryId＝32166.
앱스토어(App store): ‘애플리케이션 스토어(Application Store)’의 준말로 스마트폰에 탑재할 수 있는 다양한 애플리케이션(응용프로그램)을 판매하는 온라인상의 모바일 콘텐츠 장터이다(2장 부록 참고).

136) 이홍규 · 김성철, 비즈니스 모델, 한울아카데미, 2011.5, p.258.
애플의 앱스토어는 애플의 단말기를 보유한 사용자만 이용할 수 있고 타사 앱스토어를 통해서는 애플리케이션을 다운받을 수 없으므로 폐쇄형 앱스토어라고 할 수 있다.

부과할 수 있다. 예를 들어 이베이(eBay)는 구매자와 판매자의 자유로운 거래를 보장하면서 상호 신뢰를 고취하기 위한 일정한 규칙을 갖고 있다. 페이스북도 광고주와 콘텐츠개발자 간의 거래에 간섭하지는 않지만 사용자 정보에 대한 접근을 제한하는 것 같은 규칙을 부과한다.

다) 양면시장 플랫폼 모델

(가) 양면시장 플랫폼 모델의 의미

양면시장 모델은 비즈니스 주체가 한쪽(subsidy side)에서는 무료로 서비스를 제공하면서 다른 한쪽(money side)에서는 수익을 창출하는 사업 형태이다. 한 비즈니스 주체가 제공하는 플랫폼에 두 개의 서로 다른 이용자 그룹이 상호 작용을 하면서 가치를 창출하는 의미를 갖는다. [그림 2-11]에서 보는 바와 같이 수익 그룹이 향유하는 플랫폼 가치가 보조 그룹의 사용자 숫자에 크게 의존하고 있는 것이다.137)

그림 2-11 양면시장 구조

(나) 양면시장 플랫폼 모델의 사례

양면시장 모델은 신용카드, 미디어(방송, 신문, 인터넷 포털), 교육, 환경, 전화, PC운영체제 등 다양한 영역에서 찾아볼 수 있다. 또한 마이크로소프트, 애플, 이베이 등 세계적 대기업뿐만 아니라 신생 기업에 이르

137) 이홍규 · 김성철, 비즈니스 모델, 한울아카데미, 2011.5, pp.199-202.

기까지 다양한 규모의 비즈니스 주체가 참여하고 있다.

대표적인 사례로 미국의 버진 모바일(Virgin Mobile)은 광고를 들으면 무료로 휴대전화 통화를 연결해주고 있다. 오스람(Osram)은 빈곤 가정에 에너지 절약형 형광등 200만 개를 무료로 배포하고 그 대신 그 온실가스 감축량 만큼의 탄소 배출권을 확보했다. 라이브모카(livemocha.com)는 외국어를 무료로 배우고자 하는 학생에게 모국어를 가르치도록 해 200여 개 나라의 20여 만 명 학생을 고객으로 확보할 수 있었다. 일본의 오셔나이즈는 타다카피(Tadacopy)라는 매장을 열어 대학생에게 무료 복사 서비스를 제공하는 대신 복사지 뒷면에 광고를 실어 수익을 올렸다. 네이버나 구글은 일반 검색자에게는 무료로 검색엔진을 제공하는 한편 광고주에게는 일반 검색자에 광고할 수 있는 기회를 제공함으로써 수입을 올리고 있다.

양면시장 모델은 특히 콘텐츠, 통신 등 미디어 관련 산업에서 많이 볼 수 있다. 그러나 미디어의 종류에 따라서는 앞에서 설명한 양면시장의 의미와 달리 양쪽으로부터 수익을 얻는 경우도 있다. 인쇄 미디어 산업에서는 신문이나 잡지사가 플랫폼 제공자인 동시에 콘텐츠 공급자의 역할을 하면서, 독자와 광고주 모두로부터 수수료를 받는다. 방송 미디어에서는 콘텐츠 제작(또는 제작의 일부)을 외부에 맡김으로써 콘텐츠 공급과 플랫폼 제공의 분화가 일어나고 수익은 주로 광고주로부터 발생한다. 한편 인터넷 미디어 산업에서는 포털이 플랫폼 핵심 역할을 하고, 외부 콘텐츠와 내부 커뮤니티를 활용한 접속자의 확대와 이에 기반한 광고주로부터의 광고 수입을 기대하는 구조이다.

(다) 양면시장 플랫폼 모델의 성립 조건

양면시장 플랫폼 모델의 성공 여부는 어떻게 양 사용자 그룹이 필요로 하는 가치 환경을 만들어내고, 그 대가로 얼마만큼의 이용료를 양측 또는 어느 한쪽으로부터 받느냐는 데 있다.

양면시장 모델이 성립하려면 첫째, 상호 구분되는 두 그룹의 고객이 동시에 존재해야 하고, 둘째, 두 고객 그룹 간에 양(+)의 간접적인 네트워크 외부 효과(indirect network externality)가 존재해야 하며, 셋째, 두 그룹 간의 이해관계에 균형이 이루어져야 하며, 넷째, 두 그룹이 수용할 수 있는 적정가격을 찾아야 한다.[138][139]

예를 들어 구글의 경우, 검색자와 광고주라는 두 개의 사용자 그룹이 존재하고, 두 그룹 간에는 검색자의 증가가 광고주의 편익을 증가시키는 간접적 네트워크 효과가 있다. 또한 광고주는 검색자에게 광고가 최대한 노출 되기를 원하나 검색자는 광고 노출이 최소화되기를 원하는 이해관계의 상충이 존재한다. 그래서 검색자는 무상으로 서비스를 이용하는 반면 광고주는 자신의 광고에 대한 비용으로 검색 서비스 비용까지 부담하고 있는 것이다.

3) 제품 · 서비스의 다양성

(1) 다양한 제품과 버전

비즈니스 주체가 수익 모델에 고려해야 할 사항으로 제품과 서비스의 다양성을 빼놓을 수 없다. 소비자의 기호가 다양화 · 파편화되고 있다는 점을 고려해야 한다.

---

138) 간접적 네트워크 효과란 한 그룹의 플랫폼 가입 또는 이용의 증가가 다른 그룹의 편익을 증대시키는 효과를 말한다.

139) Renata Hess, "Two-sided Platform Markets and the Application of the Traditional Anti-trust Analytical Framework," Competition Policy International 3: 1, 2007; Karine Perset, "The Economic and Social Role of Internet Intermediaries," OECD, 2010.

제품과 서비스의 다양성 구성을 위해서는 최근의 특징 중 하나인 다양한 제품 버전을 활용할 필요가 있다. 예를 들어 디지털 카메라와 휴대전화 기능을 결합시킨 '디카폰'만 해도 수없이 다양한 버전이 존재한다. 어떤 제품이 성공을 거두면 특히 그 제품과 기능, 색상, 디자인 면에서 조금씩 다른 각종 제품이 선보이고 있다.

다양한 버전화는 정보기술 관련 제품에서 두드러진다. 칼 샤피로(Carl Shapiro)와 할 배리언(Hal R. Varian)에 따르면 정보재(information goods), 디지털 제품(digital goods) 등 정보 또는 비트(bit)로 디지털화가 가능한 제품이나 서비스는 다양한 버전의 출시를 통해 가격의 차별화(price discrimination)가 용이하다. 출판사가 처음에 양장본을 출판한 다음 페이퍼백(paperback)을 내놓는다든지, 주식시세 정보의 공급에 시차를 두는 방식으로 가격을 차별화하는 것과 같다.[140]

(2) 물량중심의 제품과 다양성 중심의 제품

비즈니스 주체에게 있어서 규모 경제에 중점을 둔 물량 위주(volumedriven)의 제품을 만들 것인지 다양한 사양에 중점을 둔 다양성 위주(variety-driven)의 제품을 만들 것인지를 결정하는 것은 중요하다.

전자는 대량생산(mass production)을 하며 제품 사양 및 생산 프로세스의 표준화를 통해 제품의 생산 비용을 낮추는 효과가 있으나 제품의 다양성을 부족하게 만든다. 반면 후자는 맞춤화 생산(customization production)을 하며 제품의 포트폴리오와 맞춤화로 고객의 만족도를 향상시키지만 기업의 프로세스를 매우 복잡하게 만들고 비용을 증가시킨다. 물량 위주의 제품과 다양성 위주의 제품의 가치창출 특징을 [표 2-17]에서 볼 수

---

140) Carl Shapiro and Hal R. Varian, Information Rules: A Strategic Guide to the Network Economy, Harvard Business School Press, Boston, 1999.

표 2-17 제품 유형별 가치창출 특징

	물량 위주의 제품	다양성 위주의 제품
초 점	안정화와 통제를 통해 효율성 확보	유연함과 재빠른 대응을 통해 다양성과 맞춤성 확보
목 표	낮은 가격의 제품과 서비스를 개발, 생산, 보급하는 것	고객이 원하는 것을 정확히 충족시키도록 다양하고 개성에 적합한 제품이나 서비스를 개발, 생산, 보급하는 것
특 징	안정적인 수용, 저가이지만 지속적인품질, 표준화된 제품이나 서비스	파편화된 수요, 저가이지만 높은 품질, 맞춤화된 제품이나 서비스

있다.[141]

(3) 융복합화와 단순화(divergence)

가) 융복합 사례

최근 비즈니스에서 광범위하게 융복합(convergence)이 일어나고 있다. 기기, 기술, 시장, 산업 등 다양한 분야에서 융복합화가 일어나고, 기존 제품과 서비스의 영역을 뛰어넘어 일어나고 있다. 일종의 '크로스 오버(cross-over)' 현상이 나타나고 있어, [표 2-18]에서 보는 것처럼 제품+제품, 제품+서비스, 서비스+서비스 등을 쉽게 볼 수 있다.[142][143][144]

[표 2-18]에 나와 있는 사례 외에 제품+제품 융복합 사례로 휴대전화와 카메라, 제품과 서비스 융복합 사례로 자동차의 텔레매틱스(telematics)[145]와 각종 홈서비스(금융, 방송 등) 결합, 아이폰과 앱스토어,

141) B. J. Pine Ⅱ, Mass Customization: the new frontier of business competition, Harvard Business School Press, 1993.
142) 최병삼 · 이성호 · 권기덕, 컨버전스의 성공조건, SERI CEO Information, 2007.3.28, 제597호.
143) 지식경제부, 융복합 국제 컨퍼런스 자료, 2009.11.24.
144) 농촌융복합산업 육성 및 지원에 관한 법률.
145) 텔레매틱스(telematics): 텔레커뮤니케이션(telecommunication)과 인포매틱스(informatics)

소프트웨어 판매와 컨설팅 서비스를 결합한 오라클의 온디맨드(on-demand) 서비스, 엘리베이터 판매와 그 유지 보수 서비스를 결합시킨 오티스(Otis) 등, 그리고 서비스와 서비스 융복합 사례로 예금, 보험, 자산관리 컨설팅 등 금융 관련 서비스를 개인에게 통합·제공 등을 들 수 있다. 이 중에서 제품과 서비스의 결합이 최근 주목받는 융복합 형태이다.

표 2-18 융복합 유형별 사례

<table>
<tr><th>구 분</th><th>융합 사례</th><th>설 명</th><th>의 의</th></tr>
<tr><td rowspan="3">제품
+
제품</td><td>스마트폰</td><td>휴대 전화와 개인용 휴대 단말기(PDA)의 장점을 합친 차세대 휴대 전화</td><td rowspan="3">- 소비자 동선이 유사한 제품을 결합해 공간을 절약하고 편의를 도모
- 같이 연결해 사용하거나 순차적으로 이용하는 제품을 결합하는 경우가 많음</td></tr>
<tr><td>다기능
네비게이션</td><td>내비게이션 기반에 DMB, MP3, 영상재생 장치 등 다양한 기능을 융합</td></tr>
<tr><td>프린터 복합기</td><td>프린터와 스캐너, 팩스가 융합됨으로써 소비자에게 새로운 가치를 제공</td></tr>
<tr><td rowspan="3">제품
+
서비스</td><td>아이팟 +
아이튠즈146)</td><td>아이팟과 아이튠즈의 서비스가 융합되어 멀티미디어 제품과 콘텐츠 서비스의 융합을 완성</td><td rowspan="3">- 소비자가 제품을 사용하면서 느낄 수 있는 불편함을 해소하거나 기기 이용을 활성화시킬 수 있는 서비스를 제품에 융합시킴</td></tr>
<tr><td>웅진 코웨이
정수기/비데
렌탈 서비스</td><td>웅진 그룹, 고객별 방문 사원 네트워크를 기반으로 정수기, 공기청정기, 연수기, 비데 등의 제품에 서비스를 융합</td></tr>
<tr><td>디지털 카메라 +
사진 인화 서비스</td><td>디지털 카메라로 찍은 사진을 바로 인화할 수 있는 서비스를 제공함으로써 시너지를 높임</td></tr>
</table>

의 합성어로 자동차와 무선통신을 결합한 새로운 개념의 차량 무선인터넷 서비스이다(2장 부록 참고).

146) 아이팟(ipod): 음원을 내려받는 터미널 기기. 아이튠즈(iTunes): 디지털 노래, 영상파일을 재생하고 정리하는 데 사용되는 디지털미디어 플레이어. 아이폰, 아이팟, 아이패드의 콘텐츠를 관리하는 인터페이스로 사용되는 프로그램.

서비스 + 서비스	6차 산업 (농촌융복합산업)	농업인 또는 농촌지역에 거주하는 자가 농촌지역의 농산물·자연·문화 등 유형·무형의 자원을 이용하여 식품가공 등 제조업, 유통·관광 등 서비스업 및 이와 관련된 재화 또는 용역을 복합적으로 결합하여 제공함으로서 부가가치를 창출하거나 높임	-다양한 서비스 제공을 통해 제품의 가치를 지속적으로 업그레이드시킬 수 있음
	의료 관광	의료 서비스와 관광 서비스를 융합해 우리나라같이 관광자원이 부족한 나라에도 서비스와의 결합을 통한 새로운 분야를 제공	-소비자가 다양한 서비스를 한곳에서 누릴 수 있는 편의성과 가치를 느낄 수 있도록 고객의 욕구를 반영해야 함 -고객 접점의 확보가 융합 서비스의 성패를 좌우
	실버타운	노인을 대상으로 한 의료, 복지 등의 서비스가 융합되어 노인 대상의 의료, 복지는 물론 쇼핑, 엔터테인먼트, 커뮤니티 등 다양한 서비스를 제공	
	IPTV147)	하나의 사업자가 단일망을 이용해 TV 서비스와 인터넷, 전화 등 방송통신 서비스를 제공	

147) http://terms.naver.com/entry.nhn?docId=1234516&cid=40942&categoryId=32828. IPTV: 인터넷 프로토콜 텔레비전(Internet Protocol Television)의 약자이다. 초고속 인터넷을 이용하여 정보 서비스, 동영상 콘텐츠 및 방송 등을 텔레비전 수상기로 제공하는 서비스를 말한다. 인터넷과 텔레비전의 융합으로 기존의 인터넷TV와 달리 컴퓨터 모니터 대신 텔레비전 수상기를 이용하고, 마우스 대신 리모컨을 사용한다는 점이다. 시청자가 자신이 편리한 시간에 보고 싶은 프로그램만 볼 수 있다는 점이 일반 케이블 방송과는 다른 점이다.

Tip

아이팟과 아이튠즈[148)]

2001년 애플은 아이팟을 선보였다. 아이팟 이전에 1998년 다이아몬드 미디어(Diamond Media)가 세계최초의 디지털 음원 재생기인 리오(Rio)라는 제품을 출시했다. 제품 디자인이나 성능만 놓고 본다면 애플의 아이팟은 리오에 비해 크게 개선된 점이 별로 없었다.

그럼에도 아이팟이 혁신적인 제품으로 평가받았던 것은 애플이 아이팟 구매자가 아이튠즈 스토어를 통해 음원 콘텐츠를 저렴하고 편리하게 구매할 수 있게 만들어 주었기 때문이다. 디지털 음원, 하드웨어, 소프트웨어를 사용하기 쉽도록 하나의 패키지로 묶은 아이튠즈 스토어(iTunes Store)를 개설해 사람들이 음악을 듣는 방식을 완전히 바꿔놓은 것이다. 애플은 아이튠즈 스토어를 통해 디지털 음원 소비 생태계를 창조하는 비즈니스 모델 혁신을 주도했다.

애플은 아이튠즈 스토어를 통해 아이팟의 가치를 현저히 높여 아이팟 판매가 급상승하는 계기를 마련하였을 뿐만 아니라 아이튠즈 스토어에서 음원을 판매함으로써 추가적인 수익을 창출했다. 아이튠즈 스토어 개설 3년 만에 아이팟과 아이튠즈 스토어를 합한 매출액이 100억 달러를 돌파해 애플 총매출액의 절반 이상을 차지하게 되었다. 또한 애플의 시장가치가 2002년 26억 달러에서 2007년 1,330억 달러로 무려 50배나 뛰어오른 것도 아이튠즈 스토어 덕분이라고 할 수 있다.

나) 융복합의 가치창출 조건

융복합을 통해 가치를 창출하려면 먼저 그 융복합 결합에 창조성이 있어야 한다. 즉, 개별 기기로는 구현하기 어려운 가치를 융복합화를 통해 실현해야 하는 것이다. 융복합으로 시간 절약, 편리함, 즐거움이라는 차별화와 고급화를 제공할 수 있어야 한다.

또한 그 결합 아이디어가 시장에서 받아들여져야 한다. 그러기 위해서는 공급자의 관점이 아닌 고객의 관점이 중시되어야 한다. 즉, '기술공

148) 김병도, 경영학 두뇌, 해냄, 2018.3, p.121.

학'만이 아니라 소비자의 다양한 니즈에 맞춘 '소비 과학'이 인식의 중심에 있어야 한다.149)

다) 단순 제품

융복합 현상과 더불어 복잡하고 잡다한 기능을 없애고 핵심 기능만 넣어 소비자의 필요에 맞춘 단순(divergence) 제품이 부각되고 있다. 소비자가 원하는 수준보다 많은 기능이 부가됨으로서 소비자에게 피로를 일으키거나 핵심기능의 성능을 오히려 떨어뜨리는 현상에 대한 반성이라 할 수 있다.150) 즉, 초기의 단순기능 제품에서, 다루기 어렵고 고장도 잦고 가격도 비싼 복잡한 다기능 제품으로 갔다가, 다시 사용법이 단순하고 필요 기능만 갖춘 싼 가격의 단순기능 제품으로 돌아오고 있는 것이다.

대표적인 단순 제품으로 과거 애플이 내놓았던 아이팟 셔플(iPod shuffle)을 들 수 있다. 이 제품은 액정창도 없고 고기능 조작도 불가능하지만 가격이 싼 아이팟이다. 닌텐도의 위(Wii) 역시 단순화로 성공한 제품이다.151)

라) 융복합과 단순의 병행

단순 제품 현상은 융복합 현상과 동시에 진행되기도 한다. 휴대전화는 MP3, 카메라, DMB, PC 기능 등을 가진 복합 매체로 변모하고 있지만 한편으로는 실버폰처럼 보다 특화된 고객 집단을 대상으로 단순화되고 있다.

미디어 관련 산업에서는 음성은 전화기, 데이터는 인터넷, 비디오는

---

149) 최병삼 · 이성호 · 권기덕, 컨버전스의 성공조건, SERI CEO Information, 2007.3.28, 제597호.

150) Roland G. Hamermesh, Paul W. Marshall and Taz Pirmohamed, "Note on Business Model Analysis for the Entrepreneur," Harvard Business School Note 9-802-048, 2002.

151) http://terms.naver.com/entry.nhn?docId=1169884&cid=40942&categoryId=31944. Wii(위)는 닌텐도의 차세대 가정용 게임기이다. Wii라는 이름의 뜻은 영어 단어 We를 이미지화해서 가족 누구나 편안하게 즐길 수 있는 컨셉을 표방한다고 한다.

TV로 구분되던 것이 이제는 인터넷으로 합쳐지는 융복합 현상이 진행되는 한편, 과거 지상파 방송이 독점했던 콘텐츠 제작, 방송기획 및 송출, 네트워크 사용 등의 기능이 디지털 방송으로 전환되면서 독립적인 사업자군으로 분화되는 현상도 나타나고 있다.

4) 비즈니스 모델의 구성에서의 잘못

스콧 셰이퍼(Scott M. shafer), 제프 스미스(Jeff H. Smith), 제인 린더(Jane C. Linder)는 비즈니스 모델의 구성에서 나타나기 쉬운 잘못 네 가지를 지적하였다.[152] 이러한 지적을 비즈니스 모델의 구성에 충분히 고려해야 한다.

(1) 핵심 논리상의 잘못된 가정

비즈니스 모델의 핵심 논리가 잘못된 가정의 기반 위에 있게 되면 기업을 위험에 빠지게 할 수 있다. 먼저 비즈니스 모델의 세 가지 구성요소 즉, 가치제안, 가치창출, 수익 모델을 종합적으로 접근해야 한다.

그리고 각 구성 요소의 전략적 선택이 이루어지고 그에 따라 비즈니스 모델을 만들 때에는 그 모델의 명시적이거나 암묵적인 인과관계가 논리적일 뿐만 아니라 어떤 근거를 갖고 있는지 그리고 일단의 선택이 내적으로 일관되고 상호 배반적이지 않은지를 검토해 봐야 한다. 예를 들어 미국에서 무선 네트워크의 통합서비스는 분명 하나의 기회이지만, 네트워크 간 표준에 비호환성이 있는 상황에서 일관되고 호환 가능한 서비스가 조만간 전국적으로 이루어질 것이라고 가정하는 것은 잘못된 일이다.

152) Scott M. Shafer, Jeff H. Smith and Jane C. Linder, “The Power of Business Models”, Business Horizons 48, 2005, pp.199−207.

(2) 전략적 선택의 제약

비즈니스 모델을 구성할 때는 비즈니스 모델 구성 요소와 관련된 여러 전략적 선택의 핵심논리를 모두 제시해야지 어떤 일부만 제시해서는 안된다. 즉 경영진이 제시된 부분만을 보고 전략적 결정을 하지 않도록 하여야 한다는 의미이다. 전략적 선택의 제약은 경영진으로 하여금 제시된 전략하에서 비즈니스 모델의 성공 가능성을 과대 평가하도록 유도하는 문제를 발생시킨다.

대표적으로 닷컴 시대의 비즈니스 모델이 잘못되었던 것도 비즈니스 모델의 모든 기본 구성요소가 아니라 일부 구성요소를 비즈니스 모델이라고 착각하였기 때문이다.

(3) 가치창출과 수익 획득에 관한 오해

경영진 중에는 가치창출에는 큰 관심을 기울이지만 수익 획득의 문제를 경시하는 경우가 있다. 이는 경영진이 잠재적 가치(potential value)와 실제 가치(actual value)를 혼동하기 때문이다.

예를 들어 야후는 2001년까지 다양한 서비스로 새로운 방문자를 끌어들이는 데는 탁월했지만 이를 이윤으로 연결시키는 데는 취약했다. 전자는 잠재적 가치이지만 후자는 실제 가치이다.

(4) 가치창출 관계구조에 대한 잘못된 가정에 의존

기존의 가치창출 관계구조가 미래에도 지속될 것이라고 가정하는 것은 가치창출 관계구조상에 일어나는 주요한 변화를 놓치게 한다.

예를 들어 광고 수입에 의존하는 무료방송 방식을 탈피해 다수 채널을 묶어 유료로 서비스하는 방송 방식이 새로 나타난다거나, 전통적인 유통 채널을 통해 한 가지 제품을 판매하는 방식 대신에 타 제품 업체와의 전략적 제휴로 다수의 결합 제품을 공동 판매하는 방식 등이 확산되는 경우 가치창출 관계구조에 중대한 변화가 진행되고 있다고 보아야 한다.

부 록

1. 앱스토어(App store)[153]

'애플리케이션 스토어(Application Store)'의 준말로, 스마트폰에 탑재할 수 있는 다양한 애플리케이션(응용프로그램)을 판매하는 온라인상의 모바일 콘텐츠 장터이다.

즉, 모바일 애플리케이션(휴대폰에 탑재되는 일정관리 · 주소록 · 알람 · 계산기 · 게임 · 동영상 · 인터넷접속 · 음악재생 · 내비게이션 · 워드 · 액셀 등의 콘텐츠 응용프로그램)을 자유롭게 사고 팔 수 있는 온라인상의 '모바일 콘텐츠(소프트웨어) 장터'를 의미한다.

2008년 7월 11일 애플(Apple Inc.)이 스마트폰(smart phone; 휴대폰에 인터넷통신과 정보검색 등 컴퓨터 지원 기능을 추가한 지능형 단말기)인 아이폰 3G를 출시하면서 앱스토어라는 이름으로 아이폰 또는 아이팟 용 응용프로그램 판매 서비스를 시작하였고, 이후 애플 앱스토어가 성공을 거두자 구글 · MS 등과 국내외 이동통신사, 단말기제조사 등이 앱스토어 열풍에 동참하였다.

앱스토어는 대형업체가 개발하고 이동통신사가 판매하는 것이 아니라 개인이 애플리케이션을 개발하여 판매하는 개방형 장터로, 운영사에서 공개한 SDK(소프트웨어 개발키트), Xcode 등의 프로그램을 이용하여 누구나 자신이 개발한 애플리케이션을 전 세계 아이폰 이용자에게 팔 수 있다.

---

153) http://terms.naver.com/entry.nhn?docId=1346254&cid=40942&categoryId=32166.

개인 개발자가 만든 애플리케이션을 앱스토어에 등록하면 소비자는 무선통신에 접속하여 자신이 선택한 애플리케이션을 휴대폰으로 다운로드하거나 개인용 컴퓨터(PC)로 다운로드한 후 휴대폰으로 옮길 수 있다. 애플리케이션 판매수익은 개발자와 운영사가 7 : 3 정도의 비율로 분배하며, 소비자들은 무료 또는 유료로 다운로드하여 사용할 수 있다.

애플사 앱스토어 서비스의 경우, 시작한 지 1년 만에 10만 명이 넘는 개발자들이 6만 5,000여 개의 애플리케이션을 등록하였고, 다운로드 15억 건을 기록하였으며, 월 매출액 3,000만 달러(약 360억 원)를 달성하였다.

2. 텔레매틱스(telematics)[154)]

텔레커뮤니케이션(telecommunication)과 인포매틱스(informatics)의 합성어로 자동차와 무선통신을 결합한 새로운 개념의 차량 무선인터넷 서비스이다. 즉, 자동차 안에서 이메일을 주고받고, 인터넷을 통해 각종 정보도 검색할 수 있는 오토(auto) PC를 이용한다는 점에서 '오토모티브 텔레매틱스'라고도 부른다.

운전자가 무선 네트워크를 통해 차량을 원격 진단하고, 무선모뎀을 장착한 오토 PC로 교통 및 생활 정보, 긴급구난 등 각종 정보를 이용할 수 있으며, 사무실과 친구들에게 전화 메시지를 전할 수 있음은 물론, 음성 이메일을 주고받을 수도 있고, 오디오북을 다운받을 수도 있다. 서비스 형태에 따라 뉴스수신, 주식투자, 전자상거래, 금융거래, 호텔예약, 팩시밀리 송수신, 게임, 차량 사고 및 도난 등 다양한 서비스가 가능하며, 특히 교통사고가 났을 경우 GPS위성을 이용해 자동적으로 사고차량의

154) http://terms.naver.com/entry.nhn?docId=1216377&cid=40942&categoryId=32358.

위치를 추적, 가장 근접한 119구조대에 전달해 줌으로써 구난 활동에 용이하다는 장점이 있다.

텔레메틱스 서비스는 자동차 메이커와 이동통신업체 간의 합작 형태로 이루어지는 것이 일반적이다. 한국의 경우 텔레메틱스 서비스 개발을 위해 자동차 회사와 이동통신업체 간의 협력이 활발해 현대・기아자동차는 LG텔레콤과 무선차량 정보서비스 개발을 위한 전략적 제휴를 체결하였고, 대우자동차는 한국통신프리텔과 손잡고 이동통신과 위치추적기술을 접목한 드림넷 서비스 제휴를 체결하였다.

요 약

–비즈니스 모델의 기본 구성 요소인 가치제안, 가치창출, 수익 창출은 상호 관련성을 가지므로 종합적 접근이 필요하다.

–고객에게 가치를 제안하였다고 해서 바로 수용하는 것은 아니다. 고객이 제안한 가치에 대해 끌리게 되면 가치인식 단계로 접어들게 되고, 제안 가치를 분석 · 확인한 후 제안 가치에 대한 수용 여부를 결정하게 된다.

–가치제안의 전략적 선택에는 표적 시장의 선택, 가치창출 관계구조 유형의 선택, 전략적 포지셔닝의 선택 등이 있다.

–가치창출의 전략적 선택으로는 자원 및 역량의 선택, 투자 규모의 선택, 조직 설계의 선택 등을 들 수 있다.

–수익 창출의 전략적 선택으로는 핵심성공요인의 선택, 수익 모델의 선택, 수입원의 선택, 가격의 선택, 비용구조의 선택 등을 들 수 있다.

–수입원이 되는 고객의 지불형태에는 판매대금, 이용료, 가입비, 대여료(임대료), 라이센싱, 중개수수료, 광고료 등 다양한 형태가 있다.

–가격 결정에 고려해야 할 주요 시장 특성으로 소비자의 가격 민감성, 고객의 전환 비용, 고객의 지불 시기, 경쟁기업의 가격정책, 대체제의 존재, 가격 차별화의 가능성 등을 들 수 있다.

–비용은 기업의 수익을 결정하고 가격을 결정하는 주요 요소이다. 비용을 발생시키는 비용 구조에는 비용의 원가 동인, 비용의 형태, 비용의 상대적 크기와 중요성, 비용의 변화 등이 주로 관련된다.

–아드리안 슬라이워츠키 외 2명의 수익 모델로는 고객의 문제 해결, 제품 피라미드, 생산 · 판매 시스템상의 복수 부문, 판매자와 구매자의 중개, 진입의 시차에 따른 차별화, 블록버스터 제작, 제품 캐릭터나 서비스의 반복적 활용, 기업 조직 분할, 전문성 향상, 사용자 기반 확보, 표준 확보 등 11가지가 있다.

–플랫폼은 "첫째, 외부의 여러 제품과 서비스를 제공하는 기업에 참여가 개방되며, 그 참여자들은 서로 연계를 가진 하나의 네트워크로서 기능하게 된다. 둘째, 플랫폼을 구축하면 이를 기반으로 다양한 제품이나 서비스로 사업을 확장해 나가는 것이 용이하다. 셋째, 반복적 사용에 따른 비용의 절감 효과이다. 넷째, '혁신 생태계'를 구축하고 리더가 되려고 하는 기업에 유용한 전략을 제공한다."고 하는 경제적 가치를 제공한다.

–융복합을 통해 가치를 창출하려면 먼저 그 융복합 결합에 창조성이 있어야 한다. 그리고 그 결합 아이디어가 시장에서 받아들여져야 한다.

–비즈니스 모델의 구성에서는 네 가지 잘못이 나타난다. 즉, 핵심 논리상의 잘못된 가정, 전략적 선택의 제약, 가치창출과 수익 획득에 관한 오해, 가치창출 관계구조에 대한 잘못된 가정에 의존 등이 그것이다.

주요 질문

1. 고객의 가치수용 과정은 어떻게 이루어지는가?
2. 비즈니스 모델의 구성 요소 중 가치제안의 전략적 선택에 어떤 것들이 있는가?
3. 표적 시장의 의미는?
4. 가치창출 관계구조 유형에는 어떤 것들이 있는가?
5. 가치창출의 전략적 선택에는 어떤 것들이 있는가?
6. 수익 창출의 전략적 선택에는 어떤 것들이 있는가?
7. 수익을 결정하는 대표적인 요소는?
8. 웅진코웨이는 어떻게 수입원을 변화시켰는가?
9. 다양한 수입원의 형태에는 어떤 것이 있는가?
10. 기준 가격은 어떻게 설정하게 되는가?
11. 고객의 전환 비용이 갖는 의미는?
12. 시장특성을 고려한 가격 전략에는 어떤 것이 있는가?
13. 비용 구조에 어떠한 것들이 관련되는가?
14. 아드리안 슬라이워츠키 외 2명의 수익 모델 유형은?
15. 플랫폼의 경제적 가치는?
16. 플랫폼 비즈니스 모델의 유형은?
17. 융복합의 의미와 가치창출 조건은?
18. 비즈니스 모델 구성에서의 잘못은?

참고 문헌

1. 강한수, 성공적인 비즈니스 모델의 조건, SERI경영노트 제108호, 삼성경제연구소, 2011.6.23.
2. 권기덕, 모바일 빅뱅 시대의 비즈니스 모델 진화, SERI경영노트, 2010.2.18.
3. 김민조, 착한기업의 불편한 진실, 21세기북스, 2012.
4. 김병도, 경영학 두뇌, 해냄, 2018.
5. 농촌융복합산업 지원에 관한 법률.
6. 류한석, 모바일 플랫폼 비즈니스, 한빛비즈, 2012.
7. 윤상진, 플랫폼이란 무엇인가?, 한빛비즈, 2012.
8. 윤형중, 이제는 빅데이터 시대, e비즈북스, 2012.
9. 이순용, 생산관리론, 법문사, 1992.
10. 이홍, 비즈니스의 맥, 삼성경제연구소, 2013.
11. 이홍, 초월적 가치경영, 더숲, 2016.
12. 이홍규 · 김성철, 비즈니스 모델, 한울 아카데미, 2011.
13. 전성현, 뉴 비즈니스 모델, 집문당, 2002.
14. 정영복 외, 사업정의와 경영전략, 한스컨텐츠, 2006.
15. 정지혜, 개방과 소통이 만드는 서비스 사업의 혁신, LG Business Insight, 2011.3.9.
16. 조용호, 플랫폼 전쟁, 21세기북스, 2011.
17. 주간경제, 시대의 플랫폼 경쟁, 주간경제 721호, 2008.
18. 지식경제부, 융복합 국제 컨퍼런스 자료, 2009.11.24.
19. 최덕규, 원가회계, 경문사, 2001.
20. 최병삼, 가치 창출 틀 플랫폼, 다원화 혁명 이끈다, DBR No. 103, 2012, pp.68－75.
21. 최병삼, 성장의 화두 플랫폼, SERI 경영노트 제80호, 삼성경제연구소, 2010.
22. 최병삼 · 이성호 · 권기덕, 컨버전스의 성공조건, SERI CEO Information 제597호, 2007.3.28.
23. 플랫폼전문가그룹, 플랫폼을 말하다, 클라우드북스, 2013.
24. 함유근 · 이정우, 적절한 개방으로 기업 차별화의 길 찾아라, DBR Issue 2, No. 103, 2012, pp.76－80.

25. 황병선, 스마트플랫폼 전략, 한빛미디어, 2012.
26. 히라노 아쓰시 칼 · 안드레이 학주, 천채정 옮김, 플랫폼 전략, 더숲, 2011.
27. A. H. Maslow, 왕수민 옮김, 인간 욕구를 경영하라, 리더스북, 2011.
28. Alexander Osterwalder 외, 유효상 옮김, 비즈니스 모델의 탄생, 타임비즈, 2011.
29. David Vogel, 김민주 외 옮김, 기업은 왜 사회적 책임에 주목하는가, 2006.
30. Akshay R. Rao, Mark E. Bergen, Scott Davis, "How to Fight a War," Harvard Business Review, March 2000, pp.107–116.
31. Applegate, L., Amazon.com: The Brink of Bankruptcy, Harvard Business School Case, 2010.
32. B. J. Pine Ⅱ, Mass Customization: the new frontier of business competition, Harvard Business School Press, 1993.
33. Baldwin, Carlissy & Woodard, C. Jason, The Architecture of Platform: A Unified View. Harvard Business School Finance Working Paper No. 09–034, 2008.
34. Barry Jaruzelski, conrad Winkler and Eric Dustman, "$950 Billion in Extra Capital," strategy+business, booze&co, 2009.
35. Carl Shapiro and Hal R. Varian, Information Rules: A Strategic Guide to the Network Economy, Harvard Business School Press, Boston, 1999.
36. Chesbrough, H., Open Platform Innovation: Creating Value from Internal and External Innovation, Intel Technology Journal, 7(3), 2003, pp.5–9.
37. Clayton M. Christensen, Erik A. Roth and Scott D. Anthony, Seeing What's Next: Using the Theories of Innovation to Predict Industry Change, Harvard Business School Press, 2004.
38. Cusumano, M. & Gawer, A., The Elements of Platform Leadership, MIT Sloan Management Review, 43(3), 2002, pp.51–58.
39. F. E. Kast & J. E. Rosenzweig, Organization and Management. A Systems and Contingency Approach, 4th ed., (N.Y.: McGraw–Hill), 1985.
40. Kevin J. Boudreau and Karin R. Lakhani, "Hows to manage Outside Innovation," Sloan Management Review, Summer, 2009, pp.69–76.
41. Michael E. Porter, "What is Strategy?" Harvard Business Review, Nov. 1996,

pp.61−77.

42. Mintzberg, H., The Structuring of Organizations, Englewood, N. J.: Pr−entice−Hall, 1979.
43. Phillips Kotler, kotler on Marketing: How to create, win and dominate markets, The Free Press, 1999.
44. Renata Hess, “Two−sided Platform Markets and the Application of the Traditional Anti−trust Analytical Framework,” Competition Policy International 3: 1, 2007; Karine Perset, “The Economic and Social Role of Internet Intermediaries,” OECD, 2010.
45. Richard G. Hamermesh, Paul W. Marshall, Taz Pirmohamed, “Note on Business Model Analysis for the Entrepreneur,” Harvard Business School Note 9−802−048, 2002.
46. Robin Cooper and Regine Slagmulder, “Achieving Full−Cycle Cost management,” Sloan Management Review, Fall. 2004, pp.45−52.
47. Roland G. Hamermesh, Paul W. Marshall and Taz Pirmohamed, “Note on Business Model Analysis for the Entrepreneur,” Harvard Business School Note 9−802−048, 2002.
48. Scott M. Shafer, Jeff H. Smith and Jane C. Linder, “The Power of Business Models”, Business Horizons 48, 2005, pp.199−207.
49. Simon, Phil, The Age of the Platform: How Amazon, Apple, Facebook, and Google Have Redefined Business, Motion Publishing, 2011.
50. Stabell, Charles B., and Oystein D. Fjeldstad, “Configuring Value for Competitive Advantage: On Chains, Shops, and Networks”, Strategic Management Journal, V.19, 1988, pp.413−437.
51. Thompson, J. Organization in action, New York: McGraw−Hill, 1967.
52. https://terms.naver.com/entry.nhn?docId=929891&cid=43667&categoryId=43667.
53. https://terms.naver.com/entry.nhn?docId=3353509&cid=47305&categoryId=47305.
54. https://brancosblog.co.kr/21.
55. https://iamking.tistory.com/2.
56. http://blog.naver.com/goodreview7/220033260650.
57. https://terms.naver.com/entry.nhn?docId=3405703&cid=40942&categoryId=31915.
58. http://terms.naver.com/entry.nhn?docId=1114457&cid=40942&categoryId=31914.

59. http://terms.naver.com/entry.nhn?docId=1169884&cid=40942&categoryId=31944.
60. http://terms.naver.com/entry.nhn?docId=1192259&cid=40942&categoryId=34658.
61. http://terms.naver.com/entry.nhn?docId=1234516&cid=40942&categoryId=32828.
62. http://terms.naver.com/entry.nhn?docId=1346254&cid=40942&categoryId=32166.
63. http://terms.naver.com/entry.nhn?docId=2098435&cid=43168&categoryId=43168.
64. http://terms.naver.com/entry.nhn?docId=2099051&cid=43667&categoryId=43667.
65. http://terms.naver.com/entry.nhn?docId=649932&cid=43167&categoryId=43167.
66. http://www.cnet.co.kr/view/19731.
67. http://www.weeklytrade.co.kr/sub_read.html?uid=31820.
68. https://en.wikipedia.org/wiki/Nordstrom.
69. https://en.wikipedia.org/wiki/USAA.
70. https://ko.wikipedia.org/wiki/%EC%86%8C%ED%94%84%ED%8A%B8%EB%B1%85%ED%81%AC.
71. https://ko.wikipedia.org/wiki/%ED%8C%A9%ED%8A%B8%EC%85%8B_%EB%A6%AC%EC%84%9C%EC%B9%98_%EC%8B%9C%EC%8A%A4%ED%85%9C%EC%A6%88.

Business Model

Chapter 3

비즈니스 모델의 사례와 혁신

1. 비즈니스 모델의 사례
2. 비즈니스 모델의 변화

Business Model

제 3 장 비즈니스 모델의 사례와 혁신

1. 비즈니스 모델의 사례

제1장에서 비즈니스에는 다양한 모델이 있고, 다양한 비즈니스 모델에는 공통 기본 구성 요소로서 가치제안, 가치창출, 수익 창출이 있음을 살펴보았다. 그리고 제2장에서는 비즈니스 모델의 기본 구성 요소 각각의 전략적 선택에 대해 구체적으로 살펴보았다.

본 장에서는 앞의 제1, 2장에서 살펴 본 기본 구성 요소인 가치제안, 가치창출, 수익 창출 등의 내용에 근거해서 여러 가지 비즈니스 모델 사례를 구체적으로 살펴보고 각 사례가 갖는 의미를 파악하고자 한다. 앞의 장들에서 기본 구성 요소별로 사례를 제시하기도 하였지만 기본 구성 요소 전반적인 관점에서 살펴보고자 한다.

1) 노보 노르디스크(novo-nordisk): 인권경영[1)2)3)]

(1) 경영 현황

연매출액 292억 달러를 기록한 덴마크 제2의 기업이다. 전 세계 인슐린 시장의 48.5%를 차지하는 세계 1위의 당뇨전문 제약회사이다. 세계적 불황속에서 영업이익이 늘어나고 있고, 해고가 자유로운 나라에서 장기근속 직원이 증가하고 있는 덴마크의 제약업체이다.

2015년 「하버드 비즈니스리뷰」가 발표한 '세계 최고경영자(CEO)'조사에서 라르스 레빈 쇠렌센 노보 노르디스크 대표가 1위로 꼽혔다. 또한 조사에서는 예년과 달리 환경 · 사회 · 지배구조 등 비재무적 성과를 20% 반영했는데, 노보 노르디스크는 이에 힘입어 세계 유수의 기업을 누르고 최고 회사로 선정됐다.

그림 3-1 노보 노르디스크의 경영지표

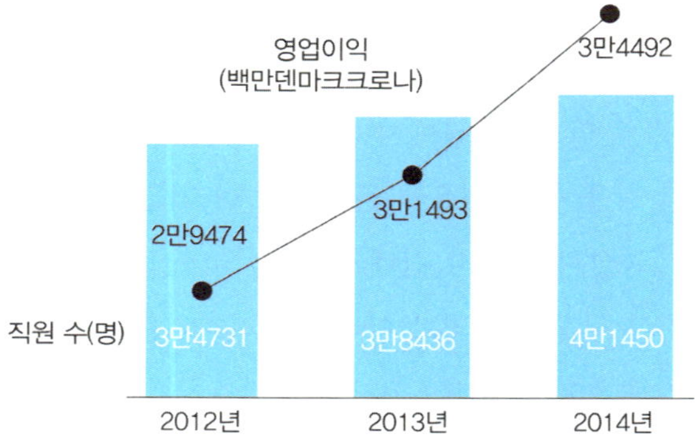

출처: 2014 연간 보고서.

1) 이완, 세계인권선언이 경영 바이블, 한겨레 21, 1087호, 2015.11.23, pp.68－69.
2) https://ko.blueoceanstrategy.com/bos－moves/novo－nordisk/.
3) 메디파나, 창조적 비즈니스 모델, 사회적 과제 넘어 병원계 숙제, 2015.4.9.

(2) 고객가치와 표적 시장의 선택

노보 노르디스크의 웨이(way, 길)는 '우리의 사명은 당뇨병의 치료를 강화하고 앞서가는 것'이다. 90여 년간 엄청난 규모로 회사가 성장했지만 노보 노르디스크는 당뇨병을 중심에 두고 다른 분야에 눈을 돌리지 않았다.

에르스볼 부사장은 "북유럽의 다른 기업들은 합병도 많이 하고 여러 분야에 손을 많이 댔는데 그러면서 처음의 가치를 잊게 됐다. 우리는 창립 시기에 가졌던 중심 가치를 잊지 않고 무엇을 가장 잘할 수 있는지를 항상 상기한다."고 말한바 있다.

노보 노르디스크의 고객은 당뇨병 환자이다. 1982년 립스틱처럼 생긴 펜에 주사침을 만들어 간단히 주사할 수 있는 일명 노보펜(NovoPen)을 출시했고, 현재 전 세계 당뇨병 환자의 절반 이상이 노보펜 시리즈를 구매하고 있다고 한다.

노보펜을 출시하기 이전에는 보다 나은 치료약을 원하는 의사들의 욕구에 맞추었지만 당뇨병 환자들의 욕구에 맞추는 방식으로 전환하기 위해 노보펜을 개발하였다. 노보펜이 개발되기 이전에는 의사들이 당뇨병 치료제를 주사기를 통해 주입하거나 환자 본인이 스스로 투여를 했다. 환자 스스로 주사하는 것이 불편하기도 하고 병으로 공급되는 인슐린을 정확한 양으로 투약하는 데 상당한 어려움을 겪고 있었다. 또한 마치 마약을 투여하는 것 같이 보일 수도 있어 상당히 불쾌감을 느꼈다. 이러한 환자들을 위해 쉽게 휴대할 수 있고 일주일 분의 인슐린 투약 분량 카트리지가 내장된 만년필 모양의 노보펜을 개발하였다.

이후 훨씬 더 편리하고 사용하기 쉬운 투압 시스템을 갖춘 노보렛(NovoLet)을 개발하였고, 계속해서 전자 메모리와 카트리지로 구성된 이노보(Innovo)도 출시했다. 노보 노르디스크의 제품들은 인슐린 시장을 휩

쓸었지만 노보 노르디스크는 단순한 인슐린 생산업체가 아닌 당뇨병 관리 기업으로 변화했다.

(3) 가치창출

노보 노르디스크의 가치창출 능력은 조직 구성원을 존중하는 인권에 기초한 경영이념과 조직관리에서 나온다.

가) 경영이념과 조직관리

노보 노르디스의 경영이념은 노보 노르디스크 웨이(Way)와 이센셜(Essential, 필수)에 잘 나타나 있다. 먼저 '노보 노르디스크 웨이'에는 "우리의 사업철학은 재무적 · 사회적 · 환경적 고려 사항의 균형을 맞추는 것"을 규정하고 있다. 그리고 '이센셜'에는 "우리는 모두를 존중한다", "개인의 성과와 발전에 집중한다", "건강한 근무환경을 조성한다" 등이 명시되어 있다.

에르스볼 부사장이 노보 노르디스크의 경쟁력은 "기본을 지키는 데서 나온다"고 했듯이 경영이념이 상징적 구호로 끝나지 않고 지켜지도록 끊임없이 노력하고 있다. 노보 노르디스크의 웨이와 이센셜이 실제 근무환경에서 지켜지고 있는지 노동자를 대상으로 매년 설문조사를 한다. 장기근속 직원과는 질적 인터뷰를 통해 실질적으로 근무환경이 개선되고 있는지, 뭘 고쳐야 하는지 보고서도 작성한다.

1999년에는 '세계인권선언'을 일상적 경영에서도 이행할 것을 공표했다. 채용 · 노동조건 · 보수 · 승진 · 해고의 모든 과정에서 기회의 균등과 다양성을 강조하고 있다. 모성을 보호하기 위한 휴직이 가능하고 직원을 위한 인권조약도 있다. 에르스볼 부사장은 "이것이 직원의 창의력을 구현하는 데 도움이 된다"고 말하였다.

노보 노르디스크와 계약한 업체가 노동시간과 임금 등을 제대로 지키는지도 매해 설문지를 보내 조사한다. 또한 사업이 진출한 나라의 인권과 건강권에도 관심을 쏟고 있다.

나) 가족과 경영 분리

창업 이념을 내세운 창업주 가족이 경영을 계속 이어가고 있지 않다. 창업주 가족은 회사 주식을 안정적으로 보유한 재단을 맡고 경영에는 간섭하지 않는다. 에르스볼 부사장은 "노보 노르디스크는 가족이 경영에 미치는 영향에 대해 고민했고, 그 결과 가족과 경영을 분리하는 게 옳다고 판단했다", "노보노르디스크 재단은 주식을 안정적으로 유지해 제약회사 특성상 필요한 10년, 15년의 장기 연구를 단기 성과 없이 진행하는 데 버팀목이 되어 준다. 대학에도 연구소를 만들어 기초 연구를 지원해 당뇨병 연구의 든든한 밑거름이 되고 있다"고 재단의 역할을 설명하였다.

다) 노동자 대표의 이사회 참여

창업자 후손 대신 직원들이 뽑은 노동자 대표가 이사회에 참여한다. 11명의 이사진 가운데 4명은 직원들이 뽑은 대표로 구성된다.

덴마크 상법은 노동자의 경영 참여를 보장하고 있고, 노보 노르디스크는 노동자 대표를 4년에 한 번씩 선출하며 재임도 가능하여 전문 경영진 못지 않은 전문성을 갖고 있다. 노동자 대표 중 2명은 여성으로 구성하여 다양한 인적 구성을 갖추고 있다. 이사진의 국적도 덴마크가 5명이고, 나머지는 스웨덴, 노르웨이, 영국 등 다양하다.

이사회를 이렇게 다양하게 구성하면 첫째, 이사들이 다양한 배경과 지식을 통해 균형 잡힌 결정을 할 수 있다는 효과가 있고, 둘째, 세계 각국의 직원들이 차별받지 않고 일할 수 있는 환경을 만들고 창의적인 아이디어를 낼 수 있는 배경을 만들 수 있다는 것이다.

2) 파타고니아(PATAGONIA): 사회적 책임경영[4)5)6)]

(1) 경영 현황

파타고니아는 '지구를 되살리기 위해 사업을 한다'고 하는 미션을 가진 친환경 의류회사이다. 캘리포니아 로스앤젤레스 북서쪽으로 태평양 연안도로를 따라 약 100킬로미터 남짓 올라가면 나오는 인구 11만 명이 사는 작은 도시 벤투라(Ventura)에 본사를 두고 있다. 벤투라 중에서도 북쪽 벤투라강 하구에 있는 해변황무지공원(Seaside Wilderness Park)에서 도로 하나를 건너 300미터 걸어가는 곳에 있다.

1957년 당시 18세였던 이본 취나드(Yvon Chouinard, 1938.11. ~)가 버뱅크에 파타고니아의 전신인 취나드 장비회사(Chouinard Equipment Co.)를 만들었고, 1966년 현재의 벤투라로 옮겼다. 1970년부터 옷을 팔기 시작하다가 의류 매출 비중이 점차 커지자 등반장비 회사 이미지를 넘기 위해 1973년 파타고니아라는 브랜드를 정하였다. 취나드 장비회사는 파타고니아 론칭 이후에도 사업을 이어오다 1989년 문을 닫았다.

파타고니아는 17개국에 직영매장을 가지고 있고, 2018년 매출은 10억 달러이다. 소비를 늘리기 위해 마케팅 활동을 활발하게 하지 않고 오히려 "우리 옷 사지 말고, 꼭 사려면 헌 옷을 사라"고 했는데도 불구하고 2011년 이후 매년 매출이 40% 이상 증가했다. 미국에서 노스페이스에 이어 2위의 아웃도어 브랜드이다. 그리고 글로브스캔(Globe Scan)과 서스테

4) 서진석 외, 넥스트 CSR 파타고니아, mysc, 2019.10.
5) 김민주, 로하스 경제학, 미래의창, 2006.11.
6) http://www.ttimes.co.kr/view.html?no=2020061711537740789&ref=face.

인어빌리티(SustainAbility)가 매년 시행하는 지속가능성 리딩 기업 조사에서 2013년 이래 줄곧 2위를 기록하고 있다. 전 세계에 영업망을 구축하고 607억 달러 매출(2017년)을 기록하고 있는 유니레버에 이어 2위를 기록한 것이다.

그림 3-2 파타고니아 매출 증가

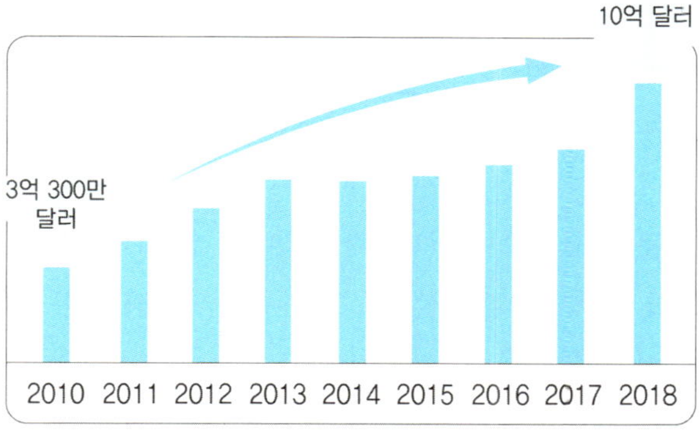

그림 3-3 지속가능성 대표기업

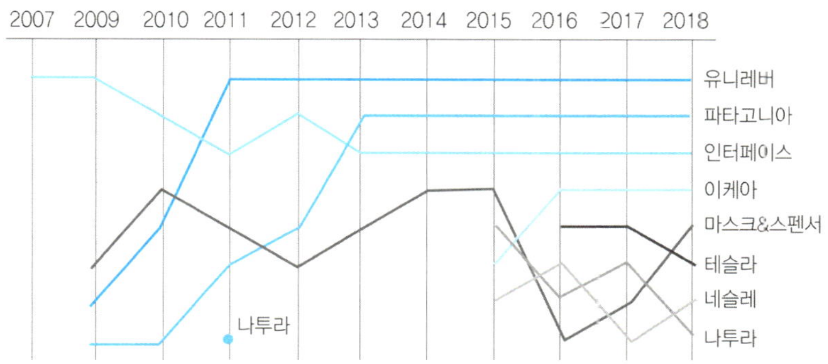

출처: GlobeScan-SustainAbility Leaders Survey(2017년 및 2018년).

(2) 표적 시장과 고객가치, 환경 · 사회적 가치

파타고니아의 표적 시장과 고객가치는 주말이나 휴가 동안의 여가 활동을 즐기는 스포츠 애호가들의 필요를 충족시키고, 환경친화적인 소재를 이용한 이웃도어를 제공하는데 있다. 또한 파타고니아는 각각의 스포츠가 요구하는 특징을 일상복으로 승화시키는 디자인 정신을 실현하고자 한다.

파타고니아는 고객가치를 넘어서서 환경 · 사회적 가치를 실현하는 것으로 잘 알려져 있다. 그러나 파타고니아가 처음부터 비즈니스로 사회적 가치를 창출하려고 노력한 것은 아니었다. 1973년 파타고니아가 설립되고 약 20년 가까이 흐를 당시만 해도 의류 산업이 얼마나 환경에 피해를 입히고 있는지 제대로 몰랐다. 파타고니아가 '지속가능성'을 넘어 '되살림'으로 진화 · 발전해 온 것은 그동안 좌충우돌하면서 치열하게 고민하고 싸워온 결과이다.

파타고니아는 기업의 사회적 책임(Corporate Social Responsibility: CSR)을 위해 세 단계를 밟아왔다.[7] 1973년 창립에서 1991년 미션 정립시까지로 이 기간에는 환경단체 기부가 중심을 이루었다. 다음 단계는 1991년부터 2010년대 초반 까지로 환경단체에 대한 기부도 더 늘리면서 비즈니스 자체가 환경피해를 유발하지 않도록 하여 '지속가능성'을 실현하였다.

(3) 가치창출

파타고니아의 가치창출 능력은 사회적 책임활동의 발전 세 단계와

7) 기업의 사회적 책임을 기업이 이익을 획득한 후 사회에 공헌하는 것이라고 하여 사회적 가치 실현과 구별하기도 하는데, 여기서는 이익을 획득한 후에 사회공헌하는 것에서부터 사회적 가치를 실현하는 것 까지를 포괄하는 넓은 개념으로 사용하였다.

조직의 변화를 통해 구체적으로 살펴볼 수 있다.

가) 사회적 책임활동의 세 단계

(가) 창립에서 미션 정립까지: '좋은 기업'

첫 번째 단계는 1973년 창립에서부터 1991년 미션을 정립할 대까지의 약 20여 년이다. 이 시기의 파타고니아를 한 문장으로 정리하면 '전통에 얽매이지 않는 기업문화 속에서, 품질 좋은 최고의 제품을 생산하여, 지구환경을 지키는 회사가 되고자 한다'이다. 이 기간에 환경단체에 기부를 시작했고, 지속으로 늘려왔다. 1980년대 초에 이르러 순이익의 2%를 환경단체에 기부하다가 1985년에는 법인세 손비 인정 한도 수준인 10%까지 늘렸다. 파타고니아가 환경단체에 기부를 하는 것은 하나는 풀뿌리 환경단체의 가치를 인식하고 있었기 때문이며, 다른 하나는 비즈니스를 하면서 알게 모르게 훼손하고 있는 환경적 가치에 따른 비용을 지불하고자 함이었다.

파타고니아는 기부 외에 1988년 요세미티계곡의 자연복원을 위한 마스터플랜을 지지하는 캠페인을 시작으로 수많은 환경보호 캠페인을 벌이기 시작했다. 지지자를 넘어 참여자가 됐다. 파타고니아는 고객에게 발행하는 카탈로그에 지지글을 게재하고, 매장을 통해서도 이를 알려 나갔다. 카탈로그가 인터넷, 블로그, 동영상 등으로 다변화되면서 고객과의 접점을 확대했고, 1986년부터 벤투라 외의 지역에 개설하면서 늘어난 매장을 고객에게 환경의 중요성을 알리는 거점으로 십분 활용했다.

이렇듯 파타고니아는 1980년대 들어 환경단체에 대한 기부와 환경보호 캠페인을 하면서 사회적 책임을 향해 조금씩 굳직한 발걸음을 떼고 있었으나, 실제 자신의 비즈니스 역시 얼마나 환경에 부정적인 영향을 끼치고 있는지 제대로 몰랐다. 뿐만 아니라 자신이 운영하고 비즈니스

동력이 환경·사회적 가치를 만드는 데 얼마나 큰 힘을 갖고 있는지는 더더욱 몰랐다.

(나) 1992년부터 2010년대 초반까지: '지속가능성'

두 번째 단계는 본격적으로 CSR의 혁신을 만드는 시기이다. 미션을 정립하고 파타고니아 제품을 만드는 과정에서 얼마나 많은 환경 피해를 유발하는지 자각 한 후에는 비즈니스 과정에서 훼손하는 환경·사회적 가치를 최대한 줄여 나갔다. 이 단계에서 파타고니아가 추구했던 가치는 '지속가능성(Sustainability)'이다.

1991년 미션을 "우리는 최고의 제품을 만들되, 불필요한 환경피해를 유발하지 않으며, 환경위기에 대한 공감대를 형성하고 해결방안을 실행하기 위해 사업을 이용한다."로 정했다. 미션의 첫 문장, "우리는 최고의 제품을 만들되"는 이전 1단계에서부터 지속적으로 추구한 가치이다. 나머지 문장들은 새로운 자각에 의한 것으로, 이를 기점으로 파타고니아는 비로소 '사업을 이용'하기 시작한다.

미션에 나오는 "불필요한 환경피해를 유발하지 않으며"를 실현하기 위해 1991년 파타고니아는 자신이 가장 많이 사용하는 면직, 모직, 폴리에스터, 나일론 등 4가지 섬유에 대한 라이프사이클을 처음으로 분석했다. 그리고 1994년에 처음 발간한 환경영향 평가보고서에 분석결과를 실었다. 파타고니아는 이를 통해 4가지 섬유 중 막대한 살충제를 뿌려 키우는 면직물이 환경에 가장 유해한 섬유라는 것을 처음 알았다. 파타고니아는 먼저 환경운동을 지지하고 참여해온 자신도 환경피해 유발자라는 점에서 자유롭지 못하다는 점, 또 하나는 의류 비즈니스를 약 20년 했지만 자신의 비즈니스에 대해 제대로 몰랐다는 점을 깨닫게 되었다.

이러한 성찰의 결과 1994년에 시작하여, 1996년 봄에 100% 유기농 면직 제품을 내놓았다. 유기농 면화를 구할 수 없어 면직 제품을 3분의

2 수준으로 줄여야만 했다. 가격 또한 올려야만 했다. 면직 제품의 매출이 20%나 차지하고 있었으나 경영상 큰 손실을 감내한 것이다. 파타고니아는 환경 · 사회적 가치와 재무적 가치(수익)가 충돌할 때 환경 · 사회적 가치 측면에서 비즈니스를 재편했다.

환경 · 사회적 책임의 범위를 원재료 생산단계까지 거슬러 올라가 추적하기 시작했다. 협력업체에 대한 책임 분야를 확대하고, 원재료 생산단계인 농장 · 목장 · 산림까지 올라가 파고들었다. 2007년 '발자국 찾기(Footprint Chronicles)'와 '100% 책임 추적 다운(100% Traceable Down)'을 시작하였다. '발자국 찾기'는 원재료의 생산단계에서부터 직조, 염색, 봉제 등의 생산작업을 거쳐 물류, 배달 과정까지 추적하여 부족한 문제점을 공개하는 작업으로 현재진행형 장기 과제이다. '100% 책임 추적 다운'은 거위나 오리의 털을 얻기 위해 강제로 사료를 먹여 털을 뽑지 않고, 도축한 거위나 오리에서 뽑은 털이라는 것을 도축장, 사육농장만이 아니라 알 생산농장까지 거슬러 올라가 추적하고 인증하는 프로그램으로 2014년에 완성했다.

비즈니스 재편을 통한 CSR의 노력은 재활용제품의 생산에서도 나타났다. 파타고니아는 제품의 라이프사이클을 통해 생산－소비 시스템이 대부분 자원조달 → 생산 → 판매 → 소비 → 폐기로 이어지는 직선적이고 끊긴 시스템이어서 원재료가 재활용되지 못하고 환경에 불가피한 피해를 유발한다는 것을 알았다.

그래서 파타고니아는 원재료의 질이 떨어지지 않고 원래의 특징을 계속 유지하면서 다시 가공해서 새로운 가치를 창출하는 제품으로 재탄생시키는 업사이클링(up－cycling)을 시도했다. 1993년에 버려진 페트병으로 인조양모 재킷을 생산하는 방식으로 폴리에스터 재활용 제품을 생산한 데 이어 2008년에는 나일론 재활용 제품을 출시했다.

공동자원 활용 운동도 전개했다. 파타고니아는 축소(reduce), 수선(repair), 재사용(reuse), 재활용(recycle), 생각의 전환(reimagine) 등 5R을 비즈니스 전반에서 노력하는 한편, 고객도 함께 노력하자는 운동을 전개했다. 파타고니아는 5R 중에서 3R(축소(reduce), 재사용(reuse), 재활용(recycle)) 운동은 소비자 중심 운동으로 몇 가지 재료의 업사이클링만으로는 한계가 있다고 판단하였다. 즉, 소비 이전에 제품 생산 과정이 중요하다는 문제의식을 던졌으며, 파타고니아가 이를 먼저 실천하겠다는 의지를 천명했다.

환경단체에 대한 기부 정책도 전환해서 1996년, 순이익 10% 기부에서 매출액 1% 기부로 바꾸고, 풀뿌리 환경단체 대한 지원수단을 확대해서 3일 이상의 집중 콘퍼런스를 2년 주기로 열어 풀뿌리 환경단체의 역량강화에 힘썼다.

환경캠페인을 자연보호 캠페인을 넘어 환경 분야 전반으로 확대하고 정치 참여를 독려하는 방식으로까지 확대했다. 2001년 유전자변형식품(GMO) 반대 캠페인과 2004년 환경정책지지 투표 캠페인이 대표적이다.

(다) 2012년경부터 현재까지: '되살림'

파타고니아 CSR의 세 번째 단계는 환경피해를 유발하지 않도록 하는 것을 넘어서 긍정적인 환경 · 사회적 가치를 만드는 단계이다. 지속가능성을 넘어서 지구 되살림(regeneration)을 꾀하는 단계이다. 두 번째 단계를 완성한 것은 아니지만 두 번째 단계만을 하는 것만으로는 한계가 있다고 판단한 것이다.

2012년 기후변화에 끼치는 부정적인 영향을 줄이는 것을 넘어서 해결하는 방안을 찾고자 '파타고니아 프로비전스(Patagonia Provisions)'라는 식품사업 자회사를 설립했다. 식물들은 대기 중의 이산화탄소를 흡수하여 뿌리로 내리고 뿌리를 통해 땅속에 이산화탄소를 저장하는 역할을 했다. 만약 다년생 작물을 재배한다면 땅을 파헤치지 않으면서 이산화탄소를 땅속에 포집할 수 있다. 이런 문제의식에서 파타고니아는 다년생 밀 보급에 참여하고 있으며, 다년생 밀로 만든 맥주 롱루트에일(Long Root Ale)을 판매하고 있다.

2016년에는 조직을 혁신하기 위해 풋프린트 위원회(Footprint council)를 설립하였는데, 두 가지 목적 때문이었다. 하나는 2050년까지 내다보며 지구 자원만으로 인류가 살아가는 세상을 만들기 위해 다가올 이슈를 미리 대비하기 위함이며, 다른 하나는 회사 전체가 총체적으로 접근해 힘을 모아야 할 필요성을 느꼈기 때문이다.

2017년에는 닥터 브로너스(Dr. Bronner's), 로데일연구소(Rodale Institute) 등과 함께 '되살림 유기농 연대(Regenerative Organic Alliance)'를 만들었다. 되살림 유기농 연대는 유기농 인증처럼 되살림 유기농 인증을 추진하고 있다.

2018년 11월에 1991년에 만든 미션을 단 한 문장으로 "우리는 우리의 터전, 지구를 되살리기 위해 사업을 한다."라고 다시 정립하고, '되살림' 의미를 분명히 했다.

나) 조직의 변화

파타고니아는 세 단계의 CSR을 추진함에 있어 공통점은 처음에는 비즈니스 부서에서 추진하다가 책임의 범위를 확장하게 되면서 비즈니스 부서에서 감당이 되지 않아 CSR 부서를 늘렸다는 점이다. 일반적으로 전담 조직을 만들고 사업을 추진하는 경우와 양상이 다르다.

파타고니아가 CSR 전담 조직을 늘리기 시작한 것은 2010년 파타고니아 CSR 최고책임자인 카라 채콘(Cara Chacon) 부사장을 영입한 이후이다.

■■ **그림 3-4** 파타고니아의 CSR 추진체계

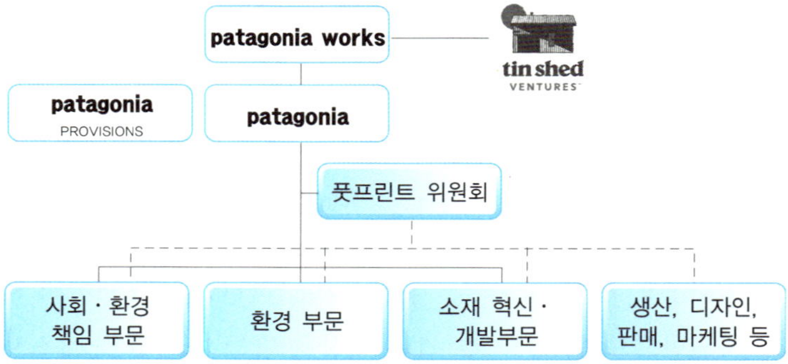

현재 파타고니아의 CSR 조직은 사회 · 환경 책임 부문(Social & Environmental Responsibility Department: SER), 환경 부문(Environmental Department), 소재 혁신 · 개발 부문(Materials Innovation & Development) 등 세 부문이다. 그리고 전사 차원에서 장기적인 환경문제를 해결하고자 최고 의사결정기구로 풋프린트 위원회(Footprint Council: FC)를 두고 있다.

(가) 풋프린트 위원회

2016년 풋프린트 위원회를 설립했다. 2050년까지 내다보며 지구 자원만으로 인류가 살아가는 세상을 만들기 위해 다가올 이슈, 즉 공정거래, 지속가능성 뿐만이 아니라 되살림 유기농 농업, 탄소 제로, 생활임금, 동물복지 정책, 미세플라스틱 등에 미리 대비하기 위함이다. 이를 위해서는 장기적인 관점에서 전체론적인 접근이 필요하고, 전사적인 협력은 물론 회사 범위를 넘어서 농장에서부터 소비자까지 전 과정에 걸친 협력이 필요하다고 판단하였다.

그래서 파타고니아는 풋프린트 위원회를 CEO를 비롯해서 각 분야의 최고책임자 11명으로 구성했으며, 모두 공동의장으로 수평적 의사결정

구조를 갖췄다.

(나) 환경 · 사회 책임 부문

환경 · 사회 책임 부문(SER) 부문은 파타고니아 및 공급망의 환경·사회적 책임을 다루는 부서이다. SER 부문은 사회공헌 업무를 전혀 하지 않으며, CSR 본연 업무를 직접 실행한다.

공급망의 환경 · 사회적 책임의 범위를 생산 단계로 치면 농장의 범위까지, 소비 단계로 치면 제품의 사용 및 폐기까지 최대한 확대한다. 그리고 전체 공급망 관리를 환경, 사회, 동물복지로 나누어 관리한다. '추적 책임성(traceability)'이라고 하여 공급망 프로세스에서 환경 · 사회적으로 문제가 없는지 추적하는 것을 중요 업무로 두고 있다.

SER부문에서는 공장무역 인증 제품 확대, 생활임금, 되살림 유기농 인증, 히그 인덱스, 블루사인,[8] 100% 책임 추적 다운, 파타고니아 울 표준, 화학 및 환경영향 평가 프로그램, 탄소 발자국 찾기, 탄소 중립성, 쓰레기 제로 등의 업무도 추진하고 있다.

파타고니아는 협력업체를 선정하기 위해 비즈니스 역량, 제품 품질 외에 환경적 요소와 사회적 요소를 기준으로 두고 있는데, 이 중 환경적 요소와 사회적 요소에 대한 관리를 SER 부문이 담당한다.

(다) 환경 부문

환경 부문은 2001년에 만든 '지구를 위한 1%' 라는 단체와 다양한 환경 캠페인 등의 업무를 담당한다. 일반적으로 기업에서 하는 환경에 대한 사회공헌과는 다르다.

---

8) http://www.patagonia.co.kr/shop/inside/article.php?sno=41.
파타고니아는 제품 생산 과정에서 자원 소비를 줄이고 화학 물질, 염색 물질을 관리하는데 도움을 얻기 위해 2000년부터 스위스에 있는 블루사인 사와 함께 일해왔다. 블루사인 사는 각 생산 단계에서 화학 물질 사용, 원단과 제품 생산 과정이 환경, 작업자, 소비자에게 안전한지를 검토하는 회사이다.

환경 캠페인 업무에서는 되살림 유기농업과 생물다양성 등 지속적으로 이슈를 찾고 확대하는 것, 직원과 소비자를 활동가의 영역으로 끌어들이는 것, 경쟁사를 포함한 다른 기업들과 협력하는 것 등을 방향으로 설정하여 진행한다.

(라) 소재 혁신·개발 부문

소재 혁신개발 부문에서는 '제품책임성'을 다룬다. 제품 생애주기 분석(life cycle assessment)을 통해 환경 영향을 지속적으로 감소시키기 위한 활동을 한다. 친환경 · 지속가능성 측면을 고려하여 제품을 만들도록 관리하는 활동, 제품 판매 이후 세탁, 제품관리, 수선, 폐기 또는 재활용 과정에서 환경 영향을 감소시키기 위한 활동을 한다.

대표적인 제품책임성 활동으로 미세플라스틱, 재활용 소재 확대, 소재의 탄소 영향 평가, 100% 유기농 면, '오래 입은 옷' 캠페인 등을 들 수 있다.

3) 사우스웨스트 항공사: 유머경영, 즐거움 경영[9)10)11)12)13)]

(1) 경영 현황

사우스웨스트 항공사는 미국 텍사스 주 댈러스에 본사를 둔 세계 최대 규모의 저가항공사이다. 1971년 6월 미국 텍사스의 한 지방에서 허버트 켈레허와 롤린 킹이 공동으로 보잉 737기 3대로 설립하여 영업을 시작하였다. 이제 전국 규모의 항공사로 성장함은 물론 항공 산업의 불황

9) 이홍규 · 김성철, 비즈니스 모델, 한울아카데미, 2011.5, pp.167－169.
10) 장세진, 경영전략, 박영사, 2012.
11) 김병도, 경영학 두뇌, 해냄, 2018.3, pp.355－359.
12) 위키피디아 백과사전, https://ko.wikipedia.org/wiki/%EC%82%AC%EC%9A%B0%EC%8A%A4%EC%9B%A8%EC%8A%A4%ED%8A%B8_%ED%95%AD%EA%B3%B5.
13) https://terms.naver.com/entry.nhn?docId=2063711&cid=42107&categoryId=42107.

속에서도 유일하게 지속적으로 흑자를 내는 항공사가 되었다. 경쟁사에 비해 30%나 저렴한 요금으로 거대 항공사들과의 경쟁에서 승리하여 여객 운송 기준으로 아메리칸 항공(American Airlines)과 델타 항공(Delta)의 뒤를 이어 세계 3위에 자리하고 있다. 가격이 하락함에 따라 이용객이 늘어나는 현상을 '사우스웨스트 효과'라고 말하기도 한다.

(2) 표적 시장과 고객가치

미국 사우스웨스트 항공사의 표적 시장은 단거리를 빈번히 여행하는 승객들로서 기업의 출퇴근 직원이거나 저가 요금을 원하는 일반 승객이 주요 대상이다.

이러한 고객들에게 저가격의 요금 체계와 차별화된 서비스를 제공하였다. 먼저 저가(low fare) 서비스로서, 출발지와 도착지를 논스톱으로 직접 연결하는 350개 이상의 직항 노선(point-to-point system, 지점 간 시스템)을 제공하고 있다. 즉, 목적지를 가기 위해 허브(hub) 공항에서 갈아타야 하는 기존 항공사의 자전거 바퀴살 모양의 운항 노선(hub and spoke system)은 항공사 입장에서는 많은 도시를 운항할 수 있지만 경유 노선이 많고 항공기 출발 · 도착 지연이 잦다는 단점을 갖고 있어 저가의 단거리(short-haul) 직항 노선을 개설하여 승객의 시간과 비용을 절약시켰다. 더불어 덜 붐비는 공항을 이용하여 서로 연결함으로서 출발 · 도착 지연 시간을 줄여 게이트 임차료를 낮출 수 있었다. 저가 요금에 맞게 음료 등의 기본 서비스만 제공(no-frills service)하고, 탑승 이전에 좌석 배정을 하지 않고, 직접 항공권을 구매하게 하고, 수리 및 유지 비용을 절감하기 위해 보잉 737 같은 단일 기종만 구매하여 타 항공사와 차별화된 저비용 역량을 갖추었다.

다음으로 서비스의 차별화를 실천하고 있다. 정시 도착으로 고객에게 신뢰감을 주는 것은 물론, 사랑의 이미지를 강조하고, 승객의 생일을 기억해 간단한 생일 파티를 개최하는 등 고객의 즐거움(fun)을 더하는 차별화된 기내 서비스로 고객의 충성심을 확보하고 있다.

(3) 가치창출: 유머와 즐거움이 있는 조직 분위기

고객을 위한 가치창출 역량은 직원 만족에서 비롯되었다. 즉, 고객 만족을 위해서는 직원 만족이 먼저라는 기치(employees come first) 아래 즐겁고 의욕이 넘치는 조직 분위기를 만들어 나갔다.

예를 들어 게이트 회송(항공기가 공항 게이트에 도착해 출발할 때까지 소요되는 시간) 시 다른 항공사에 비해 상대적으로 높은 생산성을 들 수 있다. 다른 항공사의 경우 12명의 지상 근무 요원을 동원해 평균 35분이 걸리던 게이트 회송을 사우스웨스트 항공은 여섯 명의 요원으로 15분 만에 끝낼 수 있도록 했다.

사우스웨스트 항공이 덜 붐비는 공항을 이용한다는 점도 생산성 향상에 영향을 미쳤지만 그 보다도 회사 업무를 자신의 일처럼 정성껏 수행하는 직원들이 있었기 때문에 다른 항공사로서는 상상하기 어려운 생산성을 달성할 수 있었다.

승객들은 저가항공이지만 직원 모두가 진심을 다해 승객을 모시기 때문에 결코 싸구려라고 생각하지 않는다. 직원들이 진심을 담아 승객들을 상대하게 되는 것은 직원을 무엇보다도 우선시하는 기업문화 때문이다. 사우스웨스트 항공 미션(mission) 선언문의 마지막 대목에는 "우리 직원들은 자신이 조직 내에서 관심과 존경과 사랑을 받듯이 관심과 존경과 사랑으로 고객을 모신다"라는 문구가 있다.

사우스웨스트 항공은 이러한 자신만의 기업 문화를 강화하기 위해 파티, 사내 콘테스트, 직원들 모두가 행복을 느끼고 의욕이 넘치는 사내 분위기를 만드는 것을 목표로 하고 있다.

300페이지나 되는 사규집을 없애거나, '인력자원부(Human Resource Deprtment)'라는 명칭을 인력부(People Department)로 바꾸거나, 신규 직원을 채용할 때 인사 부서 담당자가 아닌 동료들이 인터뷰를 하도록 한 일 등은 사우스웨스트 항공만의 고유한 기업 문화를 구축하기 위한 노력의 일환이다.

사우스웨스트 항공이 이루어낸 많은 성과와 관련된 전략과 방법을 다른 항공사들이 벤치마킹하는 것은 그리 어려운 일이 아니다. 그러나 사우스웨스트 항공만의 독특한 기업 문화, 그리고 그 문화로 무장한 구성원들의 정신을 모방하여 실현하기는 쉽지 않다. 기업 문화는 유형적인 물질적 자원이나 구조와 달리 무형적인 것이어서 그만큼 따라 하기가 어렵다.

사우스웨스트 항공사의 비즈니스 모델 구성 요소를 정리한 것이 <표 3-1>이다.

표 3-1 사우스웨스트 항공사의 비즈니스 모델 구성 요소

표적 시장	단거리를 빈번히 여행하는 승객	
고객가치 제공	1. 저가(law fare)	1. 350개 직항노선 제공(point-to-point) 2. 기본 서비스만 제공(no-frills service) 3. 보잉 737 단일 기종만 구매
	2. 차별화 서비스	1. 정시 도착 2. 사랑의 이미지 강조 3. 고객의 즐거움(fun): 간단한 생일 개최
가치창출 역량	조직개발	1. 고객보다 직원이 먼저 2. 즐겁고 헌실할 수 있는 직장 분위기 3. 유머경영 도입

Tip

1. 콘티넨탈 항공사[14)]

콘티넨탈(continental) 항공사는 사우스웨스트항공사를 모방해서 저가항공사를 운영하였지만 실패했다.

사우스웨스트의 높은 성과가 단지 중소도시 간의 직항편에 있다고 파악한 데에 미스가 있었다. 계속 여행사에 수수료를 지급하고, 전체 항공네트워크와 연계를 계속하고, 좌석지정과 수화물 체크인서비스를 제공하는 등 기존의 방식을 그대로 유지하였다. 그 결과, 대도시를 출발하여 연계되는 항공편은 지연되기 쉬웠고, 수화물이 제대로 실리지 않는 문제들이 발생하여 경영성과가 악화되었다.

2. 액티비티 시스템[15)]

액티비티 시스템(Activity System)은 기업의 고객가치 제공의 구성 요소 간 상호관련성을 말한다. 사우스웨스트 항공사를 모방한 콘티넨탈 항공사가 저가항공사 운영에 실패한 것은 액티비티 시스템을 갖추지 못하고 부분적인 모방에 그쳤기 때문이다. 오히려 경영성과에 부정적인 영향을 미쳤다.

4) 우진교통: 노동자 자주관리 기업[16)17)18)19)20)21)]

(1) 경영 현황과 노동자 자주관리 기업 탄생

청주시에 있는 시내버스 업체이다. 2003년 117대에 달했으나 파업이

14) 장세진, 경영전략, 박영사, 2012, p.189.

15) 장세진, 경영전략, 박영사, 2012, p.188−189. 마이클 포터(M. Porter)는 모방하기 어려운 가치창출 능력을 액티비티 시스템(Activity System) 개념으로 설명한다.

16) http://www.wjbus.co.kr/xe/index.php.

17) 조창권, 근로자 자주관리 기업에 관한 연구, 경상대학교 대학원, 2013.8, pp.56−69.

18) 충북인뉴스, 1년 안에 망한다더니 … 노동자자주관리 우진교통 세계가 주목, 2017.8.2.

19) 석재동, 충청타임즈, 우진교통, 노동자자주관리기업 전환 무엇이 바뀌었나, 2015.1.19, http://www.wjbus.co.kr/xe/index.php?mid=data_4&page=2&document_srl=152660.

20) 송재봉, 중부매일, 경영자치는 자주관리委, 노동문제는 현장자치모임서 '결정' 이익도 함께 나눠 주인의식 공유 … 사회변화 이정표 만들어, 2015.10.29.

21) 미디어 충청, 노동자 주인인 우진교통, 오늘도 달린다, 2008.6.11. http://www.wjbus.co.kr/xe/index.php?mid=data_4&page=13&document_srl=4047.

있었던 2004년 다음해인 2005년에는 103대로 감소하였다. 그 후 경영이 정상화되어 2015년 1월 보유한 버스가 113대로 늘어났다. 2016년 기준 310명이 근무하고 있고 250억 원대의 매출을 올리는 흑자 기업으로 탈바꿈했다.

부도덕한 사업주의 상습적인 임금체불과 부실경영에 맞서 버스 기사(노동자)들이 2004년 7월 24일 파업에 돌입하였고, 다음해 1월 10일 청주 시청의 중재로 회사측과 "노조측에 경영권 일체와 소유권 50% 양도"를 합의하면서 노동자 자주관리 기업으로 탄생하게 되었다. 청주 시청은 "우진교통의 사업면허취소와 더불어, 사업면허취소 후에는 제3자 공모 방식을 통하여 새로운 사업자를 선정하고, 사업자는 현재의 노동자의 고용 및 임금을 보장하도록 시에서 최대한의 노력을 기울여 나가겠다"는 입장을 발표하였고, 사측은 파산을 앞두고 체불임금 대신 주식 50%를 노동조합에 이양하였다. 그리고 2005년 1월 20일 소유주의 이익만을 위한 회사가 아니라 노동자와 버스를 이용하는 시민들을 위한 노동자 자주관리 기업으로 출발하게 된 것이다.

인수한 후 1년 정도 지난 2005년 12월 31일 영업 실적 결산 결과 127억 원의 매출에 3천500만 원 흑자를 냈고, 인수할 당시 150억 원에 달했던 부채를 2015년 100억 원 가량으로 감소시키고 악성부채를 청산했다(이후 제2 차고지 매입과 차량매입비 증가 등으로 2017년 12월 현재 부채가 196억 원으로 늘고 자산도 증가했다). 2015년에는 주주형 노동자 자주관리 기업에서 협동조합형 노동자 자주관리 기업으로 전환하였다.

2015년 국제협동조합연맹(ICA)과 국제노동기구(ILO)가 주관한 국제학술컨퍼런스에서 우진교통의 사례가 발표되었다.

(2) 가치 창출

우진교통의 비전은 '우리만이 아닌 같이 있는 사람(지역사회 구성원)들이 함께 행복할 수 있는 사회'이다. 그리고 소속 승무원 등이 회사의 주인이자 노동자인 노동자 자주관리 기업이다. 이에 걸맞게 2008년 우진교통은 '투명경영에서 직무자치 시대로의 전환 선언'을 하였다. 노동자의 직접 참여를 통해 경영과 노동, 그리고 분배에 관한 모든 결정이 이루어진다. 모두가 주인인 것이다. 우진교통의 가치창출 능력은 이러한 주인정신에서 나온다.

먼저 경영자치는 한 달에 한 번씩 경영설명회가 열리고 경영과 관련한 중요한 사안은 이사회와 같이 회사의 주요 결정 권한이 부여된 자주관리위원회가 담당한다. 경영진과 노동자들이 회사의 모든 중요한 의사결정에 동수로 참여하고 있다.

직무자치는 현장에서 운전하면서 벌어지는 다양한 노동과 관련된 문제 즉, 배차 간격의 문제뿐만 아니라 불친절 민원, 연료비 절감 문제 등을 다루는 현장자치모임이 담당한다. 즉 노동에 대한 자기결정의 일환으로 조별모임을 통해 근무와 관련한 각종 사항을 논의하고 규율을 만든다. 매년 20여 명이 참가하는 자주관리교실을 운영하고 회사의 운영과 발전 방안에 대한 졸업논문을 발표한다.

징계 규정도 전체 직원의 논의를 거쳐 전 직원 투표로 결정한다. 징계위원, 자주관리위원회 위원, 신입사원 채용 인사위원회 위원 등을 직원들의 투표로 선출한다.

수익 분배도 일반적인 기업과 달리 회사의 수익을 소수가 독점하지 않고 형평성 있게 나누는 일을 성공적으로 실천하고 있다. 매년 임금을 전체 직원의 투표로 결정하고 있다. 회사 대표와 임원도 직원의 1인 1표

투표로 결정한다. 주식회사이지만 협동조합형에 걸맞게 의사결정과정에서 대표와 전체 직원은 1인 1표의 권한이 동등하게 부여된다.

한마디로 모두가 스스로를 주인으로 생각하며 자신의 일을 자기 책임하에 결정하는 시스템이다. 노동자의 주인 정신은 노동자 자주관리기업으로 출발할 당시 “우리는 할 수 있다. 우리가 모범적으로 노동에 임하고 전 조합원이 노력한다면 해결해 나갈 수 있을 것이다. 체불임금 역시 경영정상화 이후 받겠다. 먼저 회사를 살리는 게 급선무이다”라는 결의를 밝힌 데서 잘 나타나고 있다.

5) 포드 자동차: 봉사 동기[22][23][24]

(1) 1919년에서 1931년까지의 경영 현황

1903년 헨리 포드(Henry Ford)가 포드(Ford) 자동차를 설립했다. 1895년부터 1926년까지 미국에는 무려 1,100개 이상의 자동차 회사가 설립되었는데, 이들 중 대부분은 자동차 한 대도 만들어보지 못한 채 도산했다. 그러나 포드 자동차는 <표 3-2>에서 볼 수 있듯이 1925년까지는 미국 내 시장점유율 40% 이상을 유지했고, 1921년에는 무려 미국 자동차 시장의 55.7%를 석권하였다. 1927년 이전까지는 점유율에서 GM(General Motor)사를 앞섰지만 1927년에 9.3%로 대폭 하락하면서 GM사에 뒤처지게 되었다.

---

22) http://blog.naver.com/kmacsales/150642095.
23) 北野利信 編, 김식현 역, 경영학설입문, 한국능률협회, 1989 9, pp.19－27.
24) 김병도, 경영학 두뇌, 해냄, 2018.3, pp.212－218.

■ 표 3-2 포드사와 GM의 시장 점유율

(단위 : %)

연 도	1919	1921	1923	1925	1927	1929	1931
포드	40.1	55.7	46.1	40.0	9.3	31.3	24.9
GM	20.8	12.7	20.2	20.0	43.5	32.3	43.9

(2) 고객가치와 표적 시장

헨리 포드가 자동차 회사를 설립할 당시 소득 수준이 낮고 특별한 기호를 가지고 있지 않은 시장의 95% 고객을 대상으로 하여, 저가격의 자동차를 공급하기로 하였다.

당시 많은 사람들이 사치품으로 여기던 제품을 대중 필수품으로 바꾸어놓겠다는 헨리 포드의 생각에 대해 현명하지도 못하고 현실적이도 않아 보인다고 판단하였다.

(3) 가치창출과 봉사 동기

1927년 이전까지의 포드사의 시장 점유율은 GM을 앞질렀는데, 포드사의 가치창출은 '봉사 동기'라는 포디즘(Fordism)에 기초하였다. 즉 헨리 포드(Henry Ford)는 기업을 경쟁하는 기관이 아니라 사회에 봉사하는 기관이라고 했다. 그래서 고객과 직원에 봉사하기로 하고 고객에게는 저가 자동차를 제공하고, 직원에게는 높은 임금을 주는 것을 목표로 삼았다.

이러한 봉사 동기는 "기업의 성립은 일반 대중의 존재 덕분이므로, 기업의 제1의 의무는 일반 대중에 대한 의무이다. 기업을 위하여 기업에서 일하는 사람들도 일반 대중의 일원이다. 따라서 개선의 혜택이 누구에게 귀속되어야 하는가에 대한 회사의 기본 정책은 이에 따라 자연히 결정될 것이다."라는 포드의 말에 잘 나타난다.

포드가 자동차 회사를 설립할 당시 시장의 95% 고객은 소득이 낮은 상태였고 특별한 기호를 가지고 있지 않았다. 포드는 이들 95%에게 1908년 그가 발표한 저가의 T형 자동차를 공급하기로 하여, 1908년부터 1928년까지 19년 동안 T형 자동차를 판매하였다.

포드는 두 가지 목표를 실현하는 방책으로 3S를 택했다. 즉 제품과 작업의 단순화(Simplification), 부품과 작업의 표준화(Standardization), 기계와 공구의 전문화(Specialization)가 그것이다. 이러한 3S를 이동조립라인인 컨베이어 시스템에 적용시켜 생산의 표준화로 대량생산을 가능하게 하였고 원가를 낮춰 저가 자동차를 생산하여 고객에게 제공하게 하였다.

이러한 목표 실현에 대한 의지는 헨리 포드가 1923년 출간한 자서전 「헨리 포드」에 잘 나타나 있다.

> "우리의 목표는 가격을 낮추고 조업을 늘리고 품질을 증진시키는 것이다. 이 중 가격 인하가 최우선이다. 우리는 어떤 비용도 고정 비용으로 생각하지 않는다. 가장 먼저 목표 판매 수량을 정하고 그만큼 팔려면 어느 수준까지 가격을 낮춰야 하는지를 추정한다. 원가를 신경 쓰지 않고 일단 가격을 먼저 정한다는 것이다. 원가는 이 과정에서 자연히 떨어진다. …… 새롭게 책정한 낮은 가격으로 이익을 내야 하기 때문에 우리는 원가를 낮추기 위해 총력을 다한다."

결과적으로 당시 포드 자동차가 다른 자동차 회사에 비해 매우 높은 생산성과 가격 인하를 달성하였다. 1914년 1만 3,000명의 포드 공장 노동자가 23만 788대의 자동차를 생산한 반면, 포드 자동차를 제외한 나머지 미국 자동차 회사들의 경우에는 6만 6,350명의 노동자가 28만 6,770대의 자동차를 생산했다. 포드 자동차의 생산성이 다른 자동차 회사의 약 다섯 배에 이르렀던 것이다.

가격인하도 계속되었다. 1909년 950달러였던 모델 T의 가격은 1911년 690달러, 1912년 575달러로 떨어졌고, 1923년에는 295달러까지 내려갔다. 특히 1912년의 575달러라는 자동차 가격은 미국역사상 처음으로 자동차 한 대 가격이 일인당 연간 소득보다 낮게 책정되었다는 것과 이로써 포드가 그토록 꿈꾸었던 자동차의 필수품화, 자동차의 민주화가 실현되었다는 것에서 의미가 크다.

이러한 생산성과 가격인하 노력의 결과 앞의 <표 3-2>에서 보듯이 1927년 이전까지는 높은 시장 점유율을 보였고, 공격적인 가격정책 때문에 자동차 한 대당 마진은 매년 줄어들었지만 판매량이 폭발적으로 늘어나 1909년 300만 달러에도 못 미치던 순이익이 1914년에는 2,500만 달러에 이르러 직원에게 높은 임금을 주었다. "흑색이기만 하면 고객이 어떤 색을 주문해도 응해 드릴 수 있습니다."라는 유명한 말이 나오기도 하였다.

Tip

이동조립라인(moving assembly line) 아이디어

헨리 포드는 포드 시스템의 핵심이라 불리는 이동조립라인의 아이디어를 시카고의 소 도살장에서 얻었다고 고백한 바 있다.

20세기 초 어느 날 포드는 시카고의 소고기 가공업자를 만나러 갔을 때, 한 마리의 소가 도살당한 후 거공전차선(overhead trolley)에 걸린 채 부위별 전문 정육업자 앞을 지나가는 광경을 지켜 보았다. 이때 포드는 자동차 조립공정이 소고기 정육 과정을 정반대로 수행하는 것과 유사하다는 아이디어를 떠올렸다고 한다.

(4) 변화하는 고객가치와 직원에 맞추지 않음

1927년 시장점유율이 대폭 떨어진 후 GM에게 시장점유율을 빼앗겼다. 변화된 고객가치를 읽어내지 못했기 때문이다. 고객의 소득수준이 높아지면서, 고객은 더 이상 저가 자동차에 머물지 않고 다양한 자동차를 원하게 되었는데도 포드는 여전히 저가 자동차 성산으로 고객에 봉사하겠다고 고집하였던 것이다. 기업을 봉사기관으로 보고 고객에게 봉사하겠다고 하였지만 변화하는 고객가치에 맞춰가지 못하였다.

또한 달라진 직원의 의식에도 맞춰가지 못하였다. 단순 작업으로도 급여를 받을 수 있다는 것에 만족해 하던 직원이 점차 단순 작업을 싫어하게 되었는데도 컨베이어 속도에 작업시간을 맞추도록 강요함으로서 반발을 불러일으켰다. 단순 작업과 강요된 작업 속드에 따른 비인간화와 직원의 사기 저하를 가져오고 마침내 경제 불황에 이은 노사 분규에 휘말리게 되었다.

반면 GM은 슬론(A. Sloan)을 영입하여 다양성을 추구하도록 하였다. 슬론은 한때 포드와 함께 일했지만 다양성을 거부한 포드와 결별하고 GM의 영입에 따라 옮겨 자신의 뜻을 펼쳤다. 결국 GM은 포드와 달리 고급화, 다양화하여 차별화함으로써 시장점유율을 높일 수 있었다.

Tip

초저가 자동차로 고객가치를 제공한 타타사의 '나노'자동차[25][26]

1. 초저가 자동차 개발의 계기

인도 최대의 기업인 카타그룹 라탄 타타(Ratan Tata) 회장은 2002년 비오는 날 일가족 4명이 스쿠터에 위험스럽게 올라탄 채 빗길을 미끄러져가는 모습을 목격하고 저렴하고 안전한 교통수단을 제공하기로 결심하였다.

헨리 포드가 미국인들의 마이카 시대를 연 'T모델'을 내놓은 지 100년이 되는 2008년 '타타 나노' 첫 선을 보였다.

25) 강한수, 성공적인 비즈니스 모델의 조건, SERI경영노트 제108호, 삼성경제연구소,

2. 표적 시장
중산층 이하 잠재고객

3. 고객가치
스쿠터만큼 저렴하지만 승용차만큼 안전한 운송 수단으로 기본 기능(33마력의 파워, 1개의 사이드 미러, 라디오와 파워핸들 그리고 에어컨 제거)만을 제공하고 가격은 2,500달러의 초저가를 지향하였다.

4. 가치창출
획기적인 부품 수 감축, 값싼 소재 활용, 부품의 85% 아웃소싱, 납품업체수 60% 감축 등 생산원가 절감을 위해 기존의 업계 관행을 다수 파괴하였다.

모듈화 디자인으로 외부 조립업체도 주문을 받아 조립이 가능하도록 하는 등 조립 및 유통 방식에서도 혁신을 추구하였다.

5. 중산층 이하의 외면
2008년 첫해 2만대에 이어 다음해 3만대를 기록했고, 2011년 74,527대를 정점으로 하락세로 돌아섰다. 2017년 10월 현재 총 누적 판매대수는 30만대에도 못미쳤다.

인도 중산층이 이하 사람들이 나노 자동차를 외면한 것인데, 이들은 자동차를 단순히 이동수단이 아니라 안락한 이동수단이자 사회적 지위를 보여주는 수단으로 여겼다. 싼 차를 원한다면 나노가 아니라 중고차를 사면 된다고 판단했고, 나노는 가난한 차라는 이미지를 부여한다고 여겼다.

6) GM 자동차: 다양성 실현[27)]

(1) 1908년에서 1985년까지의 경영 현황

GM 자동차는 1908년 윌리엄 듀런트(William Durant)에 의해 설립되었다. 뛰어난 금융자본가였던 듀런트는 GM(General Motors)을 설립하여 당

2011.6.23, p.4.
26) 한겨레, 지구촌 가장 싼 차 '타타나노', 꿈은 달린다, 2018.1.1.
27) 김병도, 경영학 두뇌, 해냄, 2018.3, pp.341－345.

시 자금난에 허덕이던 여러 자동차 회사를 인수했고, 수직적 계열화를 위해 각종 부품 회사도 인수했다.

설립 초기 인수합병으로 인해 자금난이 심해져 얼마 지나지 않아 피에르 뒤퐁에게 경영권이 넘어갔다.

앞에서도 보았듯이 1927년 이전까지는 포드 자동차가 시장점유율에서 우위를 차지하고 있었지만 1927부터 GM 자동차가 시장점유율에서 우위를 차지하였다. 그리고 1931년 세계에서 가장 많은 자동차를 판매하는 회사가 되었고, 1933년부터 1985년까지 무려 50년 이상 GM은 미국 내 자동차 산업에서 40% 이상의 시장점유율을 유지했다. 또한 전성기를 구가하던 1950년대에는 세계에서 가장 많은 직원을 거느린 기업, 세계 역사상 최초로 연간 매출액 10억 달러를 달성한 기업 등 수많은 기록을 세우기도 했다. "GM이 가는 곳에 미국이 간다(As GM goes, so goes the nation)"라는 말이 있을 정도로 당시 GM은 미국을 상징하는 기업이었다.

(2) 고객가치와 표적 시장

여러 종류의 고객을 대상으로 세분화된 고객 집단별 표적 시장을 정하고 다양한 자동차 모델을 제공하기로 하였다. 1923년부터 GM의 최고 경영자로 부임한 알프레드 슬론(Alfred Sloan)은 시장의 성숙화와 더불어 소비자가 포드의 천편일률적인 검정색 모델 T에 싫증을 느끼고 있음을 확신하고 보다 다양한 자동차 모델을 제공할 필요가 있다고 판단하였다.

(3) 가치창출과 사업부제 조직

슬론은 먼저 소득 기준으로 시장을 세분화하고 각 세분 시장에 적합한 자동차 브랜드를 개발한다는 제품차별화 전략을 세웠다. 소득이 적은 젊은 고객에게는 쉐보레, 중산층에게는 폰티악, 올즈모빌, 뷰익, 그리고 최고급 차를 원하는 고객에게는 캐딜락을 판매했다.

슬론은 세분화된 고객 집단별로 다른 자동차 모델을 판매하기 위해서는 조직 분권화가 효과적이라고 보았다. 창업 당시부터 GM 내에는 서로 다른 배경과 기업 문화 속에서 일해 온 다양한 직원들이 있었기 때문에 포드 자동차와 같이 중앙 집권적으로 회사를 관리하기가 쉽지 않았던 것이다. 그래서 사업부제 조직(divisional organization)을 도입하였는데, 그 이후 많은 대기업에서도 도입하였다.

슬론은 각각의 자동차 브랜드를 하나의 독립된 회사처럼 운영한다는 원칙을 세우고 해당 사업장에 제조 및 판매책임을 부여하는 등 최대한의 자율성을 보장했다. 반면 GM의 중앙관리본부는 전사적 조정이 필요한 업무와 장기적 자원 배분 문제만을 다루도록 했다.

GM은 슬론의 날카로운 마케팅 감각과 합리적인 조직 정비 덕분에 창업 초기의 혼란스럽던 상황을 딛고 일어나 세계 최고의 기업으로 환골탈태할 수 있었다. 슬론의 조직관리 기법은 널리 활용되었고, 슬론은 '현대 관리 이론의 아버지'라고 불려지고 있다.

그림 3-5 1921년 GM의 사업부제 조직

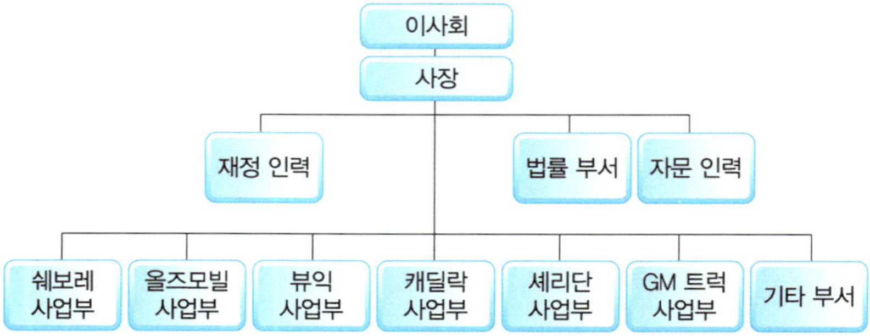

7) MISSHA와 THE FACE SHOP: 국내 화장품 업계

2000년 미샤(MISSHA)의 등장으로 저가격 고품질의 화장품 시장이 시작되었다. 기존 화장품 시장의 상식을 깨고 다양한 유통채널로 인한 가격불신을 해소하기 위해 유통구조의 혁신과 브랜드 숍을 만들었다.

더페이스샵(THE FACE SHOP)은 미샤의 비즈니스 모델을 모방한 후발 기업들 중의 하나이다. 더페이스샵은 새로운 판매기법을 통해 고품질의 자연주의 화장품을 합리적인 가격으로 제공함으로써 기업의 브랜드 인지도를 성공적으로 끌어올렸다.

미샤와 더페이스샵의 열풍에 힘입어 저가 화장품 시장의 열기가 뜨거워지면서 화장품 산업의 판도가 기존 화장품 업체들과 저가 화장품 업체 사이의 비즈니스 모델 간 경쟁에서 미샤의 비즈니스 모델과 이를 모방한 후발 기업들과의 비즈니스 모델 내 경쟁으로 바뀌어 갔다.

(1) MISSHA: 온라인의 힘으로 오프라인 매장 경영[28)29)]

가) 기업 개요 및 경영 현황

(주)에이블 C&C는 90년대 말 인터넷 붐 당시에 빠르게 화장품 포털사이트인 뷰티넷을 오픈하였다. 초창기 제품의 반응을 알아보고자 사용후기를 올리는 회원들에게 화장품을 무료로 보내주는 이벤트를 실시했다. 그러나 회원이 급격하게 늘어나면서 배송비용을 감당할 수 없게 되자 배송료 3300원을 회원이 지불하면 무료로 제품을 보내주었다. 이렇게 3,300원이라는 미샤의 가격이 결정된 것이다. 온라인에서 적립한 포인트로 필요한 화장품을 사고 배송료는 회원들이 내는 방식으로 마케팅만 성

28) 김아랑, 기업의 지속적인 가치창출을 위한 비즈니스 모델 혁신 전략: 경쟁기업의 비즈니스 모델 사례 연구, 한양대학교 대학원, 2013.2, pp.33-42.

29) http://www.able-cnc.com.

■ 표 3-3 미샤의 연혁

연 도	내 용
2000	(주)에이블커뮤니케이션 창립. 미샤(MISSHA) 온라인 브랜드 런칭
2002	미샤 화장품 전문 직영 매장 1호점 이대 앞 오픈
2003	(주)에이블씨앤시로 사명 변경. 미샤 전문 매장 가맹점 사업 시작 온라인 뷰티넷 100만 회원 돌파
2004	미샤 브랜드숍 200호점 돌파. 당해 매출 1,000억 원 돌파
2005	미샤 홍콩, 대만 매장 오픈. 일본 온라인몰 오픈. 코스닥 상장
2006	중국, 유럽 진출. 일본 현지 법인 설립
2008	도시철도공사, 메트로 92개 지하철 운영권 획득
2009	당해 매출액 1,811억 원 달성
2010	창립 10주년. 당해 매출 약 2,400억 원 달성. 455개 매장 돌파 멤버십 회원 500만 명 돌파
2013	국내 매장 700호점 달성. 멤버십 회원 900만 명 돌파

공한다면 충분히 승산이 있다고 본 것이다.

이후 뷰티넷의 회원 수는 100만 명으로 늘어났고 <표 3-3>에서 볼 수 있듯이 미샤는 2000년 온라인 브랜드로 론칭한 후 기존의 상식을 깨는 발상의 전환으로 온라인과 오프라인을 통합한 혁신적인 비즈니스 모델로 소비자들의 지지와 대중매체 및 업계의 주목을 받았다. 2002년 화장품 전문 직영 매장을 오픈하고 2년 반 만에 전국에 매장 수 260개를 달성할 만큼 급속한 성장을 이루었고, 창립 10주년인 2010년 당해 매출 2,400억 원을 달성하고 455개 매장을 오픈하였다. 2013년 12월에는 국내 매장 700호점을 달성하고 멤버십 회원 900만 명을 돌파하였다.

나) 표적 시장과 고객가치

기존의 화장품 기업들은 특정고객을 정하지 않고 모든 여성 소비자를 대상으로 마케팅 활동을 하는 반면 미샤는 특정 연령층인 10대 후반에서 20대 초반의 여성 소비자를 타깃으로 하였다. 타깃 고객들의 경제적 능력이 높지 않다는 점과 화장품에 대한 관심이 높아지는 시기라는 점에 착안하여 가격이 저렴하고 품질이 좋은 제품을 고객가치로 삼아 가치제안을 하였다. 이러한 점은 “우리는 아름다워지기를 원하는 모든 사람들이 합리적인 비용으로 최고의 만족을 얻게 하기 위해 존재한다”고 하는 사명에서도 엿볼 수 있다.

다) 가치창출

미샤는 양질의 제품을 대량 생산하여 저렴한 가격으로 고품질의 제품을 빠르게 파는 것을 특징으로 삼았다. 저렴한 가격과 고품질 고두 온라인과 밀접하다. 온라인에서 철저하게 단련된 기업으로 3년 동안 네티즌들에게 혹독한 검증을 받고 난 뒤 본격적으로 오프라인 매장을 오픈한 것이다.

(가) 저가격 실현

먼저 저렴한 가격을 실현하기 위해 유통체계를 개편하고 대중매체에 들어가는 막대한 광고비용을 줄였다. 그리고 포장비용과 영업사원 고용비를 줄였다. 원가절감을 위해 제품 생산의 80%를 아웃소싱하였다.

복잡한 유통과정이 높은 화장품 가격의 원인이기 때문에 이러한 거품을 제거하고자 소비자와 제조사가 직접 만나는 방식으로 유통구조를 개선하였다. 즉 일반적으로 화장품 원가는 소비자가의 10%도 되지 않는데도 중간단계를 거치면서 화장품 가격이 상승하게 되는 구조를 개선하고자 하였다. 그래서 미샤는 중간단계를 거치지 않도록 자체 공장에서 제작된 미샤의 제품을 소매로 바로 이어지도록 하였다. 특히 미샤 단독으로 판매하는 직영 매장체제를 구축해 기존의 화장품 제조회사들과는 달리 유통과정 단계에 걸친 마진을 제거하였다. 그리고 같은 브랜드의 제품이라도 매장마다 다른 가격으로 판매되어 소비자들에게 불신을 주는 구조에서 벗어났다. 주요 마케팅 도구로 인터넷을 활용하고 온라인과 오프라인을 통해 자사 브랜드만을 판매하여 저가의 좋은 제품을 만들었다.

저렴한 가격을 실현하는 데는 광고비 절약도 큰 몫을 했다. 미샤는 인터넷 포털을 기반으로 시작한 만큼 대중매체를 통한 광고를 하지 않고 네티즌을 상대로 한 입소문 마케팅을 적극적으로 펼쳤다. 수백만 명의 뷰티넷 회원들을 대상으로 샘플을 증정하고 사용 후기를 받아 상품을 추천하게 하였다. 품질에는 자신이 있었던 미샤가 회원들 사이에서 입소문이 나면서 자발적인 광고로 이어져 대중매체에 들어가는 막대한 광고비용을 줄일 수 있었다. 또한 회원들에게 원하는 제품을 직접 제안하도록 하고 가격을 회원들이 직접 정하게 함으로써 주인의식을 갖도록 하였다.30)

화장품의 용기와 포장에 들어가는 비용도 대폭 줄였다. 일반적으로 화장품의 용기와 포장에 들어가는 비용은 화장품 매출의 20% 정도를 차지하는데 미샤는 이러한 비용을 1/4 수준으로 줄였다. 특수제품을 제외한 거의 모든 용기를 플라스틱 소재로 바꾸고, 특별한 경우를 제외하고는 제품의 개별 종이포장과 설명서도 모두 없앴다. 대신 용기에 새긴 브랜드 로고 등 이미지에 초점을 두고 용기를 제작하여 세련되고 깔끔한 이미지를 심어주었다.

그리고 영업사원 고용비를 절약하였다. 기존의 기업들은 수십에서 수백 명의 영업사원들이 오랜 시간에 걸쳐 수금을 하는 후불결제 방식을

30) 톱(Top) 배우와 모델 계약을 하기도 하였는데, 브랜드 인지도 제고를 위한 최소한의 범위에서 광고가 이루어지는 것이며 앞으로도 지면 광고를 중심으로 마케팅 활동을 펼쳐나간다는 입장이다.

사용하고 있는데 이는 제조업체나 전문점에게 위험이 따르며 밀어내기식 영업으로 이어지기도 한다. 그러나 미샤는 선불결제 방식을 도입하며 이러한 위험을 줄이고 영업사원 고용에 따른 인건비도 절약할 수 있었다. 더욱이 미샤의 경우 모든 유통 과정을 인터넷을 통해 관리하여 기업의 규모가 커져도 영업조직을 따로 늘릴 필요가 없었다. 즉 미샤의 가맹점들은 본사의 홈페이지와 연결이 되어 있어 가맹점에서 온라인으로 주문하고 물건을 받으며 선입금을 한다. 온라인 관리로 인해 수금을 위한 관리 직원이 필요하지 않으며 인터넷 정보관리 프르그램으로 본사는 각 매장의 다양한 영업현황 정보를 통합 관리할 수 있게 되어 투명성과 효율성을 함께 달성했다.

미샤는 원가절감을 위해 제품생산의 80%를 16개의 외부 공장에 맡기는 아웃소싱 형태를 취하고 있다. 미샤는 자사의 자체 공장에서 제품을 연구하고 개발하여 아웃소싱 업체에 주문서를 넘긴다. 주문서에는 제품 제조에 대한 상세한 내용이 들어있는데 주문을 받은 업체는 원료를 구매하여 주문서대로 제품을 생산한다. 자체 공장을 가지고 제픔을 단들면서 원가와 제조 데이터를 확보하고 있기 때문에 아웃소싱 업체에 적정 납품가를 요청할 수 있다는 이점이 있다.

(나) 고품질 실현

고품질을 실현하기 위해 제품연구에 많은 투자를 하였다. 중소기업으로서는 드물게 연구소를 운영하고 앞에서 언급했듯이 광고활동을 지양하여 줄인 비용을 제품연구에 투자하였다. 이러한 노력의 결과 미샤 화장품의 재구매율이 70%에 이른다고 한다.

고품질 실현을 위한 또 하나의 방법으로 미샤는 소비자가 직접 제품을 사용해보고 선택할 수 있도록 체험 쇼핑몰 형태로 매장을 운영하였다. 기존의 화장품 매장에서는 주로 판매원들이 권해주는 화장품을 구입했었는데 미샤 매장에는 제품을 직접 사용해보고 있는 소비자들을 발견할 수 있다.

마지막으로 미샤는 온라인 마케팅을 통해 고객들의 반응을 즉각적으로 살피고 받아들였다는 점이다. 철저한 소비자 분석과 시장조사를 통해 비싸야 잘 팔린다는 화장품 업계의 사고방식이 잘못되어 있다는 것을 깨닫고 이의 개선을 위해 인터넷을 활용하였다. 미샤라는 기업 자체가 온라인을 기반으로 시작했기 때문에 더 수월했다고 볼 수 있으나 회원들을 모니터 요원으로 적극 활용하고 시제품에 대한 반응을 여과 없이 듣고 반영하려고 노력한 점이 프로슈머(prosumer) 고객이 주는 엄청난 마케팅 효과를 불러왔다.

(2) THE FACE SHOP: 자연 친화적인 제품[31)32)]

가) 기업 개요 및 경영 현황

더페이스샵(THE FACE SHOP)은 미샤의 저가전략이 성공하면서 후발주자로 시작했다. 후발주자들 중 독보적인 기업이 더페이스샵이다. 미샤 매장이 있는 곳이면 더페이스샵 매장도 어렵지 않게 발견할 수 있다.

더페이스샵은 2003년 더페이스샵 코리아로 출범하여 그 해 12월에 명동 1호점을 개설하였다. 전국의 주요 핵심적인 상권에 로드숍을 기반으로 대형 할인점, 백화점, 지하철 상권 등에 고르게 입점해 있다. 브랜드숍 형태의 새로운 화장품 유통방식이 도입되면서 2004년에는 전체 화장품 유통시장에서 15~20%의 매출을 차지할 정도로 그 규모가 성장하

31) 김아랑, 기업의 지속적인 가치창출을 위한 비즈니스 모델 혁신 전략: 경쟁기업의 비즈니스 모델 사례 연구, 한양대학교 대학원, 2013.2, pp.42－48.

32) http://www.thefaceshop.com.

표 3-4 더페이스샵의 연혁

연 도	내 용
2003	더페이스샵 코리아 출범. 더페이스샵 1호점(명동) 오픈
2004	더페이스샵 국내 100호점 돌파. 해외사업 시작, 홍콩, 대만, 싱가포르 등지에 수출. 온라인 쇼핑몰 '더페이스샵닷컴' 오픈
2005	화장품 브랜드숍 업계 1위 달성. 전체 화장품 업계 매출 3위 달성
2006	더페이스샵 해외 100호점 돌파. 미국, 중국 시장 진출
2007	매출 2,000억원 초과
2008	더페이스샵 해외 200호점 돌파
2010	LG생활건강 자회사 편입
2011	더페이스샵 국내 900호점 돌파 및 해외 22개국 진출. 매출 3,000억원 돌파
2012	매출 4,000억원 돌파

였다. 그리고 창사 2년 만인 2005년에 매출 1,500억 원을 달성하며 단숨에 국내 화장품업계 3위에 오르며 돌풍을 일으켰다. 2011년에는 국내 900호점을 돌파하고 해외 22개국에 진출하였으며 매출 3,000억 원을 돌파하였다.

나) 고객가치와 표적 시장

창업주인 정운호 회장이 15년간 화장품 업계에서 쌓은 다양한 노하우를 바탕으로 소비자에게 '고품질의 자연주의 화장품을 합리적인 가격에 제공한다.'는 브랜드 철학으로 사업을 시작하여 새로운 유통채널인 브랜드숍으로 유통혁신을 이루었다.

'Natural Story'라는 슬로건으로 기존 화학원료로 생산되는 제품과 달리 천연 추출물로 생산하여 그 품질은 물론 환경오염에 대한 예방 차원에서 친환경적으로 고객에게 다가갔으며 합리적인 가격, 최고의 품질, 최고의 유통, 최고의 서비스를 통하여 고객 만족을 실현하고 있다.

주 고객층은 미샤와 마찬가지로 10대 후반에서 20대이다.

다) 가치창출

(가) 저가격 실현

미샤가 저가격을 실현하기 위해 했었던 OEM(주문자상표부착방식)생산,[33] 대리점 선불결제, 플라스틱 용기 사용 등을 실행했다. 특히 미샤와 마찬가지로 과감한 유통혁신을 이루었다. 생산에서 소비까지 기존의 5－6단계의 유통 구조를 3단계로 축소시킨 것이다. 더페이스샵 본사는 생산 공장을 갖고 있지 않고 연구와 개발만 담당하고 더페이스샵과 OEM, ODM(제조업자개발생산방식)[34]의 관계에 있는 화장품 제조업체는 제품을 생산하여 매장으로 바로 보내게 된다. 그만큼 중간 마진이 줄어들어 더 저렴한 가격의 제품을 소비자에게 선보일 수 있다.

또한 브랜드숍을 개설하여 더페이스샵 제품만을 유통시키며 가맹점을 직영점처럼 밀착관리하며 본사와 점주에게 모두 유리한 유통체계를 구축했다.

2009년 말 LG생활건강이 더페이스샵을 인수한 후 기업 내부적으로 인사, 총무, 재경, 구매 등 지원 부서들을 통합적으로 운영해 고정비를 최소화하였다.

---

33) OEM(Original Equipment Manufacturing): 자기 상표가 아니라 주문자가 요구하는 상표명으로 부품이나 완제품을 생산하는 방식으로 '주문자상표부착생산'이라고 부른다. 브랜드를 중요시하는 판매 회사와 생산에 전념할 수 있는 제조 회사의 역할 분담이 장점이다.

34) ODM(Original Development Manufacturing): 판매업자(주문자)가 건네준 설계도에 따라 단순히 생산만 하는 OEM 방식과는 달리, 판매업자가 요구하는 기술을 자체 개발해서 납품하는 것으로 '제조업자개발생산' 또는 '제조업자설계생산'이라고 부르며 부가가치가 높다는 장점이 있다. 또 자체 개발해서 생산하기 때문에 해외 시장에 판매할 경우 개발 로열티를 받을 수 있고, 부품을 구매할 때도 제조업체가 주도적으로 참여할 수 있어 원가를 낮추는 데도 도움이 되는 등 고부가가치형 생산체제로 평가받는다.

(나) 차별화

더페이스샵은 선발업체의 브랜드 파워에 밀리지 않도록 선발주자와의 차별화 전략에 많은 노력을 기울였다.

첫 번째 차별화는 브랜드 네임에 두었다. 화장은 얼굴에 하는 것인 만큼 얼굴과 관련된 모든 것을 파는 매장이라는 의미를 지닌 브랜드 명칭으로 우선 이름만 들어도 바로 어떤 제품인지 떠올릴 수 있도록 하여 소비자들에게 익숙한 느낌으로 다가갔다.

두 번째로 자연주의 브랜드 컨셉을 들 수 있다. 웰빙 열풍에 힘입어 자연 친화적인 제품이 성공할 것이라는 판단으로 꽃과 곡물, 식물, 과일, 천연수, 한방 등 식물성 재료에서 추출한 다양한 자연 원료를 사용하여 화장품을 만들고 제품의 특성인 자연주의를 브랜드 컨셉으로 잡아 소비자들에게 신선한 느낌을 주었다.

세 번째로 자연주의 이미지를 강조하는 광고 차별화이다. 기존의 화장품 광고가 여성 모델의 얼굴을 확대하여 화장품을 통해 얼마나 예뻐질 수 있는지를 보여주었다면 더페이스샵은 제품의 원료인 연꽃, 대나무, 석류, 아카시아를 소재로 삼아 광고를 제작하였다. 이를 통해 자연주의 이미지를 강조하며 초저가 화장품임에도 고급스럽다는 느낌을 전달하였다. 이러한 광고 이후에 2004년부터 한류스타로 떠오른 권상우를 모델로 기용하며 광고를 함으로써 아시아권에서 매장을 확장하고 브랜드를 알리는 데 큰 성과를 거두었다.

권상우의 TV광고 방영 이후 매출이 크게 증가했으며 인터넷 회원 수는 300%나 증가했다. 단순한 광고 모델로서가 아닌 모델이 지닌 개성과 장점을 다각도에서 활용하여 많은 광고비를 소비한 만큼 브랜드의 이미지를 고급화시키는 등 그 이상의 효과를 누렸다. 2007년에는 최고의 자연 미인을 뽑는 '내추럴 뷰티선발대회'를 개최해 큰 호응을 얻으며 브랜드 인지도를 더 높여갔다.

자연주의 컨셉은 화장품의 원료뿐 아니라 제품을 담는 용기와 매장 분위기에까지 일관되게 적용하여 모두 자연주의에 부합시켰다. 실제로 소비자들 중에는 더페이스샵의 세련된 용기와 매장 디스플레이에 끌려 제품을 구입한다는 의견이 많았다. 매장에 느티나무를 심어 친환경주의를 강조하고 매장 인테리어에 나무 대신 우드 오브제를 활용해 고급스러움을 강조했다.

8) UNIQLO와 ZARA: 글로벌 의류 브랜드

한국에 진입하여 성공한 의류 업계 중에 유니클로(UNIQLO)와 자라(ZARA)가 있다. 이들은 SPA(Speciality store retailer of Private label Apparel) 브랜드인데, SPA는 '자사 오리지널 기획브랜드에 의한 의복 제조 직매 전문점'을 뜻한다.[35] 즉, 제조업체가 매장을 직접 운영하며 제품 컨셉이나 브랜드 파워가 아닌 기획력으로 제품을 개발하고 판매하는 방식으로 제조에서 소매까지 유통경로 전체를 포괄하는 수직 통합된 의류체인이다.

35) SPA는 미국 브랜드 '갭'이 1986년에 선보인 사업모델로 의류기획 · 디자인, 생산 · 제조, 유통 · 판매까지 전 과정을 제조회사가 맡는 의류 전문점을 말한다. 백화점 등의 고비용 유통을 피해 대형 직영매장을 운영, 비용을 절감시킴으로써 싼 가격에 제품을 공급하고, 동시에 소비자의 요구를 정확하고 빠르게 캐치하여 상품에 반영시키는 새로운 유통업체이다. 고객수요와 시장상황에 따라 1~2주 만에 '다품종 대량공급'도 가능한 것이 특징이며, SPA를 '패스트 패션'이라고도 부른다.

(1) UNIQLO: 기본 기능에 충실한 '베이직 의류'[36)37)38)]

가) 기업 개요 및 경영 현황

캐주얼 의류 브랜드인 유니클로는 1984년 야나이 타다시에 의해 설립된 일본의 대표적인 의류기업으로 'Unique, Clothing Warehouse'의 약자로 '독특하고 다양한 의류창고'라는 뜻을 가지고 있다. 제조 소매업인 SPA 브랜드 중 하나로 옷을 바꾸고, 의식을 바꾸고, 세계를 바꿔 나간다는 기업 이념을 가지고 지금까지 찾아볼 수 없었던 새로운 가치관을 가진 옷을 만들어 전 세계 모든 사람들에게 멋진 옷을 입을 수 있는 기쁨과 행복, 그리고 만족감을 제공하고자 한다.

유니클로는 직접수출 방법으로 한국시장에 진입하여 한국시장에서는 생산 활동을 하지 않고 마케팅 및 유통활동만을 위해 FRL코리아를 설립하였다. 한국은 도심상권의 높은 임대료와 보증금 등을 감안할 때 단독 투자를 하는 것보다 막강한 유통채널을 확보하고 있는 롯데와의 합작이 시장침투에 더 효과적일 것이라는 판단 하에 2005년 9월 롯데쇼핑과의 합작형태로 한국에 진입하였다.

유니클로는 경영과 기술, 디자인, 상품, 마케팅, 매장 등의 조직을 모두 연결하여 이들을 자사에서 철저하게 컨트롤하고 부품조달에서 생산계획, 납품, 재고관리 등을 효율적으로 처리할 수 있는 토털 솔루션 비즈니스 모델을 실현하고 있다.

유니클로는 그룹 차원에서 고성장을 이어가고 있다. 즉, 1992년 창립 후 지금까지 두 자릿수 성장률을 유지하고 있다. 파스트 리테일링 그룹

---

36) 김아랑, 기업의 지속적인 가치창출을 위한 비즈니스 모델 혁신 전략: 경쟁기업의 비즈니스 모델 사례 연구, 한양대학교 대학원, 2013.2, pp.49-57.

37) www.uniqlo.kr.

38) 박인혜 · 박은진, 거침없는 유니클로, 국내매출 1조 뚫은 비결은, 매일경제, 2015.12.1.

(Fast Retailing Group)의 2014년 매출은 1조 6,817억 엔(약 15조 8,500억 원)으로 2013년 대비 21.6% 증가했다. 그리고 <표 3-6>에서 보듯이 유니클로는 2015년 국내에서 매출 1조 1,169억 원에 영업이익 1,564억 원을 달성했다. 단일 브랜드로는 유니클로가 처음 우리나라 패션 시장에서 연매출 1조 원대를 돌파했다. 2014년부터 2015년까지 국내 패션 업계가 극심한 불황에 시달렸던 상황에서 거둔 성적이라는 점을 눈여겨보게 된다.[39]

표 3-5 UNIQLO의 연혁

연 도	내 용
1984	UNIQLO 1호점을 히로시마에 오픈
1988	전 점포에 POS 시스템 도입으로 재고관리 체제 구축
1990	오리지널 개발 상품의 조달체제 정비, 판매관리 시스템 도입
1998	플리스(fleece) 캠페인으로 일본 전역에 유니클로 열풍
2000	도쿄본부 네트워크 판매 개시. 매출액 2,300억 엔 달성
2001	매장 500개 돌파. 영국 런던 출점을 시작으로 글로벌 사업 개시
2004	12월 FRL코리아 설립
2005	9월 한국 영업 개시(롯데 백화점 영플라자점, 롯데 백화점 인천점, 롯데마트 잠실점)
2007	히트텍(heat tech) 캠페인을 통해 브랜드 구축 세계 각국의 패션 도시로 확대하면서 글로벌 브랜드로 진화
2008	세계적으로 약 1,961개의 매장과 약 8,500명의 직원 보유
2010	매출 1조 엔 목표
2013	국내 100호점 오픈

39) 박은진, 맥 못추는 토종 SPA브랜드, 매출 유니클로의 20%도 안돼, 매일경제, 2015.12.1. 삼성물산 '에잇세컨즈'는 매출 1,500억 원, 신성통상 '탑텐'은 1,200억 원, 이랜드 '스파오'는 1,700억 원으로 2014년 유니클로 매출인 8,954억 원에 크게 못미친다.

표 3-6 UNIQLO의 국내 매출액과 영업이익

(단위: 억 원)

연 도	2011	2012	2013	2014	2015
매출액	3,280	5,050	6,940	8,954	11,169
영업이익	520	657	687	1,077	1,564

나) 고객가치와 표적 시장

유니클로의 가장 큰 특징은 저렴한 가격과 동시에 시즌마다 급격하게 변화하는 패션 트렌드에 휩쓸리지 않으면서 기본적인 아이템을 유니클로만의 특성으로 내놓으며 다양한 고객층에 가치를 제공하고 있다. 간결한 디자인으로 '기본에 충실한 옷', 그리고 저렴한 가격을 원하는 고객의 욕구에 맞추고 있는 것이다.

패스트 리테일링 그룹의 "정말 좋은 옷, 이제까지 찾아볼 수 없었던 새로운 가치를 지닌 옷을 만들어 전 세계의 모든 이들에게 좋은 옷을 입을 수 있는 기쁨과 행복, 그리고 만족감을 제공합니다."라는 사명에서 보듯이 유니클로만의 독자 소재 개발로 기본 기능에 충실한 옷을 만들어 고객가치를 높이고 있다.

다) 가치창출

(가) 저렴한 가격

유니클로의 저렴한 가격은 먼저 소품종 대량 생산과 소품종 대량 판매 방식에서 비롯된다.

그리고 출시한 제품은 모두 판매하는 것을 목표로 재고를 남기지 않아 재고비용이 발생하지 않도록 한다. 각 매장에는 항상 재고를 의식하며 본사와 긴밀하게 연계하는 '야나이식 재고관리'가 정착되어 있다. 만일 신상품 판매량이 둔화되었다면 범위를 한정하여 신속하게 가격을 인하하고 소비를 촉구하기 때문에 조기에 상품이 팔려 기말의 재고가 감소하도록 하고, 잘 팔리지 않는 아이템은 행사나 수시 할인 등을 이용해 소진시켜 재고비용이 발생하지 않도록 한다.

(나) 기본 기능에 충실한 품질

유니클로는 디자인은 간결하게 하고 기본 기능에 충실하도록 소재 개발에 심혈을 기울였다. 일본 최고 섬유화학 회사로 꼽히는 도레이와 아사히카세이 등과 10년 전부터 손잡고 꾸준히 소재를 공동 개발해 왔다. 2003년 처음 출시돼 글로벌 히트 상품 반열에 오른 발열내의 히트텍은 섬유회사 도레이와 함께 개발한 제품이다. 이 제품은 출시 8년 만인 2011년 세계 누적 판매량 3억장을 돌파하며 유니클로가 세계적인 의류 브랜드로 발돋음하는 데 결정적인 기여를 했다.

(다) 신속한 반응

유니클로는 SPA 브랜드에 걸맞게 기획을 담당하는 본부와 생산을 담당하는 현장, 외부의 생산업체, 배송업자, 매장까지 IT로 연결하여 실시간으로 정보를 공유하며 이루어지는 적시생산시스템과 반응생산시스템을 갖추고 있다.

그래서 매장에서 어떤 제품이 얼마나 팔리고 있는가를 각 단계에서 실시간으로 파악하여 생산량 조절에 활용하고 현재 생산 상황이 어떤지를 매장에서도 파악하여 상품 판매에 활용하는 유기적인 시스템을 확립하고 있다.

(2) ZARA: 다양성과 신속성40)41)42)

가) 기업 개요 및 경영 현황

자라(Zara)는 스페인 Inditex사의 주요 브랜드 중 하나로 스페인에서 성공을 거둔 대표적인 의류 업체이다. 사회 트렌드와 패션 유행에 민감하고 새로운 아이디어, 성향 등을 잘 파악하여 전 세계적으로 매장을 확장할 수 있었다.43)

국내에는 2007년 10월 롯데쇼핑과의 합작으로 '자라리테일코리아'를

■ 표 3-7 자라의 연혁

연 도	내 용
1963	스페인에서 소규모 의류업체 사장인 아만시오 오트테가(Amancio Ortega)가 의류 제조공장 '고아 콘펙시오네스(Goa Confecciones)' 설립
1975	스페인에서 첫 ZARA store 오픈
1985	포르투갈을 시작으로 해외에 ZARA store 확산
1989	미국 뉴욕 진출
1990	프랑스 파리 진출
1991	일본 등 전 세계로 유통망 확대
2005	인도네시아 ZARA store 오픈
2007	국내 진출, 롯데 백화점 영플라자 명동점과 코엑스몰 오픈
2011	전 세계 77개국 5,000여 개의 매장 보유 매출 12,527백만 EURO(약 19조 원), 그룹 내 자라의 점유율 64.6%

---

40) 김아랑, 기업의 지속적인 가치창출을 위한 비즈니스 모델 혁신 전략: 경쟁기업의 비즈니스 모델 사례 연구, 한양대학교 대학원, 2013.2, pp.57-64.

41) www.inditex.com.

42) http://terms.naver.com/entry.nhn?docId=2053888&cid=43168&categoryId=43168.

43) '자라'라는 이름은 설립자인 아만시오 오르테가(Amancio Ortega)가 크게 감명받은 그리스 영화에서 유래했다.
매장 오픈 당시, 아만시오 오르테가는 그리스 영화 '희랍인 조르바(Zorba the Greek)'에 매료되어 매장 간판을 '조르바(ZORBA)'로 만들었다고 하였는데, 매장에서 두 블록 떨어진 술집에서 이미 이 이름을 사용한다는 것을 접하고, 그는 조르바라는 이름에서 알파벳 'O'와 'B'를 빼고 'A'를 더해 '자라(Zara)'로 변경했다.

통해 명동 롯데 영플라자와 삼성 코엑스에 동시 오픈하였다. 롯데는 자라 매장의 론칭 당시에 영플라자에 입점해 있던 12개의 매장을 내보내면서 주변의 우려가 있었지만 120%가 넘는 '자라 효과'를 보면서 큰 성공을 거두었다.

나) 고객가치와 표적 시장

자라는 최신 유행의 다양한 여성복, 남성복 그리고 아동복을 중저가에 빠르게 제공하는 패스트 패션(Fast Fashion)을 브랜드로 한다. 즉, 다양성, 신선함, 속도, 합리적 가격을 고객가치로 하고 있다. 결과적으로 트렌드에 민감한 전 세계 젊은 층에게 열성적인 지지를 얻으며 글로벌 브랜드로 성장했다.

다) 가치창출

(가) 다양한 제품 구색과 빠른 교체

자라 제품의 70%가 2주에 한 번씩 바뀌고 있다는 것만으로도 자라가 얼마나 고객들에게 다양성과 신속성을 제공하고 있는지를 가늠할 수 있다. 자라의 디자이너들은 세계 각국의 매장에서 수집된 고객정보와 시장정보를 바탕으로 2주 만에 새로운 컬렉션을 선보인다. 디자인, 생산, 운송, 매장 진열 등 각 단계별로 소요되는 시간을 줄여 이러한 체계가 가능한 것이다. 일반 의류업체의 경우 통상 6개월에서 길게는 1년 동안 다음 시즌의 컬렉션을 준비하는 것과 비교된다.

자라는 새로운 제품들을 출시하면서도 시장의 과포화 현상을 막기 위해 인기를 모았던 기존의 디자인에서 컬러, 스타일, 재질에만 약간의 변화를 가미함으로써 끊임없이 변화하는 패션 트렌드에 부합하고 있다.

또한 길거리 패션을 재창조하는 것이다. 길거리에서 볼 수 있는 이미 검증된 패션을 창의적으로 재창조하여 히트 상품으로 빠르게 고객들에게 제공하고 있다. 기존 고객들이 이미 선택한 패션을 벤치마킹하고 여기에 매장 등에서 모아진 고객의 의견과 자료를 바탕으로 더욱 창의적이고 고객의 입맛에 맞는 옷을 제작하는 것이다.

고객들로 하여금 자라에서 옷을 구입하면서 남들과는 차별화된 자신만의 이미지를 구축할 수 있게 한다. 자라는 다품종 소량생산을 원칙으로 하면서 고객들로 하여금 의류의 희소성을 비교적 경제적인 가격대의 의류에서 경험할 수 있도록 하고 있는 것이다.

자라는 고객정보를 수집하기 위해 매장을 매우 중시 여긴다. 자라에게 매장은 고객관리를 하기 위한 가장 중요한 수단이며 강력한 프로모션을 이끌어 낸다. 고객들과 직접 대면하여 제품들의 품평, 고객들의 취향, 향후 기대하는 제품의 방향을 듣고 이렇게 수집된 정보가 디자이너에게 전달되면 생산부문과의 협업을 통해 고객이 원하는 새로운 제품이 탄생하게 된다.

매장에서 고객정보를 얻기 위해 먼저 매장에 한 번에 10벌까지 입어볼 수 있는 피팅룸(fitting room)을 준비하고 있다. 고객이 옷을 입어보고 마음에 들지 않는 옷을 반납하면 매장 직원들이 반납된 옷에 대한 정보를 따로 관리하여 고객이 그 옷을 선택하지 않은 이유가 무엇인지 본사에 피드백하게 된다.

다음으로 매장 고급화 전략이다. 감각적이고 고급스런 분위기를 연출하기 위해 스페인에서 집기를 공수해 사용하고, 매장의 VMD(visual merchan-diser)44)를 통해 자라의 정체성, 제품소개, 메시지 등을 전달하고 있다. 어느 나라 매장에 들어서도 깔끔한 정장차림의 직원들이 영어로 커뮤니케이션이 가능하도록 훈련되어 있어 고객들은 마치 명품매장에 들어선 듯

44) 브랜드 컨셉트에 맞춰 제품을 전시하는 등 매장 전체를 꾸미는 사람(직종).

한 경험을 하게 된다.

(나) 제품의 리드타임 단축과 저비용 실현

자라는 아웃소싱에 거의 의존하지 않는다. 공급업체와의 유기적인 관계를 갖되 규모의 경제를 통해 비용을 절감할 수 있는 부분은 자체적으로 수행하고 노동집약적인 제조활동은 특정 생산 공정을 맡고 있는 소규모 업체를 통해 전개하고 있다.

유행예측을 기본으로 하는 패션산업에서 제품의 리드타임은 중요한데 자라는 인하우스(in-house) 방식으로 제품이 디자인에서 제조를 거쳐 매장으로 입고되기까지의 시간이 3주면 충분하다. 이는 자라가 도요타 생산방식인 적시시스템(JIT system)을 응용하고 있기 때문이다.[45]

자라는 인하우스 방식과 수직계열화를 추구하면서도 전 세계적으로 약 1,200개에 달하는 납품업체들과 견고한 협력관계를 맺어오고 있다. 톱니바퀴처럼 촘촘하게 엮여있는 자라는 Inditex사의 생산과정 40%가 스페인, 포르투갈, 모로코 등과 그 외의 인접 유럽 국가들에서 이루어지고 있다. 가장 큰 이유는 지리적인 근접성 때문이지만 디자인과 생산의 긴밀한 협업을 위해 그들만의 협업 문화를 이룩하려는 것이다.

시장상황에 빠르게 대처하기 위해 디자인과 생산을 가까이에 위치시키고 있는데 이를 위해 제3세계의 값싼 노동력 대신에 상대적으로 비싼 인접 국가의 노동력을 투입하고 있다. 많은 인건비 차이에도 불구하고 현지의 노동력을 고집하는 것은 생산을 가까이에서 관리하기 위함이었지만 그 결과 이제는 오랜 기간 성공적인 파트너로서의 역할을 해오면서 납품업체들을 근거리에서 활용할 수 있게 된 것이다. 이러한 네트워크로

45) JIT(just in time): 적시생산. 재고를 쌓아 두지 않고서도 필요한 때 적기에 제품을 공급하는 생산방식이다. 즉 팔릴 물건을 팔릴 때에 팔릴 만큼만 생산하여 공급하는 방식이다.

안정적인 품질을 확보하고 원하는 제품규격을 보장 받으면서 시장 수요에 빠르게 대응할 수 있게 되었다.

자체적으로 디자이너만 200명이 넘게 보유하고 있으며 이들은 현장 소비자들의 패션 니즈를 정확히 파악하여 향후 변화를 예측하는 조사를 실시한다. 일반적인 기업이 시즌 전에 전체 물량의 60~70%를 만들고 나머지는 고객의 반응에 따라 기획하는 것과는 달리 자라는 15% 정도의 핵심 상품만을 미리 생산해둔다. 나머지는 고객의 반응에 따라 즉각적으로 생산해서 공급하는 것이다. 자라는 다품종 소량성산 방식으로 물량이 매장에 진열되는 시점부터 생산활동이 시작되어 소비자 반응이 좋은 옷은 재주문을 하고 반응이 없는 옷은 생산을 중단하고 새로 제작하게 된다.

이러한 빠른 업무과정으로 저비용도 함께 실현하고 있다.

(나) 품질

자라의 품질관리 원동력 중 하나는 수직계열화이다. 생산과정의 수직계열화와 조직의 유연성으로 생산과정의 상당 부분을 인하우스로 관리할 수 있게 하여 생산을 모두 외부에 의뢰했을 때 발생할 수 있는 납품 지연 및 품질 불량 등과 같은 문제점을 사전에 차단하였다. 따라서 약 60% 정도의 제품을 인하우스로 제작하여 품질을 관리하고 있으며 40%에 달하는 원단을 직접 제조하여 계열사를 통해 염색 작업을 수행할 정도이다.

Tip

자라 옷에 "돈 못 받고 일했음" 꼬리표

"당신이 사려는 이 옷은 내가 만들었지만, 나는 돈을 못 받았습니다."

세계 최대 의류 소매 업체인 자라의 이스탄불 매장에서 한 손님이 옷을 고르다 태그에서 발견한 문구다. AP통신이 지난 3일(현지시간) 최초 보도한 이후 외신들의 후속 보도가 이어지고 있다.

뉴스위크는 해당 태그를 단 노동자는 이스탄불에 있는 자라 생산공장 브라보 텍스틸 소속으로 몇 달간 임금과 수당을 못 받고 있다고 5일 보도했다. 브라보 텍스틸은 자라와 망고, 넥스트 등의 의류 브랜드 하청을 맡고 있다.

온라인 패션지 「리파이너리29」에 따르면 이 꼬리표는 빙산의 일각일 뿐이다. 터키 노동자들이 자라에 대한 불만을 터뜨린 건 이번이 처음은 아니다. 브라보의 노동자들은 두 달 전 온라인 청원을 시작했다. 지난해 7월 공장 사장이 잠적을 하면서다.

온라인 청원에 따르면 수년간 자라(이 공장 생산량의 75%)와 망고, 넥스트 등의 하청 일을 했으나 어느 회사도 노동자들의 미지급 임금에 대한 해법을 마련하지 못했다. 자라 등은 하청 공장 문을 무작위로 닫고, 제품 생산의 모든 과정을 책임지는 등 실질적인 고용주와 다름없었으나 노동자들을 전혀 보호하지 않았다는 것이다.

자라 등의 모기업인 인디텍스는 「리파이너리29」에 "인디텍스는 브라보 텍스틸에 대한 계약상의 의무를 모두 이행했다"면서도 "글로벌 노조 인더스트리올 지역지부와 함께 고충 기금을 조성해 갑작스러운 공장 폐쇄에 따른 미지급 임금과 휴가 및 퇴직금을 충당하는 등 신속한 해결책을 찾는 데 전념하겠다"고 밝혔다.

「가디언」에 따르면 자라는 앞서 2015년 브라질에서도 노동자의 열악한 처우 문제로 정부와 갈등을 빚은 바 있다. 2011년 브라질 노동부와 근로조건 개선을 위한 협약을 체결했지만 2012년 7,000명의 노동자가 직장 내 사고와 질병, 장시간 근로 등의 열악한 상황에 놓여 있었다는 게 적발되면서다. 당시 인디텍스는 문제가 된 공장의 상황을 개선하는 대신 폐쇄를 검토한 것으로 알려졌다.

출처: 중앙일보 2017. 11. 6.
(http://news.joins.com/article/22085764)

9) STARBUCKS와 CAFFE BENE: 커피 브랜드

(1) STARBUCKS: 전문성과 고급성[46)47)48)49)50)51)]

가) 기업 개요 및 경영 현황

스타벅스(STARBUCKS)는 원래 커피원두를 판매하는 회사였고, 현재는 세계에서 가장 규모가 큰 커피 전문점이다.

최초의 스타벅스 매장은 1971년 세 명의 동업자에 의해 미국 워싱턴 주 시애틀에 문을 열었다. 영어 교사 제리 볼드윈(Jerry Baldwin), 역사 교사 제브 시글(Zev Siegl), 작가 고든 바우커(Gordon Bowker)는 개인적으로 친분이 있던 고급커피 판매업자 알프레드 피트(Alfred Peet)로부터 영감을 얻어 커피원두 판매사업을 시작했다. 처음엔 알프레드 피트에게서 커피 원두를 샀지만, 나중에는 커피 재배업자들로부터 직접 커피를 매입했다.

1982년 스타벅스의 영업담당 이사로 취임한 하워드 슐츠(Howard Schultz)는 이탈리아 밀라노를 여행하다가 밀라노의 길가에서 수많은 이탈리아인들이 에스프레소 바에서 커피를 마시며 휴식을 취하는 것을 보고 유럽식 커피숍이라는 아이디어를 미국 시장에 접목시키면 성공할 것이라는 확신을 했다. 밀라노에서 돌아와서 커피원두뿐 아니라 에스프레소와 커피 음료를 판매할 것을 최고경영진에 제안했다. 하지만 커피원두를 볶아서 판매하는 사업 이외의 다른 음료사업은 본래의 사업 취지에 맞지 않다는 이유로 거절당했다. 당시에는 커피는 집에서 만들어 먹는 것으로 여겨졌

46) 김아랑, 기업의 지속적인 가치창출을 위한 비즈니스 모델 혁신 전략: 경쟁기업의 비즈니스 모델 사례 연구, 한양대학교 대학원, 2013.2, pp.65－73.

47) www.istarbucks.co.kr.

48) http://blog.daum.net/c_mnb/477.

49) http://terms.naver.com/entry.nhn?docId=651412&cid=43167&categoryId=43167.

50) https://ko.wikipedia.org/wiki/%EC%8A%A4%ED%83%80%EB%B2%85%EC%8A%A4.

51) 내일신문, [스타벅스커피 매출 1조원의 그늘] 재벌기업과 외국브랜드의 단남, 2018.4.18.

다. 1984년 스타벅스 체인점 대표들은 커피사업의 스승이자 거래처였던 알프레드 피트의 사업을 인수했다.

1986년 하워드 슐츠는 커피를 뽑아서 고객에게 무료로 시음하도록 했고, 마침내 커피전문점의 문을 열 계기를 찾았다. 1987년 하워드 슐츠는 인근 지역 투자자들의 도움을 받아 스타벅스를 매입했고, 스타벅스는 체인 사업을 슐츠에게 넘겼다. 스타벅스는 그 해 시카고, 밴쿠버에 최초의 매장을 열었다. 슐츠는 스타벅스 코퍼레이션을 설립하고 미국과 캐나다를 중심으로 사업을 확장하여 지금의 스타벅스를 이루어냈다.

2018년 현재 전 세계 74개국에 2만 8,900여 개 매장이 있다. 매장 수가 가장 많은 나라는 미국(14,451개)으로 전체 매장의 50%를 차지하고 있으며, 중국(3,598개), 캐나다(1,499개), 일본(1,363개), 한국(1,201개), 영국(1,026개)이 그 뒤를 잇고 있다.[52)]

국내에는 1997년에 진출하였다. 글로벌 전략을 목표로 세계시장에 눈을 돌리면서 아시아에 진출하게 되어 1997년 신세계와 제휴를 맺고 에스코코리아를 설립하며 라이센싱을 통해 한국에 진입하였다.

라이센싱으로 진입 후 국내에서 성과가 좋아지자 2000년 12월에 에스코코리아 지분의 절반을 인수하며 직접 진출을 하기 시작하였다. 그리고 회사명도 스타벅스 코리아로 바꾸고 점포수를 늘려나가기 시작했다. 스타벅스는 세계 각 점포에서 브랜드의 품질을 유지하기 위해 가맹점을 두지 않고 모든 매장을 직영으로 직접 개입하여 통제의 강도를 높이고 있다.

2004년 100호점을 넘은 데 이어 2007년 200호점이 문을 열었다. 2008년 250호점을 열었고, 한국 내 연매출액이 1,700억 원을 넘어섰다. 계속

52) https://www.loxcel.com/sbux-faq.html.

표 3-8 스타벅스의 연혁

연 도	내 용
1997	스타벅스 커피 인터내셔날과 (주)신세계의 라이센스 계약 체결 (주)에스코코리아로 국내 법인 설립
1999	스타벅스 커피 국내 1호점 이대점 오픈
2000	스타벅스 커피 인터내셔널과 (주)신세계의 합작 계약 체결 (주)스타벅스 커피 코리아로 사명 변경
2001	세계 최초 자국어 간판을 설치한 인사동점 오픈 연간 매출액 200억 달성
2003	제8회 한국유통대상 전문점 부문 금상 수상
2006	연간 매출액 1,094억 원 달성. 점포수 188개
2007	스타벅스 커피 200호점 이태원 입구점 오픈. 점포수 233개. 매출억 1,344억 원. 스타벅스 커피 마이스터 제도, 사업 내 자격검정시험 노동부 인증 획득(2007.7.9.)
2009	스타벅스 커피 300호점 안국역점 오픈. 점포수 316개 연간 매출액 2,040억 원 달성
2010	스타벅스 커피 350호점 경희대점 오픈. 점포수 322개, 매출액 2,400억 원. 신개념 글로벌 디자인 전략 매장 국내 오픈(신청담역점, 광주 봉선점)
2011	400호점 돌파. 매출액 2,982억 원 달성.
2014	매장 650호점 돌파. 매출액 4,820억 원 달성
2017	매장 1140호점 돌파, 매출액 1조 2,630억 원 달성(영업이익 1,144억 원)

표 3-9 2015년 커피전문점 서비스 만족도

커피 전문점	종합 만족도	직원 서비스	서비스 체험	맛/ 메뉴	매장 이용 편리성	매장 접근성	가격 적정성	부가 혜택	메뉴 정보
스타벅스 코리아	3.78	3.72	3.69	3.64	3.49	3.85	2.61	3.19	3.32
이디야커피	3.72	3.62	3.64	3.35	3.54	3.90	3.63	3.31	3.82
커피빈	3.71	3.64	3.66	3.53	3.55	3.77	2.86	3.10	3.61
할리스커피	3.70	3.61	3.65	3.55	3.65	3.76	2.93	3.34	3.73
카페베네	3.66	3.59	3.62	3.48	3.55	3.75	2.80	3.11	3.65
탐엔탐스	3.63	3.56	3.57	3.52	3.53	3.77	2.81	3.01	3.66
엔제리너스	3.58	3.53	3.55	3.38	3.52	3.81	2.73	3.06	3.62
평균	3.68	3.61	3.63	3.49	3.55	3.80	2.91	3.16	3.63

해서 2009년 300호점, 2011년 400호점 개점을 돌파했다. 2014년 4,820억 원의 매출을 달성했고 전체 매장 수가 650개를 넘었다. 2017년에는 매출 1조 2,630억 원으로 1조 원을 넘어섰고, 영업이익 1,144억 원을 달성했다. 한국소비자원 자료에 따르면 업체별 소비자 만족도에서 2014년 2위, 2015년에는 <표 3-9>와 같이 1위를 기록했다.[53]

스타벅스가 진입할 당시만 해도 국내에서는 원두커피에 대한 수요는 어느 정도 있었으나 에스프레소 커피에 대한 수요가 미미했고 스타벅스와 같이 테이크아웃 형태의 판매 방식이 소비자들에게 익숙하지 않은 시기였다. 하지만 세계적으로 인정받고 있던 스타벅스의 프리미엄 커피 진출로 인해 국내 커피 시장은 에스프레소와 테이크아웃이라는 형태의 방식에 눈을 뜨게 되고 그 효과가 창출되었다. 이를 스타벅스 효과라고 한다.

스타벅스는 공정무역, 노동관계, 환경영향 문제와 관련해 시민운동가들로부터 많은 비난과 공격을 받아왔다.

나) 고객가치

스타벅스가 국내에 진입할 당시 주요 고객가치는 커피의 전문성과 고급성, 그리고 안락한 매장 및 직원의 친절한 서비스에 있었다. 주 고객층은 20~30대 젊은 여성들, 전문직의 고소득 젊은 층들로 이들은 가격이 조금 오르더라도 품질을 중요시한다고 보았다.

먼저 커피의 전문성과 고급성이다. 간편하게 제조할 수 있는 인스턴트 커피는 그만큼 질이 떨어진다는 점을 이용하여 스타벅스는 최상급의 원두를 사용하는 에스프레소라는 컨셉으로 커피 시장에 대한 이미지와 스타벅스에 대한 브랜드 이미지를 소비자들에게 각인시켰다. 저렴하고 단순한 맛이라는 인스턴트 커피의 단점을 공략하여 에스프레소 커피의

---

53) http://www.smartconsumer.go.kr/user/cm/PrintInfoView.do.

전문성과 고급성을 강조한 다양한 종류의 커피를 제공했다.

커피에 개성과 매력을 덧입혀 ‘프렌치 로스트’, ‘골드 코스트 블렌드’ 등의 메뉴를 내놓았고 여성 소비자층의 취향을 반영하여 카라멜이나 초콜릿 등을 첨가한 달콤한 커피를 출시하였다.

또한 소비자 개개인의 요구를 최대한 충족시켜 주기 위하여 소비자에게 다양한 옵션을 선택할 권한을 부여하였다. 사이즈나 크림과 우유의 양, 원두의 양, 시럽 등을 첨가하거나 뺄 수 있게 하여 자신만의 개성을 더 부각시킬 수 있도록 한 것이다.

커피와 더불어 샌드위치, 머핀, 샐러드 등도 함께 판매하였는데 매장에서 판매하는 베이커리는 전부 조선호텔에서 공급받는 형태로 베이커리 품목의 매출이 10~20%를 차지하였다. 이 밖에도 머그잔과 텀블러 등 커피와 연관된 상품을 판매하여 좋은 반응을 얻었고 더불어 브랜드 이미지도 향상되었다.

커피의 최고급 품질과 더불어 스타벅스가 고객에게 제공한 가치는 매장이다. 소비자가 커피 한 잔을 사는 것이 아닌 커피를 우아하게 마실 수 있는 분위기를 사도록 만든 것이다. 편안한 인테리어와 음악, 감각적인 인테리어로 인한 분위기는 국내 고객들이 그동안 커피를 마시면서 느껴보지 못했던 새로운 경험을 안겨주었다.

다) 가치창출

스타벅스의 주요 가치창출 활동으로 품질관리, 브랜드 이미지 관리, 매장관리, 인적 자원 관리 등을 들 수 있다.

(가) 품질관리

스타벅스는 전 세계 26개국에서 고품질의 원두를 구입하고 있으며 원두의 품질을 관리하기 위해 매년 1,000회 이상의 샘플테스트를 하고 있다. 100여 명의 로스팅 전문가들이 최고의 풍미를 끌어내기 위해 정밀한 로스팅 작업을 하며 테스팅 전문가들을 통해 최고의 원두를 생산한다.

스타벅스는 최고의 품질을 유지하기 위해 직영으로만 매장을 운영한다. 원두를 채취하고 로스팅하는 과정에서부터 한 잔의 커피가 고객의 손에 이르기까지 모든 단계가 스타벅스 직원들에 의해서 관리될 때만이 처음의 품질을 유지할 수 있다는 믿음이 있기 때문이다. 특히 커피는 보관이나 운송 중 상하기가 쉬울 뿐 아니라 기술적인 과정을 거쳐야 하므로 이러한 특성을 유지하여 커피 고유의 맛을 내는 데는 대리점은 적합하지 않다고 판단한 것이다.

또한 고객의 신뢰도를 높이고 전문점의 이미지를 확고히 하는 바리스타의 역할을 중요시하여 이를 직접 채용하고 교육시켜 매장에서 근무하도록 하였는데, 이를 위해서는 프랜차이즈는 한계가 있다고 보았다.

(나) 브랜드 이미지 관리

스타벅스는 광고를 하지 않기로 유명한데 광고에 돈을 들이기보다는 확실한 브랜드 이미지를 구축하는 것이 더 중요하다고 본다. 커피라는 하나의 제품판매에 주력하지 않고 스타벅스라는 이미지를 상품화하고 브랜드 파워를 제품판매에 이용하여 고급커피에 대한 소비자들의 인식을 변화시켜 커피 제품의 고급화를 선도한다.

스타벅스의 브랜드 이름은 소설 '모비딕'의 커피 애호가인 일등 항해사의 이름에서, 로고는 로마신화에서 따왔다. 사람들의 시선을 사로잡는 독특한 로고와 이름은 곧 커피산업의 상징으로 자리 잡았고 스타벅스의 핵심역량은 이러한 이미지를 만들고 관리해내는 능력이라고 할 수 있다. 신비로운 자태의 로고에서 볼 수 있는 일관성 있고 세련된 녹색 레이아웃은 스타벅스가 다른 경쟁사보다 고급스럽고 편안한 문화를 표현하는 환경을 만들어 낼 수 있는 기반이 되었다.

Tip

1. 스타벅스라는 이름은 미국 작가 허먼 멜빌(Herman Melvil)의 '모비딕(Moby Dick)'에 등장하는 고래잡이 배 피쿼드(Pequod)의 일등 항해사의 이름 스타벅(Starbuck)에 S를 붙여 만들었다.
2. 스타벅스 로고는 그리스 신화에 나오는 세이렌(Siren)이라는 바다의 인어로, 17세기 판화를 참고로 제작했다고 한다. 세이렌은 아름답고 달콤한 노랫소리로 지나가는 배의 선원들을 유혹하여 죽게 하는 것으로 알려졌는데, 이처럼 사람들을 홀려서 스타벅스에 자주 발걸음을 하게 만들겠다는 뜻이라고 한다.

(다) 매장관리

매장에 감성을 더한 감성매장을 강조한다. 전체적으로 현대적인 감성을 느낄 수 있고 포근하고 안락함을 느낄 수 있도록 디자인하였다. 에메랄드 빛의 회색 벽면에 갈색 톤의 나무 무늬 장식, 따뜻한 느낌의 노란 빛 조명 등의 적절한 조화가 이를 잘 말해주고 있다. 세련되고 도시적인 느낌과 차분하고 은은한 분위기 속에서 커피 본연의 맛과 향기를 음미할 수 있도록 환경을 만들어 준 것이다.

통 유리를 사용해 매장 안의 고객들이 외부에 노출되어 있는데 고객들은 탁 트인 통 유리를 통해 지나가는 사람들을 구경하기도 한다. 이는 당당하게 자신을 드러내는 신세대들의 특징을 잘 파악한 것이다. 통 유리로 보이는 매장의 인테리어와 세련된 광경은 여성들에게 매우 매력적으로 다가왔으며 안을 들여다 볼 수 있는 구조는 소비자들에게 신뢰감과 안정감을 심어주는 효과도 주었다.

(라) 인적 자원 관리

스타벅스의 CEO인 하워드 슐츠는 사람을 최우선으로 하는 경영철학을 가지고 있다. 특히 '우리 회사의 최우선 순위는 직원이고, 그 다음 순위가 고객만족이다'라고 하며 직원 존중을 강조하는가 하면, '직원에게 훌륭한 작업환경을 제공하고 서로 서로 존경과 품위로 대한다'는 기업사명 아래 정규직원과 비정규직원 모두에게 의료보험 혜택과 진급할 수 있는 교육 기회를 주고 이 교육을 통해 직원으로 하여금 회사의 한 일원으로써 일한다는 마인드를 심어주었다.

그 결과 이직률이 낮아졌으며 결과적으로 좋은 사람들을 끌어들여 자신이 하는 일에 있어서 자부심을 느끼고 긍정적인 생각을 갖게 하였다.

(마) 가치창출 관계구조 형성

스타벅스는 외부적으로 다른 기업과의 파격적이고 개방적인 제휴를 통해 가치를 만들어 가고 있다. 스타벅스가 다른 기업과 제휴를 하는 목적은 사람들이 물건을 살 때, 여행을 할 때, 놀이를 할 때, 일을 하고 있을 때 등과 같은 모든 경우의 어디에서나 스타벅스 커피를 마시도록 하기 위해서이다.

전자 매장 내에 숍인숍의 형식으로 진입하거나 은행, 백화점, 병원 등 이종 업체와 제휴함으로써 윈윈 전략을 구사하고 있다.

스타벅스는 이렇게 제휴를 맺은 기업들과 존중 경영의 방법으로 신년 간담회를 비롯한 모임을 통해 여러 사안들을 의논하고 있으며 거래의 투명성 확보 등 장기적인 관계지속을 위해 노력하고 있다. 또한 우수 협력회사를 선정하여 윈윈 관계 구축에 적극적으로 힘쓰고 있으며 기준을 투명하게 할 뿐만 아니라 공정하고 평등한 기회를 부여하여 진정한 사업 동반자로서의 관계를 유지하도록 노력한다.

Tip

[씨줄날줄], 스타벅스의 '불편한 진실'

스타벅스가 한국에 상륙한 것은 1999년 7월이다. 이화여대 앞에 1호점을 열었다. 그로부터 18년 뒤인 지난 8월 1일 현재 전국 매장 수는 1083개. 해마다 평균 60개여씩 늘어난 셈이다. '별다방' 스타벅스는 광고를 하지 않는다. 그런데도 국내 커피시장 1위 자리를 굳건히 지킨다. 지난해엔 매출 1조원을 돌파했다.

지난해 소비자시민모임이 발표한 스타벅스 아메리카노(톨 사이즈) 한 잔 값은 서울 4,100원, 파리 3,773원, 브랜드 국가인 미국 뉴욕이 2,821원이었다. 뉴욕은 소득 수준이나 임대료가 매우 비싼데도 스타벅스 커피 요금은 서울보다 왜 쌀까. 물론 그 연유를 들어 보면 수긍이 가는 측면도 있다. 한국 스타벅스의 입점 전략은 주요 상권의 핵심 지역에 들어가는 것이라고 한다. '조물주 위에 건물주, 그 위에 스타벅스'라는 말이 나올 정도다. 뛰어난 고객 모집 능력으로 건물의 가치까지 높여 준다. 한국의 스타벅스는 미국보다 매장이 훨씬 넓다. 한국인들이 좌석을 선호해 테이크아웃 비율이 미국의 절반 수준인 까닭이다. 커피값을 더 받아 비싼 상권의 임대료를 벌충하고 매장 확장에 돈을 더 들이는 구조다. 그렇더라도 비싼 값을 치르는 고객은 달가울 리 없다.

진동벨 대신 매장 직원이 커피 나왔노라고 외치는 소리, 고객들의 왁자지껄함, 제멋대로 늘어선 행렬, 휴대전화 소음으로 가득한 곳, 그러서 고객들은 주문 커피가 언제 나올지 몰라 귀를 쫑긋 세운 채 제대로 얘기조차 못 하는 불편함. 한국 스타벅스의 익숙한 일상이다. 직원들은 목이 쉬고 지친 기색이 역력하다. 고객과 눈맞춤하며 음료를 건네기 위해 진동벨을 두지 않는다는 경영진의 얘기는 공허하게 들릴 뿐이다.

설상가상으로 한국 스타벅스 원두값이 영국보다 두 배 넘게 비싸다고 한다. 얼만 전 보도에 따르면 과테말라 안티구아 커피(250g) 원두값이 영국에서 7,600원인데 반해 한국에선 1만 6,000원을 웃돌았다. 정확한 원인을 알 수 없다는 게 스타벅스 코리아의 해명. 영국은 물가와 임대료가 비싸기로 유명한데 원두값이 한국의 절반 수준이라니. 한국은 '호구의 나라'이니 비싼 값을 받아도 계속 충성하리라고 믿는 건지. 우선 가격 차이의 진실을 밝히고, 소비자의 선택권을 발동해야 한다. 맘에 들지 않으면 오지 말라는 식은 또 다른 형태의 '갑질 아닌 갑질'이다. 좀더 쾌적한 공간에서 적정한 값을 치르고 커피를 마실 수 있도록 하는 것은 소비자와 소비자단체의 몫이다. 한국인들이 더 이상 별다방의 국제 호갱이 아니라는 점을 보여 줄 때가 되지 않았는가.

출처: 박건승 논설위원(ksp@seoul.co.kr), 서울신문, 2017. 10. 22.
(http://www.seoul.co.kr/news/newsView.php?id=20171023027002&wlog_tag3=naver)

Tip

[스타벅스커피 매출 1조원의 그늘] 재벌기업과 외국브랜드의 만남 막강한 자금력으로 무차별 출점 … 규제사각지대, 소호 커피점 '울상'

지난해 서울 강남 신사역 주변 대형 스타벅스커피 매장이 문을 열었다. 인근 300m 이내에 스타벅스커피 대형매장이 있고 바로 옆 건물에는 다른 커피브랜드 가맹매장이 있었지만 스타벅스커피는 과감하게 영업을 시작했다. 스타벅스커피 영업이 시작되자 다른 커피브랜드 가맹매장은 문을 닫았다. 스타벅스커피 공세를 이겨내지 못한 것이다. 커피업계 공룡으로 불리는 스타벅스커피의 과도한 출점을 우려하는 목소리가 커지고 있다.

18일 업계에 따르면 스타벅스커피를 운영하는 스타벅스커피코리아는 신세계 이마트와 미국 스타벅스 본사가 50대 50 지분을 나누어가지고 있다. 경영전반은 신세계가 운영하고 있다.

스타벅스커피코리아의 지난해 매출은 1조2630원으로 전년(1조20억원)대비 26.0% 늘었다. 영업이익은 1144억원으로 전년(852억원)대비 34.2% 증가해 최대 실적을 냈다. 2010년까지만 해도 전국 327개에 불과했던 스타벅스커피 점포 수는 2013년 500호점을 돌파했으며 지난해에는 1140호점을 넘어섰다.

스타벅스커피가 이렇게 빠르게 성장할 수 있었던 배경에는 재벌기업과 외국계 만남의 절묘한 조화라는 평가다. 신세계그룹이 경영 전반을 맡고 있다. 신세계그룹이 백화점 이마트 쇼핑몰 대규모 유통센터를 조성하면 제일 먼저 들어서는 매장이 스타벅스커피다.

스타벅스커피 출점 전략은 대규모 자금력을 동원해 초반 매장수를 키운다. 충성고객을 늘리기 위해 다양한 마케팅을 전개한다. 그리고 바로 인근에 스타벅스커피 매장을 열어 상권을 장악하는 순으로 전개된다.

서울 지하철 2호선 역삼역과 선릉역 1구간 사이만 하더라도 큰길 양옆으로 스타벅스커피 매장이 11개가 들어서 있다. 업계에서는 이런 스타벅스 출점전략을 '압박출점'이라고 부른다. 압박출점은 주변 동종업계를 무너뜨리게 만든다.

한 집 건너 한 집 스타벅스커피 출점 배경에는 국내 커피 소비자 음용행태도 한 몫하고 있다.

업계 관계자는 "국내 소비자 대부분이 커피 브랜드 충성도보다 행동반경과 가까운 커피집을 찾는다"며 "스타벅스커피는 이런 소비행태를 파악하고 대규모 자본을 동원해 출점수를 늘린다"고 말했다. 이런 출점 전략으로 서울 강남구에만 매장이 70여곳에 달한다.

대기업 빵집 등은 법적 규제를 받고 있지만 스타벅스커피는 아무런 규제없이 무한 출점이 가능하다는 것도 문제다.

빵집은 중소기업 적합업종으로 지정돼 있어 동네빵집이 있으면 반경 500m 이내에는 대기업 빵집이 들어설 수 없지만 커피전문점은 중소기업 적합업종에서 빠져 있다. 또 스타벅스커피는 모든 매장이 직영으로 운영되고 있어 가맹사업거래법 적용도 받지 않는다.

일부 건물주는 1층에 스타벅스커피가 입점하면 건물가치가 높아진다고 판단, 스타벅스커피 매장을 유치하기 위해 열을 올리는 점도 스타벅스커피 매장이 늘어나는 이유다. 스타벅스커피는 이를 이용해 역세권을 본딴 일명 '스세권'(스타벅스 상권)을 만들어 건물주에게 갑 행세를 한다는 비난도 일고 있다.

최근 서울 충무로에 위치한 대형빌딩을 소유하고 있는 기업에게 스타벅스커피는 1층에 입점하면서 별도의 출구를 만들어 달라고 요구했다.별도 출구를 낼 경우 대규모 공사가 불가피하고 건축물 안전에도 문제가 있었다. 건물주가 이를 수용할 수 없다는 입장을 표명하자 스타벅스커피는 입점계획을 철회했다. 이외에도 스타벅스커피는 다양한 임대방식을 제시하며 건물주를 압박하고 있다는 것.

업계 관계자는 "신세계그룹이 막강한 자금력을 가지고 해외 브랜드를 가져와 국내 소호 커피시장을 말살시키고 있다"며 "최근에는 건물주 위에 스타벅스커피가 있다는 말까지 나오고 있다"고 말했다.

스타벅스커피코리아 관계자는 "스타벅스커피 매장은 대형매장으로 주요상권 중심으로 매장을 열고 있어 골목상권을 잡아 먹고 있다는 논리는 맞지 않다"고 강조했다.

출처: 내일신문, 2018. 4. 18.
(http://www.naeil.com/news_view/?id_art=273146)

Tip

[스타벅스커피 매출 1조원의 그늘] 미국본사, 로열티 수백억 원씩 챙겨 지난해 631억원, 18년간 2900억원 … 재주는 신세계가 부리고 돈은 미국본사가

스타벅스커피가 매출 1조원을 돌파하며 국내 커피전문점시장을 장악했지만 해외로 빠져나가는 로열티도 커지고 있다. 스타벅스커피코리아는 미국 스타벅스 본사에 거액의 로열티를 지급하지만 국내 기부액은 쥐꼬리만큼만 낸다는 비난도 받고 있다.

20일 스타벅스커피코리아 감사보고서에 따르면 지난해 매출은 1조2630억원으로 전년(1조20억원)대비 26.0% 늘었다. 영업이익은 1144억원으로 전년(852억원)대비 34.2% 증가해 최대 실적을 냈다.

스타벅스커피코리아가 매출 1조원을 넘긴 것은 2016년부터다. 1999년 매장문을 연 스타벅스커피는 점포 수는 2013년 500호점을 돌파했으며 지난해에는 1140호점을 넘어섰다.

스타벅스커피코리아는 매출과 점포수가 늘면서 곳간도 두둑해지고 있다. 지난해 스타벅스커피코리아의 이익잉여금은 3025억원으로 2016년 2272억원보다 24.9%(753억원)나 늘었다.

더불어 스타벅스커피코리아 매출이 늘면서 미국 본사로 지급하는 로열티도 매년 늘고 있다.

스타벅스커피코리아는 1998년부터 스타벅스 해외 자회사(SBI Nevada)와 상표·기술사용 계약을 맺고 매년 로열티를 내고 있다. 로열티는 매출 5% 수준이다.

지난해 스타벅스커피코리아가 지급한 로열티는 631억원으로 추산된다. 스타벅스커피코리아 매출이 늘면서 로열티는 241억원(2013년), 309억원(2014년), 387억원(2015년), 502억원(2016년), 631억원(2017년) 등 눈덩이처럼 늘고 있다. 지난 18년간 로열티만 2969억원에 이른다. 스타벅스커피 '카페아메리카노 톨 사이즈' 4100원짜리 한잔을 마실 경우 205원이 미국으로 유출되는 셈이다.

스타벅스커피코리아 경영 전반은 신세계그룹이 맡아서 진행하고 있다. 재주는 신세계가 부리고 돈은 미국 본사가 벌어 들이고 있는 꼴이다. 반면 스타벅스커피코리아 기부금은 매출규모에 비해 생색만 내고 있다는 지적이다.

지난해 이 회사는 기부금으로 매출액의 0.12%인 14억7400만원을 사용했다. 2016년에는 9억7800만원을 지출했다.

스타벅스커피코리아는 제품을 홍보하는 판촉비 사용에는 지출을 아끼지 않았다. 지난해 이 회사 판촉비는 261억1000만원을 사용했다. 판촉비로 2016년에도 200억6000만원을 지출했다. 스타벅스커피코리아 판촉비는 무료 음료 시음권 등을 발행하는데 사용된다.

스타벅스커피코리아 관계자는 "브랜드 사용료인 로열티 지급은 미국 본사와 계약에 따른 것이며 사회공헌 비용은 기부금을 포함해 물품기부 등을 합쳐 21억원을 사용했다"며 "매년 사회공헌활동 비용을 늘려가고 있다"고 말했다.

업계 관계자는 "국내에서 매출이 계속 오르면 로열티 금액도 계속 늘 수밖에 없는 구조"라면서 "국내 진출 미국기업은 과도하게 로열티를 책정하는 경우가 많다"고 지적했다.

출처: 내일신문 2018. 4. 20
(http://www.naeil.com/news_view/?id_art=273468)

(2) CAFFE BENE: 문화 카페와 스타 마케팅[54)55)56)57)]

가) 기업 개요 및 경영 현황

카페베네(CAFFE BENE)는 순수 국내 브랜드이다. 카페베네의 김선권 대표는 캐나다를 방문했을 때 지역마다 중심가 상권이면 어디서든지 커피전문점이 있는 것을 보고 영감을 얻게 되었다. 매뉴얼도 간편하고 창업하기도 쉬운 커피 사업에 매력을 느끼고 기존의 커피전문점의 커피 맛과 주방의 시스템, 매장 인테리어 등을 면밀히 살피면서 사전 준비를 하였다.[58)]

2008년 매장을 처음 오픈했을 당시 시장에서 별 반응을 얻지 못했다. 최고급 원두를 사용하고 유럽 정통 벨기에식 와플, 유지방 함량이 낮은 젤라또 등을 내세워 다양한 메뉴를 준비하였고 편안함을 강조한 인테리어로 매장을 꾸몄지만 소비자들은 결국 익숙한 브랜드를 이용하였다. 대기업이 아니었기에 브랜드 인지도를 알리기에 많은 시간을 기다릴 수 없었고 전략적으로 선택한 것이 스타마케팅이었다. 엔터테인먼트 회사와의 제휴로 커피전문점으로는 처음으로 TV광고를 시도하였고 카페베네는 단시간에 커피 시장에서 가장 떠오르는 브랜드가 되었다.

카페베네는 17세기 중반 이후 유럽의 지식인과 예술가들의 교류장소인 카페와 같이 문화와 시대적 정서가 함께하는 명소가 되기를 기원하는

---

54) 김아랑, 기업의 지속적인 가치창출을 위한 비즈니스 모델 혁신 전략: 경쟁기업의 비즈니스 모델 사례 연구, 한양대학교 대학원, 2013.2, pp.73–80.

55) www.caffebene.co.kr.

56) 김명호, 기업사례 경영학, 도서출판 두남, 2014.3, pp.166–174.

57) https://ko.wikipedia.org/wiki/%EC%B9%B4%ED%8E%98%EB%B2%A0%EB%84%A4.

58) 김선권 대표는 커피 전문점을 준비하면서 전국의 다방수를 파악했는데, 그 당시 다방수가 10,000여 개였다고 한다. 커피 전문 프랜차이즈를 합한 매장의 수는 2,000개 정도에 불과하여 커피시장의 확대 가능성이 크다고 보았다. 당시 7:3의 인스턴트 커피 대 원두커피 소비량이 향후 5:5, 더 나아가 3:7의 수준으로 역전될 것이라고도 예측하였다.

마음을 담아 지어진 브랜드로 매장을 찾은 고객을 묶어두는 전략을 구사하고 있다. 커피에도 중점을 두고 있지만 카페라는 공간에 더 주목하여 '도심 속 낭만과 휴식', '복합문화 공간' 등을 컨셉으로 휴식과 문화가 공존하는 유럽식 카페문화를 강조했다.

매장 내에 책을 구비하고 자리마다 콘센트를 달아 자유롭게 노트북을 사용하도록 했고 매장에 최신 기종의 컴퓨터를 설치했다. 카페베네는 이처럼 디저트와 함께 즐기는 공간을 내세우며 20~30대 여성소비자들을 대상으로 공격적인 마케팅을 펼쳤다.

결과적으로 2008년 4월 천호동에 첫 매장을 오픈한 이후 약 3년 만에 국내 커피 시장 판도를 바꿀 정도로 급성장하였다. 자본금 10억 원으로 시작하여 2011년 매출액 2,000억 원을 돌파하고 600개가 넘는 매장을 오픈하였다. 2014년에는 경기도 양주에 글로벌 로스팅 플랜트를 준공하고 해외시장을 지속적으로 개척하고 있다. 그러나 최근 실적 악화로 인한 적자 전환과 잇따르는 신규사업실패로 재무구조개선에 느력하고 있기도 하다. 2013년말 기준으로 카페베네의 부채비율은 665%, 영업 이익률은 2%이다.

표 3-10 카페베네의 연혁

연 도	내 용
2008	카페베네 직영매장 1호점 개점, 와플 특허 출원, 싸이더스와 MOU체결
2009	TV CF 방영, 아라코 라이센스 계약 체결, 100호점 개점, 대상과 MOU체결
2010	200호점 개점(5월), 300호점 개점(9월), 400호점 개점(11월) 로스팅 플랜트 준공, 미국 현지 법인 설립
2012	800호점 돌파. 해외 1호점으로 미국 뉴욕타임스퀘어점 오픈
2013	전 세계 1000호점 돌파. 중국 100호점 돌파. 일본, 캄보디아, 대만 몽골 1호점 오픈
2014	미국 맨해튼 첫 가맹점 오픈. 말레이시아, 베트남 1호점 오픈
2015	싱가포르 1호점 오픈

나) 고객가치와 표적 시장

카페베네는 차별화된 고객가치로 '싱글 오리진 커피'와 '유럽풍 멀티 디저트 카페'를 택하였다.

먼저 '싱글 오리진 커피'는 여러 지역에서 난 원두를 섞어 커피를 만드는 방식을 택하지 않고 한 지역에서 생산된 원두만을 이용하는 것이다. 커피 씨앗을 심을 때부터 수확할 때까지 전문가가 꼼꼼히 모니터링해 최고 품질의 원두를 생산하고, 산지별로 생산된 원두의 고유한 풍미를 살려 소비자들에게 제공하였다.

다음으로 '유럽풍 멀티디저트 카페'는 유럽이라는 요소를 강조하는 것으로 미국으로 대표되는 스타벅스와 차별화하였다. 즉, 테이크아웃 이미지가 강한 미국 커피 전문점과 달리 따뜻한 분위기의 고풍스러운 휴식 공간으로서의 유럽식 카페를 지향하였다. 그리고 스타벅스가 형성한 세련되고 도시적인 이미지와 극명한 차이를 보이며 소비자들에게 신선하게 다가갔다.

카페에서 단순히 커피만 마시는 것이 아닌 여유로움과 자유로움을 느끼며 '오랜 친구를 만나 수다 떨기 좋은 카페', '혼자서 조용히 커피를 마시며 자신의 시간을 즐기는 장소' 등 생활의 한 부분으로서 커피전문점을 이용할 수 있게 한 것이다. 소비자의 욕구를 바탕으로 도시 속 휴식의 여유를 제공함으로써 삭막한 도시생활에 지친 현대인들에게 새로운 삶의 활력소를 마련해주고 있다.

다) 가치창출

카페베네의 주요 가치창출 활동으로 품질관리, 매장 및 서비스 관리, 메뉴의 차별화, 건물주와의 공동투자 방식, 파격적인 스타마케팅 등을 들 수 있다.

(가) 품질관리

제품의 품질을 위해 국내 업계 중에서는 최초로 FTT(farm to table) 시스템을 구축하였다. 이는 커피 원두를 재배하는 농장에서부터 소비자가 커피를 마시는 테이블까지 품질을 관리한다는 것이다. 커피산업의 주요 활동인 원두 생산, 로스팅, 블랜딩, 유통, 판매를 모두 수직 통합하여 각 단계에서 발생할 수 있는 위험을 줄일 수 있는 것이다.

2010년 6월 브라질 최대 규모를 자랑하는 커피농장인 이파네마와 계약을 체결하여 현재 중간 도매상을 거치지 않고 직접 원두를 수급받는 시스템을 갖추고 있다. 고품질의 원두를 안정적으르 확보할 수 있는 동시에 원두의 재배과정을 직접 모니터하면서 한국인의 입맛에 맞는 커피 원두로 품질을 향상시킬 수 있었다.

또한 2010년 7월 서울 중곡동에 원두를 볶는 로스팅 공장을 준공하여 경쟁기업보다 소비자들에게 보다 신선한 원두를 공급할 수 있는 시스템을 구축하였다. 이러한 시스템으로 '선 로스팅, 후 블렌딩' 방식이 가능해졌는데 공정이 복잡해 시간도 많이 소요되고 생산비도 더 많이 들지만 그만큼 산지별로 원두의 고유한 풍미를 살릴 수 있다는 이점을 살려 소비자들에게 어필한 것이다.

2011년 4월부터 본사에서 전문 교육을 이수한 메뉴 바이저를 전국 모든 매장에 파견하는 제도를 도입했다. 이들은 정해진 지역의 매장을 매주 1회 이상 방문하여 매장직원과 같이 근무하면서 현장에서 모든 레시피와 매뉴얼 사용법을 지도 감독하며, 우수한 원두의 맛을 살리고 매장에서 직접 조리되는 메뉴의 맛의 통일성을 추구하고 있다.

Tip

"겹치기 상권? 오해다! 내년부터 스타마케팅 안 한다"

▼ 카페베네 커피가 맛이 없다고 소문이 난 건 가맹점 관리가 잘 안 됐기 때문 아닐까요?

"커피 맛에 영향을 미치는 건 커피 원두의 품질, 로스팅 기계, 로스팅하는 사람, 커피 머신, 그리고 가맹점에서 커피를 뽑아내는 바리스타의 역량입니다. 앞의 네 개는 최상이라 자부하지만 바리스타 역량이 문제입니다. 카페베네가 급격히 성장하면서 바리스타 관리가 안 됐어요. 교육도 제대로 못 시키고 매장마다 배치하기 바빴죠. 중간 교육을 시키려고 해도 점포마다 바쁘다고 교육도 안 보내고요. 확실히 본사 직영으로 운영하는 스타벅스, 커피빈에 비해 인력 관리가 안 된 건 사실입니다."

출처: 신동아, 2011년 12월호
(http://shindonga.donga.com/3/all/13/110708/1)

(나) 매장 및 서비스관리

카페베네는 고객들이 카페를 방문하는 것은 커피보다는 더 높은 수준의 문화적 욕구 때문이라고 생각했다. 따라서 커피 본연의 품질에 집중하는 것 외에도 매장 안에서 소비자들이 문화를 최대한 즐길 수 있도록 다양한 가치와 서비스를 제공하는 것에 초점을 맞추었다.

커피 문화에 있어서 필수적이라 할 수 있는 노트북 사용을 위해 무선 인터넷을 원활히 사용할 수 있도록 서비스를 제공했고 '1인 콘센트' 제공은 카페베네를 최적의 문화공간으로 만들어 주었다. 또한 편안한 유럽풍의 인테리어와 소품, 독립적인 테이블, 쿠션, 스탠드 등은 다른 커피 전문점들에 제공하지 못하는 카페베네만의 가치를 만들어 주었다.

유럽 이미지를 풍기기 위해 인테리어 또한 19세기 유럽의 노천카페에 온 듯한 느낌으로 아기자기하고 예쁜 정통 유럽풍 카페를 표방하면서

도 빈티지 스타일의 편안함과 도회적인 세련미를 동시에 느낄 수 있게 하였다. 고객들이 마치 아트 갤러리나 멋진 서재에서 커피를 마시고 있다는 기분을 갖도록 하고, 추억을 환기할 수 있는 소품이나 인테리어로 문화를 향유하고 있는 듯한 느낌을 주도록 하였다. 자연스러운 분위기를 연출하기 위해 벽지나 가구는 심플하게 통일하였고 다른 브랜드 매장에서는 볼 수 없는 지중해 연안 색상을 사용하였다. 콘크리트 마감재를 그대로 노출 시키는 디자인으로 유럽의 풍경을 재현하기 위해 실제 프랑스의 한 역에 설치되어 있던 대형 시계를 공수해 매장 내에 전시하기도 하였다.

Tip

카페베네 '神話' 김선권 대표, 인테리어 장사 논란 왜(?)

프랜차이즈는 동전의 양면이다. 요식업의 경우 음식의 맛으로 승부해 고객을 끌어야 하지만 회사 입장에서는 늘어나는 가맹점에 대한 인테리어나 설비 투자 수익도 무시할 수 없다. 어떻게 보면 전공보다 부전공을 더 잘해야 회사 입장에서는 이익이 될 수 있다는 얘기다.

같은 맥락으로 업계에서는 카페베네의 2011년 매출에 주목하고 있다. 매출의 절반 이상이 커피보다 인테리어 및 설비 부분에서 발생했다는 점을 그 요인으로 꼽았다.

이를 놓고 업계 일각에서는 800개가 넘는 국내 최대 커피 프랜차이즈 카페베네가 문어발식 확장을 통해 가맹점의 수익을 올리기보다 매장 인테리어로 회사 수익을 올리는데 주력한 것이 아니냐는 지적이 나왔다.

출처: KJtimes, 2013. 1. 7.
(http://www.kjtimes.com/news/article.html?no=15594)

카페베네 '김선권식 문어발 확장' 결국 탈났나?

프랜차이즈 사업은 신규 가맹점에서 받는 가맹비와 인테리어 비용 등으로 큰 수익을 내지만, 기존 가맹점에 원재료를 공급하고 받는 수입이 주 수입원이 돼야 안정적인 경영이 가능하다. 하지만, 카페베네는 인테리어 비용이 매출의 50%를 넘는 반면 본업인 커피 판매에서는 오히려 손해를 보는 것으로 알려졌다. 끊임없는 신규 매장을 열어야 이익이 나는 구조다.

출처: 월요신문, 2013. 3. 28.
(http://www.wolyo.co.kr/news/articleView.html?idxno=9010)

(다) 메뉴의 차별화

카페베네는 메뉴 개발에 따른 차별화에도 심혈을 기울였다. 메뉴 수가 100여 개에 이른다. 점차 커피 문화에서 디저트의 가치가 중요시될 것이라고 전망하고 베이커리 라인을 확충하는데 노력하고 있다.

싱글 오리진 커피는 케냐나 콜롬비아 등의 커피 원산지에서 생산되는 한 종류의 최고급 원두만으로 제공되는 일종의 명품 커피로, 깊고 풍부한 원산지 고유의 맛을 느낄 수 있게 하였다.

일반적으로 커피 전문점은 커피 외에 머핀과 베이글 정도만 갖추고 있는데 반해 카페베네는 메뉴의 차별화로 정통 벨기에식 와플과 이탈리아식 젤라또를 갖추어 커피 특유의 쌉쌀한 맛을 달콤하게 보완해주고자 했다. 와플의 경우 냉동 와플이 아닌 매장에서 직접 구워내는 냉장 와플로 품질을 높였다.

또한 건강에 세심한 주의를 기울이는 국내 소비자를 고려하여 한국인의 정서에 맞는 '오곡 베네스또', '홍삼오곡 베네스또', '빈앤칩오곡 베네스또', '오곡 라떼' 등의 건강음료도 개발하였다.

(라) 건물주와의 공동투자 방식

카페베네는 건물주와의 공동투자 방식으로 투자 규모를 늘렸다. 공동창업은 크게 2가지 방식으로 진행하였다. 하나는 카페베네 본사와 건물주와의 공동창업 방식이고, 또 하나는 본사와 건물주, 창업자 등으로 구성된 공동창업 방식이다.

첫 번째, 본사와 건물주와의 공동창업의 경우에는 건물주는 점포를 제공하고, 건물주가 원할 경우 시설비 일부를 투자하여 투자비율에 따라 매월 15~20%의 수익금을 준다. 반면에 점포 운영과 관리는 본사의 책임이다. 건물주는 임대료 못지않은 수입을 올리면서 동시에 건물가치를 높여 자산 평가액을 늘리는 장점이 있다.

실제 카페베네의 첫 매장이 열린 2008년 무렵, 부동산 경기가 급속히 침체되면서 도심 빌딩의 상가 공실률도 많아지는 등 문제가 성겼을 때 A급 상권의 빈 점포를 가진 건물주에게 적극적으로 공동투자를 권유하여 성공적인 결과를 낳았다.

두 번째, 본사, 건물주, 창업자의 공동창업의 경우, 건물주는 점포를 제공하고, 창업자는 시설비의 일부를 투자하는 형태로 사업에 참여한다. 그리고 본사는 운영의 원활을 위한 각종 운영 지원을 하는 분산 투자를 통해 부담을 줄이는 것이다.

(마) 파격적인 스타마케팅

커피 전문점은 소비자들의 브랜드 인지 정도에 매우 민감한 업종이다. 카페베네는 스타벅스(1999년)와 할리스커피(1998년) 등의 커피 전문점과 비교하면, 9~10년 정도 늦은 편으로 2008년 첫 매장을 열었을 때 인지도가 매우 낮은 상태였다.

창업 초반 지푸라기라도 잡는 심정으로 꺼낸 마지막 카드가 '스타마케팅'이었다. 매장이 겨우 16개일 때 커피 전문점으로서는 국내 최초로 TV 광고를 시작하였다. 당시에는 커피 전문점이 연예인을 활용한 광고를 한다는 것에 부정적인 시선도 많았고, 무모할 정도의 공격적인 마케팅이라는 전문가들의 부정적인 반응도 있었지만 결과적으로는 대성공을 하였다.

카페베네의 광고모델로 한예슬, 최다니엘 등의 연예인이 이미지를 구축하면서 가맹점 개설은 날개를 달게 되었다. 연예기획사와의 제휴로 카페베네라는 낯선 이름을 전면에 내세우는 대신 '한예슬 커피'라는 이미지를 부각시켜 소비자들에게 더욱 친숙하게 다가갔다.

그 뒤를 이어 카페베네는 아테나, 시크릿가든, 커피하우스, 무한도전, 대물 등의 프로그램과 드리마, 영화에 간접광고(PPL; Product Placement)[59]를 통하여 20~30대의 젊은 층에게 카페베네의 브랜드 이미지를 각인시키는데 성공했다. 2011년, 카페베네는 간접광고에 150억 원의 마케팅 비용을 지불하였다.

Tip

"겹치기 상권? 오해다! 내년부터 스타마케팅 안 한다"

▼ 초반에는 스타마케팅이 통했지만 카페베네 성장 이후에는 큰 효과가 없을 것 같은데요?

"사실상 싸이더스HQ와 제휴를 통한 효과는 초반 2년에만 유효했지만, 어떻게 사업하는 사람으로서 단물만 쪽 빼먹겠습니까(웃음). 현재도 여섯 편의 드라마를 후원하고 있는데 싸이더스HQ와의 제휴는 올 연말 마무리할 계획입니다."

출처: 신동아, 2011년 12월호
(http://shindonga.donga.com/3/all/13/110708/1)

---

59) 방송 프로그램 안에서 상품을 소품으로 활용하여 그 상품을 노출시키는 형태의 광고.

스타마케팅의 실패 사례도 적지 않다.

1. 가수 MC몽과 아웃도어 브랜드 '네파(NEPA)'

네파는 아웃도어 브랜드로서 후발 주자에 속했지만 관련 시장의 성장으로 비교적 안정적인 성장을 일궈나갔고, MC몽을 광고 모델로 내세움으로서 젊고 활기찬 이미를 구축하고자 하였다.

네파의 광고는 잡지와 버스 등을 이용한 화보광고로 시작하였고, 점차 분야를 확대하여, 방송광고로도 진출하였다. 문제는 방송광고가 나간 지 얼마 되지 않아, MC몽이 병역 기피로 수사를 받기 시작하였고, 날이 갈수록 문제는 심각해졌다. 결국, 네파는 MC몽이 없는 광고로 다시 편집하여 내보낼 수밖에 없었다.

2. 피겨 스타 김연아와 코오롱의 '쿠아'

코오롱의 '쿠아'는 피겨 스타 김연아를 광고 모델로 내세웠다. 특히 김연아 선수가 동계 올림픽에서 금메달을 딴 직후에 쿠아와의 화보 촬영은 많은 면에서 화제가 되었다. 그러나 코치와의 불화설과 루머 그리고 악의적 가십 기사가 쏟아지면서 덩달아 쿠아도 곤란한 상황에 빠지게 되었다.

출처: 이상훈, 카페베네 1등 성공신화, 머니플러스, 2011.5.2.

10) ㈜두레마을: 6차 산업(농촌융복합산업)[60][61][62]

(1) 경영 현황

㈜두레마을은 함양의 농업회사법인이다.[63] 함양 삼봉산과 오봉산이 병풍처럼 펼쳐지는 죽림골의 작은 평원의 가치를 살려 산머루를 생산 가공하고 농원을 농촌 관광명소화했다. 2000년부터 지역 농가에 산머루를

60) http://www.sanmuru.com/.
61) 경남매일, 와인산업 매진 '신지식인' 열매 따다, 2015.12.17.
62) 충청리뷰, '산머루포도주'가 농가 먹여 살려, 2015.9.25.
63) 농어업경영체 육성 및 지원에 관한 법률 제19조(농업회사법인 및 어업회사법인의 설립 등)에 근거.

보급하기 시작해서 현재 100농가 20ha의 생산규모로 끌어 올렸고, 14년간 계약재배로 50억 원어치를 수매하여 지역 농가 소득에 크게 기여했다.

2004년부터 한국적인 산머루 와인밸리 관광산업을 시작해 2014년까지 10년에 걸쳐 인프라를 구축해 연간 관광객 5만 명, 15억 원의 매출성과를 올렸다. 현재 두레마을은 농장(3만3,000여m^2), 공장(1,320m^2), 체험장(1,100m^2)을 갖추고 있다. 산머루 생산 · 가공 · 유통 · 체험 · 관광 · 휴양 · 교육을 융복합한 독창적인 6차 산업으로 농촌 관광명소를 만들었다.64)

(2) 고객가치

산머루와 관련된 제품을 중간 유통마진 없이 제공하고, 볼거리, 할(체험)거리, 먹거리를 제공한다.

(3) 가치창출

산머루와 관련된 제품을 직접 판매와 온라인 판매를 통해 제공하여 중간 유통마진이 없는 가격으로 제공할 수 있다.

볼거리로는 기본적으로 농장견학, 와인 숙성실, 지하 와인동굴, 산책길 등이 있다. 할거리로는 와인 시음 및 와인 만들기, 산머루 비누 만들기, 쿠키 만들기, 연필꽂이 만들기 등 다양한 체험프로그램을 갖추고 있다. 먹거리로는 산머루 카페에서 제공하는 차와 식사, 야외 데크에서 제공되는 숯불바베큐 등이 있다. 뷔페 식사도 가능하다.

워크숍, 세미나, 수련회를 할 수 있도록 대강당에 세미나실을 갖추었다.

---

64) 6차 산업은 1차 산업, 2차 산업, 3차 산업을 융 · 복합한 것으로, 복합(1+2+3)을 하든 융합(1×2×3)을 하든 6차 산업이 된다.

2. 비즈니스 모델의 변화

비즈니스 모델은 고정적이지 않고 변한다. 고객가치가 변하고 새로운 기술이 등장하는가 하면, 삶의 의미를 찾는 사회적 가치가 중요시 되면서 비즈니스 모델은 이에 맞추어 변화를 추구하게 된다. 따라서 기술과 시장의 변화 요인은 물론 삶의 의미에 대한 깊은 이해가 필요하다.[65][66]

1) 기술과 시장의 변화 요인

(1) 새로운 기술혁신

기술혁신은 새로운 비즈니스 모델을 만들어낸다. 예를 들어 스마트폰 시장의 비즈니스 모델은 스마트폰에 들어가는 운영체제의 혁신으로 가능했다. 일반 피처폰은 하드웨어 중심인데 비해 스마트폰은 하드웨어(터미널), 소프트웨어(OS), 서비스(앱스토어)가 결합된 형태이다. 스마트폰의 이러한 새로운 비즈니스 모델은 과거 휴대전화 제조사들의 저비용 또는 차별화를 무의미하게 만들었다.

기존 휴대폰과 스마트폰의 관계를 [그림 3-6]으로 설명할 수 있다. [그림 3-6]에서 보듯이 기술진보나 혁신은 생산가능곡선을 우상향으로 이동시킨다.[67] 즉 같은 비용에도 더 높은 차별화가 가능하거나 같은 차별화수준을 더 낮은 비용에 가능하게 한다. 새로운 기술혁신이 이루어지는 경우 기업들은 새로운 기술혁신에 맞추어 새로운 생산가능곡선으로 이동할 수 있는 능력을 갖추어야 하고, 그렇지 못한 경우에는 다른 기업

65) 이홍규 · 김성철, 비즈니스 모델, 한울 아카데미, 2011.5, pp.169－176.
66) 장세진, 경영전략, 박영사, 2012, pp.192－193.
67) Michael E. Porter, Competitive Advantage, New York: Free Press, 1985, p.13.

그림 3-6 비용과 차별화 간의 관계

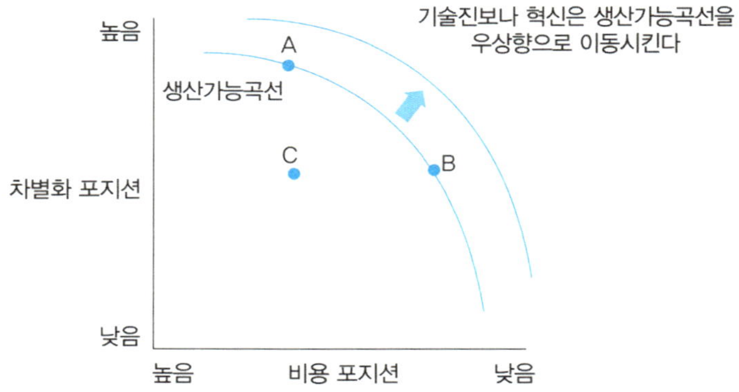

출처: Michael E. Porter, "What is Strategy?" Harvard Business Review, Nov. 1996.

에 밀리게 된다. 새로운 휴대폰의 기술혁신으로 휴대전화 시장은 좌하(피처폰)에서 우상(스마트폰)으로 이동하였고 애플은 새롭게 진입한 반면, 노키아는 애플보다 훨씬 먼저 스마트폰을 개발했으나 기존 휴대폰 부문과의 갈등을 해결하지 못하고, 오히려 잘나가던 기존 휴대폰 사업까지 접어야 했다.68)

노키아와 유사한 하나의 사례로 코닥을 들 수 있다. 디지털사진기를 스스로 개발하고도 기존 필름사업이 손해를 볼까봐 스스로 사업을 접었다.

(2) 기존 기술의 진부화

아무리 혁신적인 기술이라도 시간이 지나면 진부화되고 제품도 점점 범용화(commodification)되기 마련이다. 따라서 기업은 새로운 기술혁신을 통한 차별화를 이루어내기까지 비용 우위를 확보하기 위해 다양한 노력을 하게 된다.

68) 김형태, 한국경제, 죽어야 산다, 매일경제, 2015.9.2.

제조원가를 낮추려고 생산현장의 낭비를 줄여 합리화한다거나 글로벌 생산을 확대하면서 노동비가 낮은 지역으로 생산 지역을 택하는 것이 그 예이다.

(3) 새로운 시장의 창출 욕구

시장의 고객가치에 맞춰 시장을 확대하기 위해서 비즈니스 모델의 변화가 필요한 경우이다.

예로 앞에서도 언급했듯이 포드 자동차는 다양성을 추구하는 시장에서의 고객가치 변화에 맞춰가지 않아 1927년경 GM자동차에게 시장점유율에서 밀리기 시작했다. GM자동차는 고객의 다양한 욕구에 맞춰 다품종생산체제를 갖추어 시장 매출을 늘렸다.

인도의 자동차 회사인 타타(Tata)는 저가 자동차 '나노(NAno)'를 출시하여 중산층 이하를 표적고객으로 삼았지만 이들이 저가 자동차를 선호할 것이라고 잘못 판단하여 중산층 이하의 외면을 받았다.

(4) 시장의 경쟁 압력에 대한 대응

경쟁 기업의 혁신이나 새로운 기업의 진입으로 경쟁 관계가 변하는 경우 비즈니스 모델의 변화가 필요하다. 특히 저가 혁신기업(low-end disrupter)의 등장은 기존 기업에 위협이 될 수 있다. 온라인 서적 판매상인 아마존이 등장하자 반스앤드노블스(Barns & Nobles)는 자신의 비즈니스 모델에 온라인 모델을 고려하게 되었다.

또한 한 기업의 베스트 프랙티스(best practice)가 경쟁 기업에 의해 모방되는 경우도 비즈니스 모델의 변화가 필요하다. 모방은 비즈니스 모델을 유사한 비즈니스 모델로 수렴화시키고, 기업으로서는 다시 비즈니스 모델의 차별화에 나서야 한다는 것을 의미한다.

(5) 사업 위험의 완화

기업의 사업 위험이 커져 그 위험을 감소시키기 위해 비즈니스 모델의 변화가 필요한 경우이다.

사업의 위험요소로 투자 비용의 증가와 제품수명주기의 단축 등을 들수 있다. 먼저 현대의 기술은 그 개발에 더 많은 투자를 요구하게 되고, 이러한 투자 비용의 증가는 투자회수기간을 늦추게 하여 기업을 어렵게 한다. 또한 기술혁신의 속도가 빨라지고 시장에서 소비자 기호가 급속히 변하면서 제품의 수명이 극히 짧아지고 있다. 예를 들어 컴퓨터 하드디스크 구동장치의 수명은 1980년대 초에는 4~6년에 달했으나 1980년대 후반에는 2~3년으로, 1990년대에는 6~9개월로 단축되었다.

이러한 이유들로 인해 기술개발에 들어간 선행 비용(upfront costs)을 회수하는 것이 점점 더 어려워지고 사업의 위험 요인으로 작용하고 있는데, 기업은 새로운 비즈니스 모델에서 돌파구를 찾고자 한다. 예를 들어 외부 기업과의 협력 생태계를 구축하는 개방적 혁신 모델(open innovation model)이 좋은 사례이다. 프록터앤드갬블(P&G: The Procter & Gamble Company)은 외부 지식과 기술을 내부의 연구개발과 연계하여 제품으로 내놓는 연계 개발(connected and develop)이라는 새로운 혁신 시스템을 구축해 나감으로써 재도약의 기반을 마련할 수 있었다.[69]

(6) 산업 환경 변화에 대한 대응

산업의 변화란 소비자의 변화뿐만 아니라 제품의 생산, 산업 내 산업

69) https://biz.chosun.com/site/data/html_dir/2013/07/19/2013071902304.html.
P&G는 1955년도에는 미국 인디애나 대학교와 공동연구를 진행, 최초의 불소 함유 치약인 크레스트 치약을 출시했다. P&G는 당시 미국 전역에서 두 번째로 흔한 질병이었던 충치를 예방하는데 효과적인 불소를 치약에 접목시켜 치약시장에 큰 반향을 일으켰다.

집중도, 정부 규제 등 다양한 측면의 변화를 포함한다.

산업 환경이 변하면 비즈니스 모델도 변해야 한다. 구조조정이 필요한 경우에는 프로세스를 개선하고, 원가를 절감하고, 불필요한 자산을 처분하여 현금흐름을 개선하고 수익 중심의 모델을 강화해야 할 것이다. 아니면 고품질(high-end) 제품 중심의 새로운 성장 모델을 찾아야 할 것이다. 사업을 재정의한다거나 아웃소싱과 협력으로 새로운 가치창출 관계구조를 형성하는 등 새로운 모델을 모색하여야 할 것이다.

2) 인터넷의 발달과 비즈니스 모델의 변화

(1) 인터넷 발달과 새로운 비즈니스 모델

인터넷의 발달은 비즈니스 모델의 변화를 가속화시켰다. 인터넷 사업에서 중요한 것은 그 나름대로의 독창적인 비즈니스 모델을 만들어내는 것이고, 그런 점에서 다양한 형태의 사업 모델이 만들어지고 변화하고 있다. B2B, B2C, C2B, C2C, B2G 등 이전에 볼 수 없었던 새로운 비즈니스 모델이 나타나고, 이베이(eBay), 아마존, 야후, 구글 등 이전에 볼 수 없었던 기업이 나타났다. 기존의 굴뚝 사업과 인터넷이 결합된 클릭앤드모타르(click-and-mortar) 모델도 나타났다.

인터넷을 통해 이루어지는 사업은 정보 및 콘텐츠를 직접적으로 제공하는 사업 이외에 정보검색, 상거래, 지불 결제, 소셜 네트워킹(참여 네트워크 플랫폼) 등의 다양한 중개 사업이 존재한다. 그 사업들의 유형은 <표 3-11>과 같다.[70]

인터넷 사업이 다양한 만큼 그 사업들이 지향하는 가치도 다양하다.

70) Karine Perset, "The Economics and Social Role of Internet Intermediaries", OECD, 2010, p.9.

■ **표 3-11 주요 인터넷 사업**

<table>
<tr><td colspan="4">유무선 인터넷 접근 및 서비스 제공
예: Verizon, Comcast, NTT, Orange, T-mobile</td></tr>
<tr><td colspan="4">웹호스팅, 데이터처리 및 콘텐츠 유통
예: Navisite, Akamai, OVH</td></tr>
<tr><td>검색엔진 및 포털
예: Google,
Yahoo, Naver</td><td>전자 상거래
예: Amazon, eBay,
Priceline.com</td><td>지불 결제 시스템
예: Visa, PayPal,
MasterCard</td><td>참여 네트워크 플랫폼
예: Facebook,
Linkedln, Ohmynews</td></tr>
</table>

검색엔진은 효과적 정보의 제공을, 전자상거래는 시간과 공간을 뛰어넘는 상품과 서비스의 효율적 제공을, 지불 결제 시스템은 거래대금 지불에서의 효율성을, 참여 네트워크 플랫폼은 다양한 참여자 간의 인적 관계를 형성하는 가치가 있다.

인터넷 사업 모델에 대한 시장의 관심은 시대에 따라 변하고 있다. 1990년대 말에는 전자 상거래가 각광을 받았고, 검색 포털을 거쳐 이제는 소셜 네트워킹 서비스가 관심을 받고 있다.

(2) 인터넷 기업의 가치 동인

라파엘 에미트(Raphael Amit)와 크리스토프 조트(Christoph Zott)는 인터넷 기업의 가치 동인으로 효율성, 보완성, 고착성, 신규성 등 네 가지 동인을 제시했다. 인터넷 기업은 이러한 가치 동인 중 어떤 특성에 특별히 특화하거나 그 역량을 차별화하게 된다.[71)]

가) 효율성(efficiency)

이는 거래 비용의 절감이란 관점에서 가치를 창출하는 것이다. 예를

71) Raphael Amit and Christoph Zot, "Value Creation in e-Business", Strategic Management Journal 22, 2001, pp.493-520.

들어 자동차 중개사이트인 오토바이텔은 자동차를 구매하려는 고객에게 자동차 구매에 필요한 각종 정보를 저렴하고 편리하게 제공함으로써 자동차 거래의 효율성을 높이고 있다.

나) 보완성(complementarity)

이는 제품과 서비스 간, 온라인과 오프라인 간, 기술 간, 활동 간 시너지 효과를 통해 가치를 증대시키는 것이다. 예를 들어 통신 기업은 다양한 결합 상품을 제공함으로써 가치를 증대시킬 수 있으며, 여행 사이트는 날씨, 환율, 면역접종 정보 등 다양한 간접 정보를 제공함으로써 여행 정보의 가치를 증대시킬 수 있다.

다) 고착성(lock-in)

이는 고객이 제품 및 서비스에 대해 충성심을 갖도록 하여 다른 제품이나 서비스를 이용하지 않고 원래 쓰던 제품 및 서비스를 계속 이용하도록하는 것이다. 인터넷 기업의 경우, 네트워크 효과, 고객의 전환비용,[72] 전략적 자산(예: 브랜드에 대한 신뢰) 등으로 고객이 이동하지 않도록 한다. 예를 들어 주식거래 중개 사이트인 이트레이드(e-Trade)는 고객 학습을 통한 맞춤형 서비스를 제공함으로써 고객을 고착화시키고 있다. 그리고 기업들 중에는 먼저 고객들에게 무상제공 또는 저가 제공으로 고객의 고착화를 이룬 후 유료로 전환하는 방식을 택하는 경우도 있다.

다) 신규성(novelty)

이는 새로운 거래 구조, 거래 비용, 거래 참여자의 참여라는 관점에

72) 제2장의 3) 수익 창출 중 (4) 가격의 설정의 선택에서 '나) 시장 특성을 고려한 가격 전략' 둘째 참조.

서 가치 동인을 찾는다. 예를 들어 이베이(eBay)는 새로운 거래 구조와 방식을 제공하고, 프라이스라인은 새로운 유통, 마케팅 방식을 도입하여 새로운 가치를 창출할 수 있다.

3) 사회적 가치 추구

고객가치를 넘어서서 생활생명계를 위한 사회적 가치를 추구하는 경우 고객 중심 비즈니스 모델에서 삶 중심 비즈니스 모델로 전환하게 된다. 단순한 차원 내 비즈니스 모델 변화가 아니라 차원 변동이다.

앞에서 사례로 들었던 파타고니아의 경우 사회적 가치와 재무적(수익) 가치가 충돌할 때 사회적 가치를 우선시 했다. 그리고 기업의 사회적 책임(Corporate Social Responsibility: CSR)을 점차 강화하는 방향으로 비즈니스 모델을 바꾸었다. 첫 단계에서는 환경단체에 대한 기부를 하는 사회공헌 방식이었지만, 두 번째 단계에서는 환경 피해를 유발하지 않는 '지속가능성' 실현을 내세웠고, 세 번째 단계에서는 '지구 되살림'을 목표로 하였다. 2018년 11월에 "우리는 우리의 터전, 지구를 되살리기 위해 사업을 한다." 는 미션을 정립하고 사업을 통해 지구를 되살리는 활동, 환경·사회적 가치를 위해 고객가치에 머물지 않고 오히려 고객을 이해시키는 노력, 비즈니스 외에 환경캠페인을 펼치면서 고객과 경쟁자를 동참하도록 하는 노력 등은 인본주의 비즈니스 모델에서 생명본위 비즈니스 모델로의 차원 변동을 보여준 것이다.

4) 비즈니스 모델의 변화와 캐즘[73)]

시장과 기업이 비즈니스 모델의 변화를 수용하는 데는 신제품을 수용할 때와 마찬가지로 캐즘(Chasm)이 존재할 수 있다. 애니루드 데바(Anirudh Dhebar)는 시장과 기업이 비즈니스 모델의 변화를 수용하는 과정에서 캐즘이 존재하는 이유로 두 가지를 제시하였다.[74)]

첫 번째로 비즈니스 모델의 성공에 필요한 현실적 인프라가 형성되지 못했기 때문이라고 한다. 신규 비즈니스 모델이 성공하려면 그에 적합한 인프라와 가치창출 관계구조 형성이 필요하나 초기에는 그러한 것들을 구축하기 어렵다. 더욱이 조직 역량을 새롭게 재구축하여야 하는데, 역량의 변화에는 전환비용이 따르게 되고 조직의 변화를 거부하는 구성원들에 대한 설득도 필요하다.

애플은 아이튠즈라는 인프라가 구축되어 있었기 때문에 시장에 먼저 진출한 리오(Rio), 카보(Cabo) 등의 제품을 누르고 아이팟이 킬러앱(Killer Application)으로 성공할 수 있었다.

두 번째로 기업이 새로운 비즈니스 모델의 변화를 수용하기 주저하는 것은 새로운 비즈니스 모델이 자신의 고객에게 초래할 혼란을 우려하기 때문이라고 한다. 수익의 주요 부분을 기존의 비즈니스 모델에서 창출하고 있는 기업이라면 그 수익 기반을 새로운 비즈니스 모델로 잠식시키는 시도를 하기 어려워 할 수 있다는 것이다.

---

73) 캐즘(chasm)은 본래 지질학에서 사용되는 전문용어로 지층이 이동하면서 생긴 골이 깊고 넓어 건너기 힘든 단절을 의미한다. 비즈니스에서는 사업이 잘되는 것 처럼 보이다가 더 이상 발전하지 못하고 마치 깊은 수렁에 빠지는 것과 같은 심각한 정체 상태에 이르는 것을 말한다. 1991년 미국 실리콘밸리의 컨설턴트인 무어(Geoffrey A. Moore)가 벤처기업이 활짝 꽃을 피우기 전에 상당 기간의 정체기를 갖게 되는 것을 설명하는데 적절한 이론으로 적용하면서 사용되었다.

74) Anirudh Dhebar, "Six Chasm in Need of Crossing", MIT Sloan Management Review 42: 3(Spring, 2001), pp.95−99.

그러나 기존의 비즈니스 모델을 유지하였다가 오히려 새로운 시장 변화에 의해 기존의 비즈니스 모델이 받아들여지지 않았던 사례들이 있다. 앞에서도 사례로 들었던 포드 자동차는 1927년 이전 시장을 석권하고 있었던 T형 자동차를 고객의 욕구가 변했음에도 1927년 이후에도 계속해서 생산하다가 GM에게 시장 매출에서 뒤처지게 되었다. 노키아는 폴더폰 시장에서 앞서 나갔지만 스마트폰 기술을 가졌음에도 기존의 폴더폰 생산을 고집하다가 핸드폰 시장에서 철수하게 되었다.

애니루드 데바가 제시한 두 가지 이유는 고객가치를 창출하고 제공하는 것을 전제로 한 것인데, 사회적 가치를 창출하고 제공하는 기업에도 적용된다. 먼저 어느 기업이 사회적 가치를 창출하고 제공하려고 할 때 사회적 인프라와 사회적 가치창출 관계구조 형성이 안 되어 있기 때문이다. 다음으로 사회적 가치를 창출하여 제공하는 비즈니스 모델을 고객이 받아들이지 않아 재무적(수익) 가치를 떨어트릴 것이라고 우려하는 경우이다.

파타고니아는 더 적극적으로 사회적 인프라를 위한 운동과 공급망의 환경 · 사회적 책임 역할을 구축하는 활동을 전개했다. 그리고 사회적 가치와 재무적(수익) 가치가 충돌할 때 사회적 가치를 우선시했다.

요 약

– 노보 노르디스크의 고객은 당뇨병 환자이다. 1982년 립스틱처럼 생긴 펜에 주사침을 만들어 간단히 주사할 수 있는 일명 노보펜(NovoPen)을 출시했다. 노보펜을 출시하기 이전에는 보다 나은 치료약을 원하는 의사들의 욕구에 맞추었지만 당뇨병 환자들의 욕구에 맞추는 방식으로 전환하기 위해 노보펜을 개발하였다.

– 파타고니아의 고객가치는 주말이나 휴가 동안의 여가 활동을 즐기는 스포츠 애호가들의 필요를 충족시키고, 환경친화적인 소재를 이용한 아웃도어를 제공하는데 있다. 파타고니아는 고객가치를 넘어서서 환경 · 사회적 가치를 실현하고, 수익 가치보다 사회적 가치를 우선시 한다. 지구를 되살리기 위해 사업을 한다는 미션을 가지고 있다.

– 미국 사우스웨스트 항공사의 표적 시장은 단거리를 빈번히 여행하는 승객들로서 기업의 출퇴근 직원이거나 저가 요금을 원하는 일반 승객이 주요 대상이다. 이러한 고객들에게 저가격의 요금 체계와 차별화된 서비스를 제공하였다.

– 우진교통의 비전은 '우리만이 아닌 같이 있는 사람(지역사회 구성원)들이 함께 행복할 수 있는 사회'이다. 그리고 소속 승무원 등이 회사의 주인이자 노동자인 노동자자주관리 기업이다.

– 포드 자동차는 1927년 시장점유율이 대폭 떨어진 후 GM에게 시장점유율을 빼앗겼다. 고객의 소득 수준이 높아지면서, 고객은 더 이상 저가 자동차에 머물지 않고 다양한 자동차를 원하게 되었는데도 포드는 여전히 저가 자동차 생산으로 고객에 봉사하겠다고 고집하였던 것이다.

– 반면 1923년부터 GM의 최고경영자로 부임한 알프레드 슬론(Alfred Sloan)은 시장의 성숙화와 더불어 소비자가 포드의 천편일률적인 검정색 모델 T에 싫증을 느끼고 있음을 확신하고 보다 다양한 자동차 모델을 제공하였다.

– 미샤(MISSHA)와 더페이스샵(THE FACESHOP)의 열풍에 힘입어 화장품 산업의 판도가 기존 화장품 업체들과 저가 화장품 업체 사이의 비즈니스 모델 간 경쟁에서 미샤의 비즈니스 모델과 이를 모방한 후발 기업들과의 경쟁으로 바뀌어 갔다.

–우리나라에 진입하여 성공한 의류 업계 유니클로(UNIQLO)와 자라(ZARA)는 '자사 오리지널 기획브랜드에 의한 의복 제조 직매 전문점'을 뜻하는 SPA(Speciality store retailer of Private label Apparel) 브랜드로 제조에서 소매까지 유통경로 전체를 포괄한다.

–스타벅스가 국내에 진입할 당시 주요 고객가치는 커피의 전문성과 고급성, 그리고 안락한 매장 및 직원의 친절한 서비스에 있었다. 그리고 카페베네는 차별화된 고객가치로 '싱글 오리진 커피'와 '유럽풍 멀티디저트 카페'를 택하였다.

–스타벅스와 관련된 불편한 진실도 나오고 있다. 미국이나 영국에 비해 임대료가 낮음에도 커피 가격이 비싸다는 점, 미국본사에 한 해 로열티로 수백억 원씩 지급하고 있다는 점 등 스타벅스와 관련된 불편한 내용이 다양하게 지적되고 있다.

–㈜두레마을은 함양의 농업회사법인이다. 함양 삼봉산과 오봉산이 병풍처럼 펼쳐지는 죽림골의 작은 평원의 가치를 살려 산머루를 생산 가공하고 농원을 농촌 관광명소화했다. 산머루와 관련된 제품을 중간 유통마진 없이 제공하고, 볼거리, 할(체험)거리, 먹거리를 제공한다.

–비즈니스 모델은 고정적이지 않고 변한다. 고객가치가 변하고 새로운 기술이 등장하는가 하면 삶의 의미를 찾는 사회적 가치가 중요시 되면서 비즈니스 모델은 이에 맞추어 변화를 추구하게 된다. 따라서 기술과 시장의 변화 요인은 물론 삶의 의미에 대한 깊은 이해가 필요하다.

주요 질문

1. 노보 노르디스크의 고객가치와 가치창출은?
2. 파타고니아의 기업의 사회적 책임에 대한 세 가지 단계별 주요 특징은?
3. 사우스웨스트 항공사의 고객가치와 가치창출은?
4. 우진교통이 노동자자주관리 기업이 된 과정과 의미는?
5. 1927년 무렵 포드 자동차의 시장점유율이 떨어지고 GM의 시장점유율이 올라간 이유는?
6. 미샤(MISSHA)와 더페이스샵(THE FACESHOP)의 등장이 화장품업계에 미친 영향은?
7. 유니클로(UNIQLO)와 자라(ZARA)의 고객가치와 가치창출은?

8. 스타벅스(STARBUCKS)와 카페베네(CAFFE BENE)의 고객가치와 가치창출은?
9. 스타벅스와 관련된 불편한 진실에는 어떤 것들이 있으며, 어떻게 생각하는가?
10. (주)두레마을의 6차 산업 진행 과정은?
11. 비즈니스 모델의 변화 동인으로는?
12. 비즈니스 모델의 변화에 캐즘(Chasm)이 나타나는 이유는?

참고 문헌

1. 강한수, 성공적인 비즈니스 모델의 조건, SERI경영노트 제108호, 삼성경제연구소, 2011.6.23.
2. 경남매일, 와인산업 매진 '신지식인' 열매 따다, 2015.12.17.
3. 김명호, 기업사례 경영학, 도서출판 두남, 2014.
4. 김병도, 경영학 두뇌, 해냄, 2018.3.
5. 김민주, 로하스 경제학, 미래의창, 2006.
6. 김아랑, 기업의 지속적인 가치창출을 위한 비즈니스 모델 혁신 전략: 경쟁기업의 비즈니스 모델 사례 연구, 한양대학교 대학원, 2013.2.
7. 서진석 외 1명, 넥스트 CSR 파타고니아, mysc, 2019.
8. 내일신문, [스타벅스커피 매출 1조원의 그늘] 미국본사, 로열티 수백억원씩 챙겨, 2018.4.20.
9. 내일신문, [스타벅스커피 매출 1조원의 그늘] 재벌기업과 외국브랜드의 만남, 2018.4.18.
10. 농어업경영체 육성 및 지원에 관한 법률.
11. 매일경제, 거침없는 유니클로, 국내매출 1조 뚫은 비결은, 2015.12.1.
12. 매일경제, 맥 못추는 토종 SPA브랜드, 매출 유니클로의 20%도 안돼, 2015.12.1.
13. 매일경제, 한국경제, 죽어야 산다, 2015.9.2.
14. 메디파나, 창조적 비즈니스 모델, 사회적 과제 넘어 병원계 숙제, 2015.4.9.
15. 미디어 충청, 노동자 주인인 우진교통, 오늘도 달린다, 2008.6.11.
16. 北野利信 編, 김식현 역, 경영학설입문, 한국능률협회, 1989.9.
17. 서울신문, [씨줄날줄] 스타벅스의 '불편한 진실', 2017.10.22.

18. 석재동, 충청타임즈, 우진교통, 노동자자주관리기업 전환 무엇이 바뀌었나, 2015.1.19.
19. 이상훈, 카페베네 1등 성공신화, 머니플러스, 2011.5.2.
20. 이완, 세계인권선언이 경영 바이블, 한겨레 21 1087호, 2015.11.23.
21. 장세진, 경영전략, 박영사, 2012.
22. 조창권, 근로자 자주관리 기업에 관한 연구, 경상대학교 대학원, 2013.8.
23. 중부매일, 경영자치는 자주관리委, 노동문제는 현장자치모임서 '결정' 이익도 함께 나눠 주인의식 공유 … 사회변화 이정표 만들어, 2015.10.29.
24. 중앙일보, 자라 옷에 "돈 못 받고 일했음" 꼬리표, 2017.11.6.
25. 충북인뉴스, 1년안에 망한다더니 … 노동자자주관리 우진교통 세계가 주목, 2017.8.2.
26. 충청리뷰, '산머루포도주'가 농가 먹여 살려, 2015.9.25.
27. 한겨레, 지구촌 가장 싼 차 '타타나노', 꿈은 달린다, 2018.1.1.
28. Anirudh Dhebar, "Six Chasm in Need of Crossing", MIT Sloan Management Review 42: 3, Spring, 2001, pp.95−99.
29. Karine Perset, "The Economics and Social Role of Internet Intermediaries", OECD, 2010, p.9.
30. Michael E. Porter, Competitive Advantage, New York: Free Press, 1985, p.13.
31. Raphael Amit and Christoph Zot, "Value Creation in e−Business", Strategic Management Journal 22, 2001, pp.493−520.
32. http://blog.daum.net/c_mnb/477.
33. http://blog.naver.com/kmacsales/150642095.
34. http://terms.naver.com/entry.nhn?docId=2053888&cid=43168&categoryId=43168.
35. http://terms.naver.com/entry.nhn?docId=651412&cid=43167&categoryId=43167.
36. http://www.ttimes.co.kr/view.html?no=2020061711537740789&ref=face.
37. http://www.patagonia.co.kr/shop/inside/article.php?sno=41.
38. http://www.able−cnc.com.
39. http://www.caffebene.co.kr.
40. http://www.inditex.com.
41. http://www.istarbucks.co.kr.
42. http://www.sanmuru.com/.

43. http://www.smartconsumer.go.kr/user/cm/PrintInfcView.do.
44. http://www.thefaceshop.com.
45. http://www.uniqlo.kr.
46. http://www.wjbus.co.kr/xe/index.php.
47. https://ko.blueoceanstrategy.com/bos-moves/novo-nordisk/.
48. https://ko.wikipedia.org/wiki/%EC%8A%A4%ED%83%80%EB%B2%85%EC%8A%A4.
49. https://ko.wikipedia.org/wiki/%EC%B9%B4%ED%8E%98%EB%B2%A0%EB%84%A4.
50. https://www.loxcel.com/sbux-faq.html.
51. https://biz.chosun.com/site/data/html_dir/2013/07/19/2013071902304.html.

찾아보기

ㄱ

ㅂ

ㅅ

ㅇ

ㅈ

ㅊ

ㅋ

ㅌ

ㅍ

ㅎ

기타

저자약력

홍성학(洪性學, hmoosim@naver.com)

건국대학교에서 산업공학(생산관리) 박사학위를 취득하고, 현재는 충북보건과학대학교 교수로 재직하고 있다. 한국생산관리학회 이사로 활동하였고, 충북지방노동위원회 공익위원으로 활동 중이다.

주요 연구분야는 인간학으로서의 생산관리, 산업의 가치계발, 윤리경영, 인권경영, 비즈니스 모델 등이다.

삶과 가치를 남기는 비즈니스 모델 [제3판]

2016년 2월 25일 초판 발행
2018년 8월 30일 증보판 발행
2020년 8월 10일 제3판 발행

저 자 홍 성 학
발행인 배 효 선
발행처 도서출판 法 文 社
주 소 10881 경기도 파주시 회동길 37-29
등 록 1957년 12월 12일 제2-76호(윤)
전 화 031-955-6500~6, 팩스 031-955-6525
e-mail (영업) : bms@bobmunsa.co.kr
(편집) : edit66@bobmunsa.co.kr
홈페이지 http : //www.bobmunsa.co.kr
조 판 광 진 사

정가 16,000원 ISBN 978-89-18-91125-0